中国特色现代化会计人才培养系列教材

总主编　姚凤民

财智睿读

审 计 学

主　编◎张　丽
副主编◎郭　晨　马玉娟　彭司晨　周　群

中国财经出版传媒集团
经济科学出版社
Economic Science Press
·北京·

图书在版编目（CIP）数据

审计学／张丽主编；郭晨等副主编 . -- 北京 ： 经济科学出版社，2025. 1. -- （中国特色现代化会计人才培养系列教材）. -- ISBN 978 - 7 - 5218 - 6660 - 5

Ⅰ. F239. 0

中国国家版本馆 CIP 数据核字第 2025WQ8138 号

责任编辑：李一心
责任校对：齐　杰
责任印制：范　艳

审　计　学

SHEN JI XUE

主　编　张丽
副主编　郭　晨　马玉娟　彭司晨　周　群
经济科学出版社出版、发行　新华书店经销
社址：北京市海淀区阜成路甲 28 号　邮编：100142
总编部电话：010 - 88191217　发行部电话：010 - 88191522
网址：www. esp. com. cn
电子邮箱：esp@ esp. com. cn
天猫网店：经济科学出版社旗舰店
网址：http：//jjkxcbs. tmall. com
北京季蜂印刷有限公司印装
787 × 1092　16 开　22 印张　402000 字
2025 年 1 月第 1 版　2025 年 1 月第 1 次印刷
ISBN 978 - 7 - 5218 - 6660 - 5　定价：52. 00 元
（图书出现印装问题，本社负责调换。电话：010 - 88191545）
（版权所有　侵权必究　打击盗版　举报热线：010 - 88191661
QQ：2242791300　营销中心电话：010 - 88191537
电子邮箱：dbts@ esp. com. cn）

总 序

中国史前人类创造计量记录符号的现实目标,是中国会计产生的历史起点①。可见,会计与人类社会的发展共生共存共进,会计学是人类历史上较为古老的知识体系,其知识谱系与方法的演进体现了人类生产的进阶与文明的进步。因此,会计人才的培养在任何时期都承载着其特有的历史使命。当今随着 AI、大数据、云计算、区块链的赋能,会计逐步转向共享会计、智慧会计、数字会计,社会需要越来越多适应新时代要求的会计人才,这对会计人才培养提出了新要求、新挑战、新使命。如何提高会计人才培养质量,满足社会需求,已成为新时代我国会计教育所面临的重要任务。

会计教育的本质并非是单一的知识点传授,更是一种思维能力、跨学科能力、综合应用能力的培养;会计不仅仅是专业培养,更是一种职业教育,是技术含量非常高的、专业化的职业。面对当下复杂市场交易的世界以及数智技术的发展,会计人才培养应以提高系统能力与创新能力为目标,培养学生综合的会计思维与能力、数据思维与能力等,从而帮助其具备决策与创造价值的能力。会计人才能力培养的核心是会计相关课程,而课程的载体是教材,教材成为了人才培养的纽带。因此,编写能够满足社会需求和适应数智时代要求的教材是新时代给我们提出的新命题。一直以来,大多数会计类教材内容完整全面但略为繁杂,对民办高校本科学生来说存在着一些瓶颈性的学习困境。如何使"曼妙而充满魅力"的会计科学知识通过教材让教师简而精地教,让学生轻松愉快地学,同时增进学生对主动深入学习会计知识的浓厚兴趣,逐步引导其具有系统能力与创新能力,这应是当下会计教育实践中所追求的。

基于此,广州华商学院会计学院始终关注会计自动化和智能化、信息化和数据化、共享化和标准化的变革趋势与技术发展方向,在不断优化课程设置的基础上,组织编写了《中国特色现代化会计人才培养系列教材》。该系列教材的编写本着以下原则与理念:

1. 教材呈现内容更新。在教材内容上与时俱进,反映制度最新的变化以及领域最新的内容,例如反映最新的会计准则及会计法、公司法,适应新的会计准则要求和实际业务需求;反映企业数据资源相

---

① 郭道扬:《中国会计通史》第一册,中国财政经济出版社 2023 年版,第 3 页。

关会计处理，适应数字经济发展的需要；反映税法的最新变化，提升学生到岗后的宏观环境适应能力等。教材内容多维度呈现了会计专业领域的"现代化"元素。

2. 教材突出秉纲执本。"秉纲而目自张，执本而末自从"，本次教材的编写本着少而精的原则，突出重点，纲举目张。通过压缩教材内容"厚度"或"容量"，为学生留有更多的自主学习时间；通过教材内容的精，围绕能力提升而教，促使学生的提升自主学习能力。另外，本系列教材内容融入了思政元素，培养学生的家国情怀、诚信职业道德与法治意识。

3. 教材内容深入浅出。本系列教材通过知识逻辑结构图、引导案例、延伸阅读等方式体现循序渐进，由浅入深，尽量做到通俗易懂与生动有趣。特别是通过引导案例解读抽象的内容，变得更易掌握内容的逻辑或勾稽关系，更容易正确理解和把握其内容实质。

4. 教材突出基本训练。强化知识的掌握与技能的提升是教材的基本目标，教材不仅是知识传授的载体与纽带，更应该强化基本训练。本系列教材配备了学习指导书或相当数量的习题，训练的题目具有多样性、启发性，有助于学生理解应用基本知识和掌握解决问题的方法，有助于培养学生思维能力与习惯。

5. 教材形式的数字化。本系列教材在传统教材内容的基础上，通过设置二维码资源，添加视频、图片等多媒体元素，学生可通过扫描二维码的方式，链接到相关的视频等资源，增强学习体验，提高学习效果。同时，通过在教材页面设置二维码集聚相关知识内容，学生可扫码进行自主扩充学习。本系列教材中，《财务共享服务》《智能会计信息系统－基于用友 YonBIP 和用友 U8V15.0》两种教材被开创性地打造为数字教材，实现了教材形式以及教与学的创新与突破。

西汉刘安《淮南子·说林训》中所言"授人以鱼不如授人以渔"。教材不仅传授给受教者既有知识，更重要的是传授给受教者方法与能力。本系列教材尽可能地介绍清楚问题和概念的来龙去脉，尽可能地解释清楚解决问题的思路和方法，以提高学生的创新意识与探索精神。

以上是华商学院会计学院编写本套系列教材的理念与原则，本套系列教材的编写也是会计学院各位教师经多年深耕教学教研的结晶或众缘成就。受制于各种因素的影响，编写者可能做得并不是非常到位，存在着些许不足与遗憾，但也为编写者进一步完善教材提供了动力。我们希望使用这套系列教材的师生和读者多提宝贵意见，不断完善本套教材。最后，相信我们的会计教育工作者，无愧于新时代的召唤，会为我国的会计教育做出更大的贡献。

是为总序。

广州华商学院会计学院
2024 年 12 月

前　言

　　审计学是研究审计产生和发展规律的学科。审计学是对审计实践活动在理论上的概括、反映和科学总结，同时被用来指导审计实践活动，促进经济发展。本书架构精巧，以注册会计师审计为主线，围绕风险导向审计的基本要求，系统地介绍了审计的基本理论、基本方法和基本技能，为学生建立审计的整体概念和基本框架，将注册会计师审计理论和实务的理解融入整个审计框架。通过本书的学习，学生可以对现代风险导向审计理论和实务有全面的了解与认识，熟悉审计的基本理论和方法及业务流程和基本程序，掌握审计的基本方法和实务操作技巧，知晓审计的职业道德与法律规范，为今后了解或从事审计实务工作奠定较为坚实的基础。本书的主要特点如下：

　　（1）前沿性。本书根据国内外审计和会计最新的发展态势、研究成果、业务实践与准则规范编写，既阐述了审计的理论知识和工作流程，也介绍了审计的历史沿革与新近动态，从而有利于学生把握审计工作的内在机理、基本规律以及变化趋势。同时，学习资料和视频内容也可以及时更新，反映学科领域的最新研究成果和实践动态，使学生能够接触到最前沿的知识，拓宽视野，为培养创新思维和适应未来工作需求奠定基础。

　　（2）实用性。本书每章开篇明确了学习目标，便于教师对教学内容和计划的安排，也便于学生加强对重点与难点的把握。学习目标之后，思维导图能够帮助学生对本章所学知识点整体把握，同时思维导图将知识点之间的逻辑层级关系清晰勾勒，培养学生系统性思维，助力学生融会贯通各章节之间的知识，构建完整学科认知体系。各章节通过设置案例导入启迪学生思考，使学生对所学内容产生兴趣，有助于培养学生的分析能力、判断能力和创新能力。每章主要内容之后还附有本章小结、重要术语、复习与思考，有助于学生归纳总结和复习思考。

（3）针对性。本书以学生学习审计知识为依据，适合应用型院校人才培养的使用。本书紧跟信息化社会审计知识不断更新和变化的需要，针对培养具有扎实理论基础和较强实践能力的高素质应用型审计人才而编写。

（4）灵活性。教材设置二维码链接，学生可以随时随地使用手机或其他移动设备扫码获取学习资源，不受时间和地点的限制。这种灵活性和便捷性有助于学生充分利用碎片化时间进行学习，提高学习效率，同时也培养了学生的自主学习能力，使学生能够更好地掌控自己的学习过程。

本书具体编写分工如下：第一章、第二章、第三章由张丽编写；第四章、第五章、第七章由周群编写；第六章、第八章、第九章、第十章由郭晨编写；第十一章、第十二章、第十三章、第十四章由马玉娟编写；第十五章由彭司晨编写，最后由张丽统稿和安排校对。特别感谢广州华商学院的邵世凤教授、伍学进教授对本书编写的帮助和支持。同时，很多任课教师和学界同仁为本书的不断完善提出了建设性的意见和建议，对此我们表示由衷的感谢！由于时间紧张，加之编者能力有限，书中难免存在不足，恳请读者指正，以便我们在修订时改正和完善。

编者

2024 年 12 月

目 录

第一章
审 计 概 述

【学习目标】

1. 了解注册会计师审计的起源与发展。
2. 掌握注册会计师审计的定义、基本要素以及审计流程。
3. 了解审计相关业务。
4. 了解审计的分类。
5. 了解审计的基本假设。

【本章知识逻辑结构图】

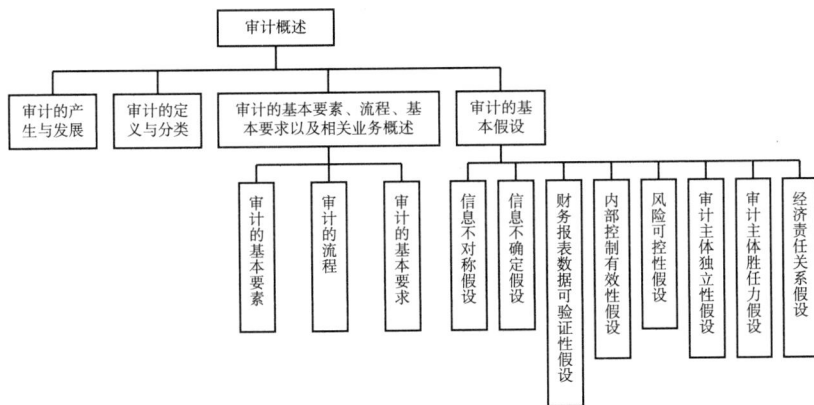

```
                            审计概述
        ┌──────────┬──────────┬──────────────────┬──────────────┐
     审计的产生   审计的定义   审计的基本要素、流程、基   审计的基
     与发展       与分类      本要求以及相关业务概述    本假设
                          ┌──────┬──────┬──────┐  ┌────┬────┬────┬────┬────┬────┬────┬────┐
                        审计的   审计的  审计的   信息   信息  财务  内部  风险  审计  审计  经济
                        基本     流程    基本     不对   不确  报表  控制  可控  主体  主体  责任
                        要素             要求     称假   定假  数据  有效  性假  独立  胜任  关系
                                                 设     设   可验  性假  设   性假  力假  假设
                                                          证性  设        设   设
                                                          假设
```

【引导案例】

张×创办了一家家具制造企业。在公司成立的前几年，由于公司业务规模较小，张×凡事亲力亲为，直接参与公司的经营管理，对公司的运营情况了如指掌。随着市场需求的不断增加，张×意识到已有生产规模限制了企业的发展，企业需要更多的资金来扩大生产规模。

随着企业的发展，张×也逐渐意识到单靠个人的力量已难以满足日益增长的市场需求。于是，他邀请他的好朋友李×、卓×、王×三人前来投资。大家看到家具行业未来的发展前景和张×企业的发展潜力，决定投资，但不想参与管理，也不愿承担企业倒闭的最终债务。大家集体商议建议张×成立有限责任公司，李×、卓×、王×三人拥有新公司的股权，通过股利分享企业利润，而张×则担任总经理负责公司运营管理，并每年支取200万元的固定薪酬。

公司运营一年后，年末，李×、卓×、王×三人收到公司的财务报表后，发现利润表上的净利润显著低于他们的预期，导致获得的股息未达到他们的期望。由于张×领取的是固定薪资，李×、卓×、王×三人明白他不会像自己一样关注企业的盈利状况。李×、卓×、王×对当年盈利数据的真实性高度关注，甚至质疑财务报表是否存在造假行为，是否准确反映了公司的财务状况、经营成果及现金流量。由于李×、卓×、王×并非财务专业人士，他们难以理解财务报表，无法判断其真实性和公允性，因此他们希望有资深的专业人士能够对财务报表进行审计鉴证。于是三人聘请了一家会计师事务所，对张×编制的年度财务报表进行了审计，并向三人提供了专业的鉴证意见。

问题：

（1）张×自己经营管理时，为什么不需要聘请会计师事务所来审计？

（2）审计业务需求产生的根本原由是什么？

（3）审计业务涉及哪几方关系？他们分别是谁？各方之间的关系是什么？

第一节 审计的产生与发展

审计起源于企业所有权和经营权的分离，是市场经济发展到一定阶段的产物。两权分离下，受托经济责任关系的确立是审计产生的前提条件。受托责任关系中，委托人和代理人因目标的部分不一致性和信息的不对称性，导致了代理人的道德风险和逆向选择。审计作为独立的第三方，对代理人的履行情况进行独立、客观、公正的审查评价，使这种受托关系得以维系。因此，受托关系是审计产生的前提条件，是推动审计发展的根本力量（见图1-1）。杨时展教授曾提出"审计因受托责任的发生而发生，又因受托责任的发展而发展"。

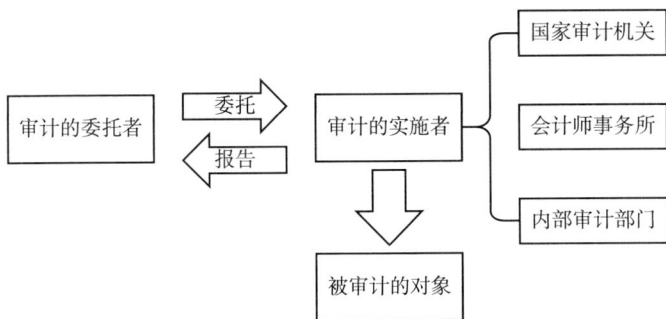

图 1-1 审计三方关系

从注册会计师审计发展的历程来看，注册会计师审计最早起源于16世纪的意大利。威尼斯是地中海沿岸航海贸易最为发达的地区，是东西方贸易的枢纽之一，沿岸繁荣的自由贸易，需要筹集大量的资金，合伙制企业随着商业经营规模不断扩大应运而生。在这种环境下，会计主体概念的提出、复式簿记的产生与发展，逐渐催生了注册会计师审计业务需求的产生。

从合伙制企业的部分合伙人不参与经营管理开始，所有权与经营权出现了分离。那些不参与经营管理的合伙人需要得知其他合伙人履行契约的情况以及利润分配是否正确，以保障作为合伙人应有的权益。这既需要熟悉会计专业知识，又需要具备足够的查账能力，并且查账结果要具备客观公正的说服力。

由此，一批具备会计专业知识、专门从事查账和公证业务的人员就应运而生了。随着这样的从业人员队伍规模的扩大，逐渐形成了相关组织。1581年，威尼斯会计师协会在威尼斯成立了，这便是注册会计师审计的萌芽。随后，米兰等城市的职业会计师也成立了类似的组织。

英国在注册会计师职业的形成和发展过程中发挥了重要作用。18世纪，英国的资本主义经济得到了迅速发展，生产的社会化程度大大提高。伴随着股份有限公司的兴起，绝大多数股东不再直接参与经营管理，企业的所有权与经营权进一步分离。在这种情况下，除了不直接参与经营管理的股东非常关心公司的经营情况和经营成果外，还有包括债权人在内的其他利益相关者，出于自身利益的考虑，也非常重视公司的财务状况和经营成果。公司的经营管理者有责任向公司的利益相关者报告其关心的信息，财务报表就是必要的沟通形式。那么谁来查证财务报表的真实可靠性呢？客观独立的注册会计师审计顺应了这种需求。民间审计制度应运而生，特别是1720年英国的南海泡沫事件，是注册会计师审计产生的"催化剂"。

1844年到20世纪初是注册会计师审计的形成时期，当时审计的

1.1 视频：审计的产生与发展

1.2 延伸阅读：英国南海泡沫事件

目的是"查错防弊"，保护企业资产的安全和完整。审计的方法是对会计账目进行逐笔详细审查，即采用详细审计方法。审计报告使用人主要是企业股东等。从 20 世纪初开始，全球经济发展重心逐步由欧洲转向美国，美国注册会计师行业伴随着美国资本市场的发展而逐步完善起来，这对促进注册会计师审计在全球的迅速发展发挥了重要作用。第二次世界大战以后，经济发达国家通过各种渠道推动本国的企业向海外扩张，跨国公司得到空前发展。国际资本的流动带动了注册会计师职业的跨国界发展，形成了一批国际会计师事务所。目前存在的国际四大会计师事务所分别是：德勤会计师事务所、普华永道会计师事务所、安永会计师事务所、毕马威会计师事务所。

注册会计师审计在中国的发展始于 1918 年 9 月，北洋政府农商部颁布了我国第一部注册会计师审计法规《会计师暂行章程》，并批准著名会计学者谢霖先生为中国的第一位注册会计师，谢霖先生创办的中国第一家会计师事务所正则会计师事务所也获准成立。之后，政府又逐步批准了一批注册会计师，批准建立了一批会计师事务所。在中华人民共和国成立初期，注册会计师审计在经济恢复工作中发挥了积极作用，如对工商企业查账，为平抑物价、保证国家税收、争取国家财政经济状况好转作出了突出贡献。在高度集中的计划经济时代，注册会计师审计失去了服务对象，曾一度悄然退出了历史舞台。改革开放以后，我国的商品经济得到迅速发展，一系列支持性法规的出台使得注册会计师审计的复苏有了法律保障，并使注册会计师审计行业得到了快速发展。注册会计师审计业务领域从最初主要为"三资"企业提供查账、资本验证等服务，发展到为所有企业提供财务报表审计业务，执业范围得到进一步扩展。国家越发重视注册会计师人才培养问题。自 1991 年国家设立注册会计师全国统一考试制度以来，每年都有大批考生为争取这个资格证书而努力奋斗，注册会计师人才队伍也逐渐壮大。截至 2023 年 12 月 31 日，中国注册会计师协会（以下简称中注协）有执业会员（注册会计师）102 017 人，非执业会员262 514 人，个人会员 364 531 人。

1.3 课程思政：档案里的赣州

第二节 审计的定义与分类

一、审计的定义

关于审计的定义，比较具有代表性的是美国会计学会（AAA）

审计基本概念委员会于 1973 年在发表的《基本审计概念说明》（*A Statement of Basic Auditing Concepts*）中对审计的定义："审计是一个系统化过程，即通过客观地获取和评价有关经济活动与经济事项的认定的有关证据，以证实这些认定与既定标准的符合程度，并将结果传达给有利害关系的使用者。"

1.4 视频：审计的定义与分类

注册会计师财务报表审计是指注册会计师遵循审计执业准则开展审计工作，收集充分、适当的审计证据，对财务报表不存在重大错报提供合理保证，以积极方式提出意见，出具审计报告，增强除管理层之外的预期使用者对财务报表信赖的程度（注册会计师财务报表审计下文统一简称审计）。

理解审计定义的几个要点如下：

（1）审计对象是财务报表。财务报表通常包括资产负债表、利润表、现金流量表、所有者权益（或股东权益）变动表以及财务报表附注。财务报表就是企业管理层表示认定主张的一种方式。

（2）审计的最终成果是以书面形式，发表审计意见和出具审计报告。

（3）发表审计意见的前提是按照审计执业准则的规定执行了必要的审计程序。

（4）审计的用途是增强除管理层之外的预期使用者对财务报表的信赖程度。虽然管理层也会使用审定的财务报表，但是管理层是财务报表的责任人，因此增强对财务报表的信赖程度主要是针对其他预期使用者。

（5）审计的基础是独立性和专业性。独立性是对注册会计师的职业道德要求，专业性是对注册会计师的专业胜任能力要求。注册会计师应当独立于被审计单位和预期使用者。

（6）审计对财务报表提供的保证程度是合理保证。合理保证是一种高水平的保证，但不是绝对保证。合理保证介于绝对保证和有限保证之间（绝对保证＞合理保证＞有限保证）。合理保证高于有限保证（如审阅业务），有限保证是一种提供有意义水平的保证。有限保证在对审计程序和审计证据等方面的要求都低于合理保证。审计业务需要注册会计师设计与执行充分的审计程序将检查风险降至可接受的低水平，而审阅业务主要采用询问和分析程序获取证据将检查风险降至可接受的低水平。

（7）审计意见的表达方式是积极式的，如"我们认为，××公司的财务报表在所有重大方面按照企业会计准则的规定编制，公允地反映了××公司 20×4 年 12 月 31 日的财务状况及 20×4 年度的经营成果和现金流量"。审阅意见的表达是消极式的，如"根据我们的审阅，我们没有注意到任何事项使我们相信，××公司的财务报表没有按照企业会计准则的规定编制，未能在所有重大方面公允地反映××公司的财务状况、经营成果和现金流量"。

（8）审计有审计风险，即发表错误意见的可能性，且注册会计师不可能将审计风险降至零，因此不能对财务报表不存在由于舞弊或错误导致的重大错报获取绝对保证。这是由于审计存在固有限制，导致注册会计师据以得出结论和形成审计意见的大多数审计证据是说服性的而非结论性的。审计的固有限制源于以下几个方面：

①财务报告的性质。管理层编制财务报表，需要根据被审计单位的事实和情况运用适用的财务报告编制基础，在这一过程中作出判断。此外，许多财务报表项目涉及主观决策、评估或具有一定程度的不确定性，并且可能存在一系列可接受的解释或判断。因此，某些财务报表项目的金额本身就存在一定的变动幅度，这种变动幅度不能通过实施追加的审计程序来消除。

②审计程序的性质。注册会计师获取审计证据的能力受到实务和法律上的限制。例如，管理层或其他人员可能有意或无意地不提供与财务报表编制相关的信息或注册会计师要求的全部信息；舞弊可能涉及精心策划和蓄意实施以进行隐瞒，因此用来收集审计证据的审计程序可能对发现舞弊是无效的；审计不是对涉嫌违法行为的官方调查，因此注册会计师没有被授予特定的法律权力（如搜查权），而这种权力对调查是必要的。

③在合理的时间内以合理的成本完成审计的需要。审计中的困难、时间或成本等事项本身，不能作为注册会计师省略不可替代的审计程序或满足于说服力不足的审计证据的正当理由。制定适当的审计计划有助于保证审计执行工作需要的充分的时间和资源。尽管如此，信息的相关性及其价值会随着时间的推移而降低，因此注册会计师需在信息的可靠性和成本之间进行权衡。

由于审计的固有限制，注册会计师即使按照审计准则的规定适当地计划和执行审计工作，也不可避免地未发现财务报表的某些重大错报。相应地，完成审计工作后发现由于舞弊或错误导致的财务报表重大错报，其本身并不表明注册会计师没有按照审计准则的规定执行审计工作。尽管如此，审计的固有限制并不能作为注册会计师满足于说服力不足的审计证据的理由。注册会计师能否按照审计准则的规定执行审计工作，取决于注册会计师在具体情况下实施的审计程序如何，由此获取的审计证据的充分性和适当性如何以及根据总体目标和对审计证据的评价结果而出具审计报告的恰当性如何。

二、审计的分类

(一) 按审计主体分类

审计主体是指执行审计的专职机构或专职人员，即审计活动的执行者。按审计主体的不同，审计可以分为国家审计、内部审计和社会审计。

1. 国家审计

国家审计也称政府审计，是指由国家审计机关实施的审计。国家审计的目的是通过审计财政、财务收支真实、合法和效益，最终实现维护国家财政经济秩序、促进廉政建设、保障国民经济的健康发展。财政收支和财务收支真实、合法和效益，是国家对地区、部门和单位管理、使用国有资产的基本要求。审计的对象或客体，即哪些部门和单位必须接受国家审计。依据《中华人民共和国宪法》和《中华人民共和国审计法》规定，必须接受国家审计的部门和单位包括：国务院各部门、地方人民政府及其各部门；国有的金融机构；国有企业和国有资产占控股地位或者主导地位的企业；国家事业组织；其他应当接受国家审计的部门和单位，以及上述部门和单位的有关人员。国家审计的主要特点是法定性和强制性、独立性、综合性和宏观性。

2. 内部审计

内部审计是指由部门和单位内部设置的审计机构或配备的专职审计人员对本部门、本单位及其下属单位进行的审计。国际内部审计师协会 (Institute of Internal Auditors，IIA) 关于内审的定义为：内部审计是一种独立、客观的确认和咨询活动，旨在增加价值和改善组织的运营。它通过应用系统、规范的方法，评价并改善风险管理、控制和治理过程的效果，帮助组织实现目标。中国内部审计准则关于内部审计的定义为：内部审计是一种独立、客观的确认和咨询活动，通过运用系统、规范的方法，审查和评价组织的业务活动、内部控制和风险管理的适当性和有效性，以促进组织完善治理、增加价值和实现目标。内部审计包括部门内部审计和单位内部审计。内部审计对于企业治理非常重要。内部审计的主要特点是内向性、广泛性、及时性。

1.5 延伸阅读：注册会计师审计、国家审计、内部审计比较

3. 社会审计

社会审计也称民间审计，是指由依法成立的社会审计组织接受委托人的委托实施的审计。社会审计组织主要是经政府有关主管部门审核批准成立的会计师事务所。社会审计的主要特点是独立性、委托性

和有偿性。

（二）按审计内容分类

按审计内容的不同，审计可以分为财政财务审计、经济效益审计和财经法纪审计。

1. 财政财务审计

财政财务审计是指审计机构对国家机关、企事业单位的财政和财务收支活动及反映其经济活动的会计资料进行的审计。其目的主要是判断被审计单位的经济活动（包括财政和财务收支活动）的真实性、合法性以及会计处理方法的一贯性。其中，财政审计是指国家机关对本级财政预算执行情况和下级财政预算执行情况等进行监督；财务审计是指国家机关对会计资料及其反映的经济活动发表意见。

2. 经济效益审计

经济效益审计是指审计机构对被审计单位或项目的经济活动（包括财政和财务收支活动）的效益性进行审查。其目的主要是评价被审单位或项目的经济效益的高低，以利于其不断提高经济效益。经济效益审计又可以根据审查内容的不同分为业务经营审计和管理审计两个分支。

3. 财经法纪审计

财经法纪审计是指国家审计机关和内部审计部门对严重违反财经法纪的行为进行的专项审计。其目的主要是维护财经法纪，保护国家和人民财产的安全与完整。

（三）按审计范围分类

按审计范围的不同，审计可以分为全部审计和局部审计。

（四）按审计时间分类

按审计时间的不同，审计可以分为事前审计、事中审计和事后审计。

1. 事前审计

事前审计是指经济业务发生以前进行的审计，即对计划、预算的编制以及对基本建设项目和固定资产投资决策的可行性研究等进行的审计。其目的主要是审查计划、预算、投资决策等是否切实可行。

2. 事中审计

事中审计是指在计划、预算或投资项目执行过程中对其发生的经济活动进行的审计。这种审计的优点是随时进行审查，随时发现错误和问题。

3. 事后审计

事后审计是指经济业务发生以后进行的审计。其目的主要是根据有关的审计证据审查已经发生的经济业务的真实性、合法性和效益性。

（五）按执行审计的地点分类

按执行审计的地点的不同，审计可以分为报送审计和就地审计。

1. 报送审计

报送审计或称送达审计，是指被审计单位将各项预算、计划、会计决算报表和其他有关资料等，按照规定的日期（月、季、年）送达审计机构进行审计。

2. 就地审计

就地审计是指由审计机构派出审计人员到被审计单位进行的现场审计。就地审计按照不同的情况又可以分为驻在审计、巡回审计、专程审计。

（六）按审计工作是否受法律的约束分类

按审计工作受法律的约束不同，审计可以分为法定审计和非法定审计。

1. 法定审计

法定审计是指根据国家法律的规定，被审计单位不论是否愿意，都必须进行的审计。例如，对财政收支、上市公司年报的审计。

2. 非法定审计

非法定审计是指法律未予以明确规定必须实施的审计。例如，企业为取得银行贷款，委托注册会计师对其财务报表进行的鉴证审计等。

（七）按审计使用的技术和方法分类

按照审计所使用的技术和方法分类，可以分为账项导向审计、内控导向审计和风险导向审计。

1. 账项导向审计

审计目标旨在对财务报表上的数据进行详细和核实和检查被审计单位有无舞弊行为和技术错误。账项导向审计要求对账户余额进行直接、全面且详细的审查，主要围绕会计账簿、会计报表的编制过程进行，而不考虑客户的内部控制和风险情况。

2. 内控导向审计

内控导向审计是指强调对内部控制制度的评价，以评价结果证明内部控制制度可以信赖时，在实质性程序阶段只抽取少量样本就可以得出审计结论；当评价结果认为内部控制制度不可靠时，就会根据内部控制的具体情况扩大审计范围。

3. 风险导向审计

风险导向审计要求审计人员从对企业环境和企业经营进行全面的风险分析出发，使用审计风险模型，积极采用分析性程序，针对企业风险评估的结果，采取风险应对措施。根据企业的状况制定多样化的审计计划，提高审计工作的效率和效果。

第三节　审计的基本要素、流程、基本要求以及相关业务概述

一、审计的基本要素

鉴证业务包含五大要素："三方"［鉴证业务执行方（注册会计师）、鉴证对象责任方（管理层）、业务成果的预期使用方（股东等预期使用者）］关系，鉴证对象（财务报表），标准（财务报告编制基础），支持性证据（审计证据），鉴证报告（审计报告）。

相应地，注册会计师财务报表审计业务的五要素如图 1 - 2 所示。

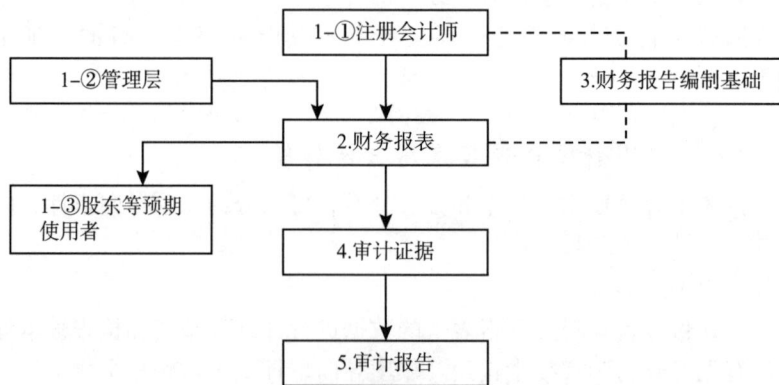

图 1 - 2　注册会计师财务报表审计业务的五要素

关系是判断某项业务是否属于鉴证业务的重要标准之一。

1. "三方"关系（见图 1 – 3）

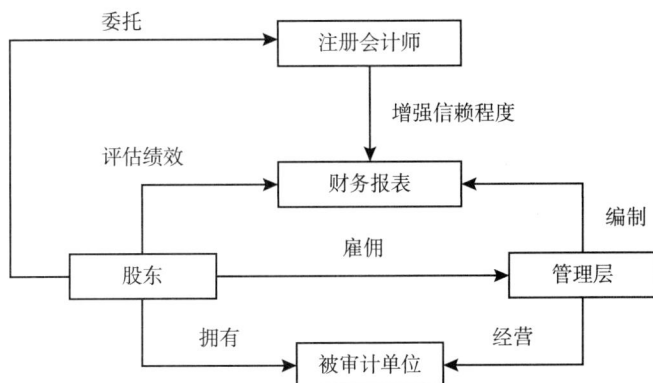

图 1 – 3 注册会计师审计业务涉及的"三方"关系

"三方"包括注册会计师（审计业务执行方）：注册会计师的责任包括按照审计准则的规定对财务报表发表审计意见，并确保项目组整体具有胜任能力。如果审计业务涉及特殊知识和技能，注册会计师可以利用专家协助工作。

管理层（审计对象责任方）：管理层的责任包括按适用的财务报告编制基础编制财务报表，设计、执行和维护必要的内部控制，以及向注册会计师提供必要的工作条件。

股东（业务成果使用的预期使用方）：预期使用者通常是与企业报表有重要和共同利益的利益相关者，如股东、公司债权人、证券监管机构等。如果注册会计师无法识别所有预期使用者，应按法律或委托方协议识别。

是否存在"三方"关系是判断某项业务是否属于鉴证业务的重要标准之一。

2. 财务报表（审计对象）

审计对象可以概括为被审计单位的经济活动，主要包括被审计单位的财政财务收支及其有关的经济活动和被审计单位提供的各种财政财务收支状况及其有关经济活动信息的载体。

3. 财务报告编制基础（用于评价或计量审计对象的基准）

财务报告的编制基础是对审计对象进行"度量"的一把"尺子"。

4. 审计证据（发表审计结论的依据）

注册会计师为了得出审计结论和形成审计意见而获取的必要信息。

5. 审计报告（审计的最终成果）

注册会计师在完成审计工作后向委托人提交的最终的产品。

二、审计的基本流程

管理层用会计语言表现被审计单位的经营情况，注册会计师的任务就是评价被审计单位财务报表上的信息是否真实准确地反映了企业的财务状况、经营成果、现金流量等。财务报表在审计之前已经编制好。注册会计师未参与被审计单位的经营过程，要评价会计报表和附注信息是否如实反映了被审计单位的真实经营情况，就需要运用科学合理的审计模式。

审计模式经历了账项导向审计、内控导向审计和风险导向审计三个阶段。风险导向审计模式以重大错报风险的识别、评估以及应对为主线，立足于对审计风险进行系统分析，制定审计策略和审计计划，保持合理的职业警觉，将风险评估贯穿于整个审计过程。风险导向审计模式下审计的流程大致经过以下几个环节：接受业务委托；计划审计工作；风险评估；风险应对；完成审计工作，出具审计报告。具体的审计的流程如图1-4所示。

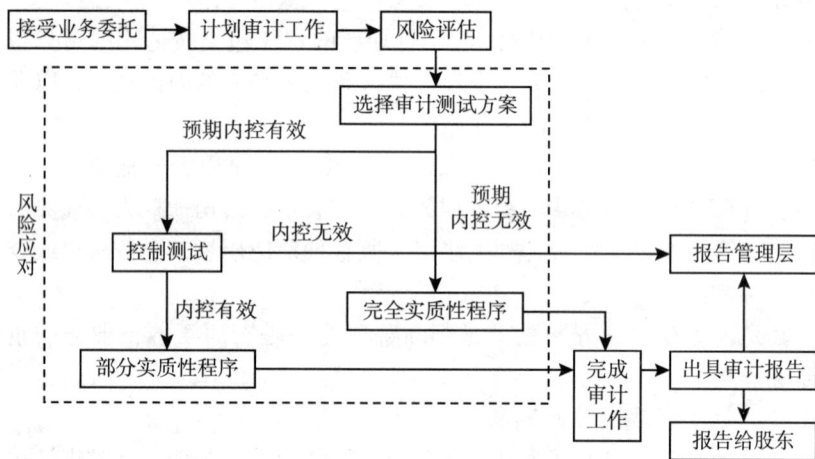

图1-4 具体的审计流程

（一）接受业务委托

会计师事务所应当按照《中国注册会计师执业准则》的规定，谨慎决策是否接受某具体审计业务或保持某客户关系。在接受新客户的业务前或决定是否保持现有业务及考虑接受现有客户的新业务时，会计师事务所应当执行有关客户接受与保持的程序，以获取如下信息：

（1）考虑客户的诚信，没有信息表明客户缺乏诚信。

（2）具有执行业务必要的素质、专业胜任能力、时间和资源。

（3）能够遵守相关职业道德要求。

一旦决定接受业务委托，注册会计师应当与客户就审计约定条款达成一致意见。

（二）计划审计工作

为了合理分配审计资源，提高审计效率，对任何一项审计业务，注册会计师在执行具体审计程序之前，都必须根据具体情况制订科学、合理的计划，使审计业务以有效的方式得到执行。一般来说，计划审计工作主要包括在本期审计业务开始时开展的初步业务活动、制定总体审计策略、制订具体审计计划等。需要指出的是，计划审计工作不是审计业务的一个孤立阶段，而是一个持续的、不断修正的过程，贯穿于整个审计过程的始终。

（三）风险评估

审计准则规定，注册会计师必须实施风险评估程序，以此作为评估财务报表层次和认定层次重大错报风险的基础。风险评估程序是指注册会计师为了解被审计单位及其环境（包括内部控制），以识别与评估财务报表层次和认定层次的重大错报风险（无论该错报是舞弊导致还是错误导致）而实施的审计程序。了解被审计单位及其环境为注册会计师在许多关键环节作出职业判断提供了重要基础。了解被审计单位及其环境实际上是一个连续和动态地收集、更新与分析信息的过程，贯穿于整个审计过程的始终。

（四）风险应对

注册会计师实施风险评估程序本身并不足以为发表审计意见提供充分、适当的审计证据，应当实施进一步的审计程序，包括实施控制测试（必要时或决定测试时）和实质性程序。因此，注册会计师在评估财务报表重大错报风险后，应当运用职业判断，针对评估的财务报表层次重大错报风险确定总体应对措施，并针对评估的认定层次重大错报风险设计和实施进一步审计程序，以将审计风险降至可接受的低水平。

（五）完成审计工作，出具审计报告

注册会计师在完成进一步审计程序后，还应当按照有关审计准则的规定做好审计完成阶段的工作，并根据获取的审计证据，合理运用职业判断，形成适当的审计意见。

这个流程中，审计的基本逻辑（见图 1-5）是，注册会计师审

计的目标任务是对财务报表是否在所有重大方面按照适用的财务报告编制基础编制，发表审计意见、出具审计报告。审计意见的发表需基于充分、适当的审计证据，审计证据的收集来自执行审计测试。审计的整个过程主要是在收集和评价审计证据。

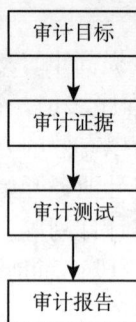

```
┌──────────┐
│  审计目标  │
└──────────┘
      │
      ▼
┌──────────┐
│  审计证据  │
└──────────┘
      │
      ▼
┌──────────┐
│  审计测试  │
└──────────┘
      │
      ▼
┌──────────┐
│  审计报告  │
└──────────┘
```

图 1 - 5　审计的基本逻辑

三、审计的基本要求

（一）遵守注册会计师执业准则

中国注册会计师执业准则指注册会计师在执行业务过程中遵守的执业规范，包括注册会计师业务准则和会计师事务所质量管理准则。

（二）遵守职业道德守则

注册会计师受到与财务报表审计相关的职业道德要求（包括与独立性相关的要求）的约束。相关的职业道德要求通常是指中国注册会计师职业道德守则（以下简称职业道德守则）中与财务报表审计相关的规定。

《中国注册会计师职业道德守则第 1 号——职业道德基本原则》和《中国注册会计师职业道德守则第 2 号——职业道德概念框架》规定了与注册会计师执行财务报表审计相关的职业道德基本原则，并提供了应用这些原则的概念框架。《中国注册会计师职业道德守则第 3 号——提供专业服务的具体要求》和《中国注册会计师职业道德守则第 4 号——审计和审阅业务对独立性的要求》说明了注册会计师执行审计和审阅业务时如何在具体情形下应用概念框架。

（三）合理运用职业怀疑和职业判断

在计划和实施审计工作时，注册会计师应当保持职业怀疑，认识到可能存在导致财务报表发生重大错报的情形。职业怀疑是指注册会计师执行审计业务的一种态度，包括采取质疑的思维方式，对可能表明由于舞弊或错误导致错报的情况保持警觉以及对审计证据进行审慎评价。职业怀疑应当从以下方面理解：

（1）职业怀疑在本质上要求秉持一种质疑的理念。

（2）职业怀疑要求对引起疑虑的情形保持警觉。

（3）职业怀疑要求审慎评价审计证据。

（4）职业怀疑要求客观评价管理层和治理层。

职业怀疑是注册会计师综合技能不可或缺的一部分，是合理保证审计质量的关键要素。保持职业怀疑有助于注册会计师恰当运用职业判断，提高审计程序设计及执行的有效性，降低审计风险。

职业判断是指在审计准则、财务报告编制基础和职业道德要求的框架下，注册会计师综合运用相关知识、技能和经验，作出适合审计业务具体情况、有根据的行动决策。职业判断对于适当地执行审计工作是必不可少的。其理由是如果没有将相关的知识和经验运用于具体的事实与情况，就不可能理解相关职业道德要求和审计准则的规定，并在整个审计过程中作出有依据的决策。

职业判断对于作出下列决策尤为必要：

（1）确定重要性和评估审计风险。

（2）为满足审计准则的要求和收集审计证据的需要，确定所需实施的审计程序的性质、时间安排和范围。

（3）为实现审计准则规定的目标和注册会计师的总体目标，评价是否已获取充分、适当的审计证据以及是否还需执行更多的工作。

（4）评价管理层在应用适用的财务报告编制基础时作出的判断。

（5）根据已获取的审计证据得出结论，如评估管理层在编制财务报表时作出的估计的合理性。

评价职业判断是否适当，可以基于以下两个方面：

（1）作出的判断是否反映了对审计和会计原则的适当运用。

（2）根据截至审计报告日注册会计师知悉的事实和情况，作出的判断是否适当、是否与这些事实和情况一致。注册会计师需要在整个审计过程中运用职业判断，并作出适当记录。对此，审计准则要求注册会计师编制的审计工作底稿应当使未曾接触该项审计工作的有经验的专业人士了解在对重大事项得出结论时作出的重大职业判断。如果有关决策不被该业务的具体事实和情况所支持或缺乏充分、适当的审计证据，职业判断并不能成为作出决策的正当理由。

1.8 延伸阅读：什么是职业怀疑？

1.9 延伸阅读：为什么应当在审计过程中保持职业怀疑？

1.10 延伸阅读：哪些情形会阻碍注册会计师保持职业怀疑？

1.11 延伸阅读：如何在会计师事务所层面和项目组层面强化保持职业怀疑的必要性？

四、审计相关业务概述

审计是一个大类，目前国内外对审计类别主流的划分方法是根据审计主体的不同划分为三类：政府审计、内部审计、注册会计师审计。注册会计师审计是由注册会计师提供的专业鉴证服务。随着经济发展对注册会计师业务的需求，注册会计师提供的服务领域越来越广，注册会计师执行的业务（见图1-6）可以大致分为两大类：鉴证业务和相关服务。鉴证业务是指注册会计师对鉴证对象信息提出结论，以增强除责任方以外的预期使用者对鉴证对象信息信任程度的业务。根据鉴证的性质不同，鉴证业务分为审计、审阅和其他鉴证业务。审计业务是指注册会计师对财务报表是否存在重大错报提供合理保证。审阅业务是指注册会计师通过询问、分析程序，对财务报表是否存在重大错报提供有限保证。其他鉴证业务是指除审计、审阅以外的其他鉴证业务。其他业务属于相关服务，包括税务代理、对财务信息执行商定程序、代编财务信息等。

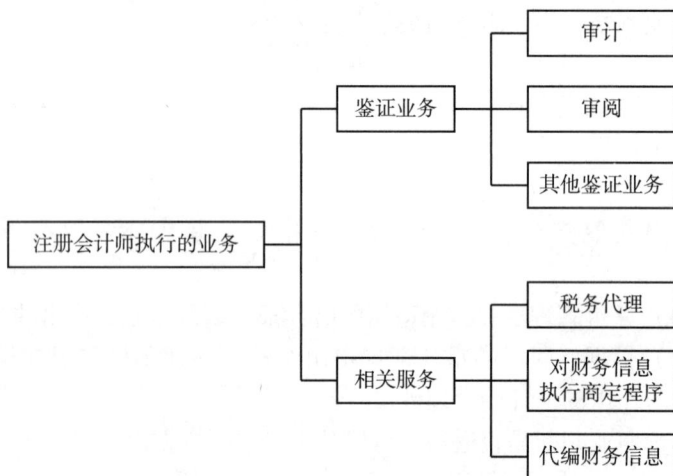

```
                                        ┌─────────┐  ┌───────┐
                                        │         ├──┤  审计  │
                                        │         │  └───────┘
                                     ┌──┤ 鉴证业务 │  ┌───────┐
                                     │  │         ├──┤  审阅  │
                                     │  │         │  └───────┘
                                     │  │         │  ┌──────────┐
                                     │  │         ├──┤ 其他鉴证业务│
┌─────────────────┐                  │  └─────────┘  └──────────┘
│ 注册会计师执行的业务 ├──────────────────┤
└─────────────────┘                  │  ┌─────────┐  ┌───────┐
                                     │  │         ├──┤ 税务代理│
                                     │  │         │  └───────┘
                                     │  │         │  ┌──────────┐
                                     └──┤ 相关服务 ├──┤对财务信息  │
                                        │         │  │执行商定程序 │
                                        │         │  └──────────┘
                                        │         │  ┌──────────┐
                                        │         ├──┤代编财务信息 │
                                        └─────────┘  └──────────┘
```

图1-6 注册会计师执行的业务

第四节 审计的基本假设

审计假设作为审计理论的构成要素之一，是支撑审计理论大厦的基础，是整个审计理论研究的出发点。审计的基本假设是指在进行审计工作时所依据的一系列前提条件，这些假设帮助审计人员理解和评

估被审计单位的财务状况和经营成果。审计假设主要包括以下几个
方面。

一、信息不对称假设

这一假设反映了在审计活动中，审计人、被审计人和审计授权人
（审计委托人）之间对审计信息的享有不对等，即某一方总是比另一
方占有更多的信息。这种信息不对称的存在，主要是由于审计的产生
和发展基于受托责任关系的产生和发展，而受托责任关系的存在导致
了委托人和代理人之间的信息传递存在不对等的情况。由于种种动
机，双方均不可能把自己的私人信息毫无保留地传递给对方，这就产
生了审计信息的不对称现象。这一假设主要解决为什么需要审计以及
审计做什么的问题。

二、信息不确定假设

财产所有权与经营管理权的分离导致了信息不对称，这是审计产
生的直接动因。而审计单位的管理层所提供的财务报表及相关资料中
信息的不确定性则是审计产生的根本原因。在审计过程中，审计人员
必须认识到被审计单位提供的信息可能存在不确定性。这种不确定性
可能会影响审计的结果和财务报表的真实反映。不确定性的来源包括
数据质量、主观判断、外部环境变化和舞弊风险等原因。被审计单位
提供的数据可能不完整或不准确，导致信息的不确定性。财务报告中
涉及的许多事项（如资产评估、坏账准备、存货计价）需要管理层
的判断，这种主观性可能导致误差。经济形势、市场条件、法律法规
等外部因素的变化可能影响财务报告的可靠性。管理层或员工可能故
意提供误导性信息，增加了信息的不确定性。为了防止此类问题的发
生，信息使用者客观上需要一个外部、独立、客观、公正的第三方对
被审计单位管理层提供的信息的真实性进行验证，这便催生了审计的
必要性。无论是国家审计、内部审计还是注册会计师审计，均是由于
信息的不确定性所引发的。如果信息是确定无疑的，则审计的需求将
不复存在。

三、财务报表数据可验证性假设

财务报表数据是可验证的，审计人员可以通过收集和评估证据来
验证这些数据的真实性和准确性。内控有效性假设是指健全有效的
内控能消除发生舞弊行为的或然性。内控是受托人建立的保证受托经

济责任的履行过程与既定目标相吻合的一种有效控制机制，有助于消除舞弊行为，但不能完全杜绝舞弊行为。内控有效性是审计的前提。这是因为假如舍弃这一假设，在内控无效的情况下，错误和舞弊行为的发生就难以避免，也就不可能合理地实施审计业务。因为此时要么放弃发现舞弊行为，要么实施极为细致的检查。在后一种情况下审计成本太高，很不现实。

四、内部控制有效性假设

内部控制有效性假设是指企业建立内部控制的相关法律法规制度是否健全，企业建立的内部控制是否运转一贯有效，企业相关部门生成的财务报表是否存在错报、漏报以及财务报表是否存在错误与舞弊，内部控制是否有效与之具有内在关系。换言之，企业建立的健全和有效的内部控制系统在一定程度上是可以减少企业内部发生错误与舞弊的可能性。内控是受托人建立的保证受托经济责任的履行过程与既定目标相吻合的一种有效控制机制，有助于消除舞弊行为，但不能完全杜绝舞弊行为。健全的内部控制能够减少欺诈和舞弊，降低审计风险。在审计过程中有必要对内部控制的有效性进行评估，这样才可以保证审计人员将审计风险降低到社会可接受的水平。根据这一假设，可以演绎出控制测试、实质性程序、抽样风险、统计抽样等重要审计概念。

五、风险可控性假设

风险可控性假设指的是尽管审计风险无法完全消除，但审计师可以通过设计适当的审计程序，识别、计量、评估及预防风险，从而将审计风险控制在社会可接受的水平。审计师对其报告准确性承担审计责任。审计风险的存在是无可避免的，但长期以来人们难以准确判断审计风险的程度，只能被动接受，导致审计期望与实际之间的差距逐渐加大，社会公众对审计的批评声也日益增多。通过对审计风险的深入研究，人们认识到审计风险由重大错报风险与检查风险构成。尽管重大错报风险的发生超出审计师的控制范围，但审计师可以通过对被审计单位的经营环境和内部控制的了解来评估重大错报风险，并采取相应措施进行应对。而通过对检查风险的有效控制，间接地限制了审计风险。尽管审计风险的量化存在一定的主观性，但若不假设审计风险是可控的，审计行业将被日益上升的审计风险所束缚，失去活力，无法积极采取措施，更好地满足社会公众的需求。实践证明，若将审计风险视为可控，并将这一理念贯彻到审计程序中，集中审计资源于高风险领域，能够较好地揭示企业财务报表中的重大错误及舞弊，从而缩小社会公众需求与审计能力之间的差距，使审计风险维持在社会可接受的范围内。

六、审计主体独立性假设

审计人员独立于被审计单位，能够客观、公正地提出审计意见，确保审计结果的客观性和公正性。独立性假设是指审计机构和人员能够排除干扰、个人利害关系，不偏不倚地实施检查并提出客观、公正的审计报告，是审计的灵魂。若没有这一假设，如果审计人员在思想和行动受到制约，其独立性遭到破坏，那么他的审计意见也就失去了社会各方面的信任，随之审计也会失去存在的社会基础。在这里，独立性包含两方面的内容：一是审计人员与受托人之间不存在必然的利害冲突；二是在审计过程中审计人员自始至终在精神上和行为上不受干扰。独立性明确了审计存在和发展的社会基础，是公认审计标准和审计职业道德中关于审计工作独立性的基本依据。

七、审计主体胜任力假设

审计人员具备必要的专业知识、技术和经验，能够胜任审计工作并对其结果负责。审计人员具备执业所必需的专业知识、技术、经验和职业道德，从而能胜任审计工作并能对其工作的结果承担责任。同样，如果没有这一假设，审计人员的胜任力受到质疑，那么他们的审计结果也将失去可信性和权威性，审计人员的责任也无从谈起，审计的意义也将不复存在。

八、经济责任关系假设

经济责任关系假设是审计产生和发展的基础，是审计存在的前提。经济责任关系是财产的所有权与经营权相分离时，在所有者与经营者之间由于受托经营管理而形成的一种委托与受托的关系。经济责任关系是审计存在的基础，财产的所有权与经营权分离时，审计监督经济责任履行情况。经济责任关系假设意味着财务信息的提供者（如管理层）对信息的真实性和完整性负有责任，而信息使用者（如投资者、债权人）则可以根据这些信息作出经济决策。通过这种方式，经济责任关系假设帮助构建了信任和透明的经济环境。

【本 章 小 结】

审计起源于两权分离，本章主要讨论了注册会计师审计业务的由来及其发展历程。此外，本章还阐述了审计的定义及分类。审计是在经济活动中产生的一种现象，按照不同的标准可以做多种不同的划分。在不同审计主体下对政府审计、社会审计和内部审计有一定的了解和认识。本章还重点介绍了审计的基本要素、审计的流程和审计的基本假设，并对注册会计师审计业务进行了介绍，审计业务包括鉴证业务和相关服务两个大类。最后对审计基本假设进行了介绍。主要介绍了信息不对称假设、信息不确定假设、财务报表数据可验证性假设、内部控制有效性假设、风险可控性假设、审计主体独立性假设、审计主体胜任力假设、经济责任关系假设。

【本章重要术语】

1.15　专业术语解释

1. 受托经济责任	2. 审计
3. 形式上的独立性	4. 实质上的独立性
5. 专业胜任能力	6. 鉴证业务
7. 非鉴证业务	8. 财务报表审计
9. 财务报表审阅	10. 合理保证
11. 有限保证	

【复习与思考】

1.16　复习与思考答案

1. 为什么会产生审计？为什么说经济越发展，审计越重要？
2. 审计的定义是什么？如何理解审计本质上是一种信任审计？
3. 按不同审计主体，审计可以如何分类？
4. 审计的基本要素包括什么？什么是三方关系？
5. 审计的基本流程是什么？审计的基本要求包括哪些？
6. 注册会计师执行的业务包括哪一些？鉴证业务又包括哪些？
7. 审计的基本假设包括哪一些？什么是审计主体独立性假设？

第二章

注册会计师的管理与职业规范

【学习目标】

1. 了解中国注册会计师考试与申请。
2. 了解注册会计师行业管理体制的演变及现状。
3. 了解我国允许设立的会计师事务所设立的形式。
4. 了解中国注册会计师执业准则的发展历程。
5. 熟悉我国注册会计师职业规范体系的框架及内容。
6. 熟悉鉴证业务基本准则和业务质量管理准则的基本内容。

【本章知识逻辑结构图】

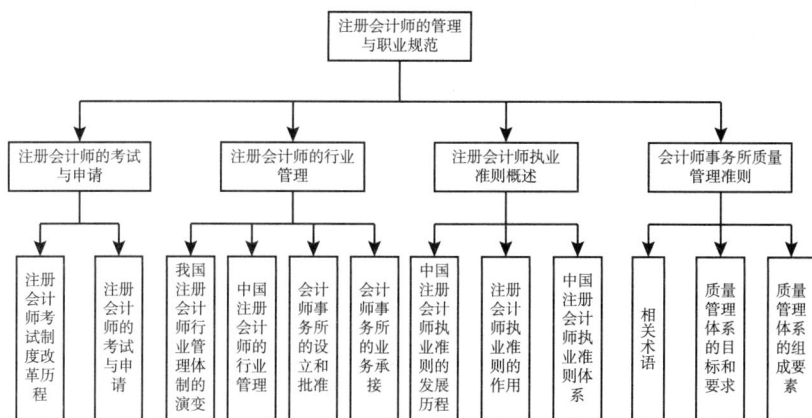

```
                        注册会计师的管理
                          与职业规范
    ┌──────────────┬──────────────┬──────────────┐
 注册会计师的考试   注册会计师的行业   注册会计师执业   会计师事务所质量
   与申请            管理              准则概述         管理准则
  ┌────┬────┐  ┌────┬────┬────┬────┐  ┌────┬────┬────┐  ┌────┬────┬────┐
 注册  注册  我国  中国  会计  会计  中国  注册  中国  相关  质量  质量
 会计  会计  注册  注册  师事  师事  注册  会计  注册  术语  管理  管理
 师考  师的  会计  会计  务所  务所  会计  师执  会计  体系  体系
 试制  考试  师行  师的  的设  的业  师执  业准  师执  的目  的组
 度改  与申  业管  行业  立和  务承  业准  则的  业准  标和  成要
 革历  请    理体  管理  批准  接    则的  作用  则体  要求  素
 程          制的              发展        系
             演变              历程
```

【引导案例】

道德当身——遵守职业规范

2024 年 1 月 31 日，中国证监会依据《中华人民共和国证券法》

（以下简称《证券法》）的有关规定，对中天运会计师事务所（特殊普通合伙，以下简称中天运）审计美尚生态景观股份有限公司（以下简称美尚生态或公司）2017～2019 年年报审计未勤勉尽责行为进行了立案调查、审理，并依法向当事人告知了作出行政处罚的事实、理由、依据及当事人依法享有的权利。

经查明，中天运存在以下违法事实。

一、中天运为美尚生态提供审计服务，出具的审计报告存在虚假记载、重大遗漏，包括空收应收账款、虚记银行利息、不按审定金额调整项目收入、虚增子公司收入以及关联方非经营性资金占用等事项，美尚生态 2017～2019 年年报存在虚假记载、重大遗漏。

中天运为美尚生态 2017～2019 年度财务报表提供审计服务，均出具了标准无保留意见审计报告，业务收入合计 2 886 792.46 元。

二、中天运审计美尚生态 2017～2019 年财务报表时未勤勉尽责。

（一）在审计过程中未保持合理怀疑，未关注到银行对账单和银行询证函不一致的情况。

中天运在 2017～2019 年报审计中，获取了由美尚生态提供的农业银行尾号 7407 银行账户（以下简称 7407 账户）对账单，并将该对账单作为审计证据。该对账单显示美尚生态 7407 账户三年中未支出审计询证费，但中天运获取的 7407 账户银行询证函显示，审计询证费用应从美尚生态 7407 账户支取，与中天运获取的对账单记载信息不一致。另外，2019 年年审期间，中天运将询证函寄给由美尚生态指定的银行工作人员，中天运未按银行正常业务流程独立获取回函。美尚生态 7407 账户存在大量账外收支，美尚生态利用该账户进行舞弊。中天运在审计过程中未保持合理怀疑，未关注到审计证据不一致的情况，未进一步向美尚生态询问未扣除审计询证费用的原因及评估银行询证函回函的真实性。

（二）中天运在审计过程中未保持合理怀疑，未保持对函证有效控制、未能发现或有效应对企业询证函高度异常情况。

2017 年年报审计期间，中天运未关注到多份企业往来询证函回函的快递面单高度一致等多处疑点。2017 年年报审计底稿显示，中天运项目组当期共收到应收账款询证函回函 23 份。除两份回函未附回函快递面单之外，其余 21 份回函中有 20 份均使用中国邮政邮寄，寄件人均自称"财务部"，并且使用格式一致的快递面单寄给项目组，另外寄件邮编存在多处错误，且快递面单的编号还存在连号等情况。中天运 2017 年首次承接该审计项目，但是未能保持职业谨慎，未识别上述回函的明显疑点，也未向被审计单位提出质疑，并且结合审计风险追加相应的实质性审计程序。经查，上述企业询证函回函对应项目中，有多个项目存在应收账款空收、虚增项目收入舞弊的情况。

2018年年报审计期间，中天运向美尚生态古庄村改造项目的建设方无锡羿创生态旅游发展有限公司发出的应收账款企业询证函回函寄出地址为美尚生态实际经营地。经查，古庄村改造项目的应收账款存在空收情况。中天运未能保持有效的函证控制，未重新发函或实施替代性审计程序。

（三）中天运在审计过程中未保持合理怀疑，未能发现美尚生态重要子公司重庆金点园林有限公司的企业询证函的发函和回函过程中地址信息雷同的情况。

2016年，美尚生态收购了重庆金点园林有限公司（以下简称金点园林）作为其重要全资子公司。中天运在2017年至2019年承接美尚生态年报审计时，将金点园林作为重要子公司纳入审计范围。在2019年年报审计中，中天运未关注到多份企业询证函回函地址可疑或回函寄件地址和被函证公司所在地不一致的情况。四川鸿顺达建筑工程有限公司为金点园林罗江项目的重要分包方，中天运向四川鸿顺达建筑工程有限公司的应付账款函证的发函地址同时也是自贡中港文化旅游投资开发有限公司、天全县宏宾工程有限公司、中外园林建设有限公司的应付账款企业询证函回函寄件地址。上述公司并未有明显关联关系，且注册地与经营地不重合。另外，中外园林建设有限公司询证函回函寄件人与金点园林公司员工郑某（罗江项目的项目经理，时任施工员）姓名、号码一致。中天运未保持职业怀疑，未对上述企业询证函发函、回函的异常情况进行关注，也未了解上述异常的原因，未向被审计单位提出质疑，未结合审计风险追加相应的实质性程序获取充分适当审计证据。

（四）在审计过程中的项目走访工作流于形式。

中天运在2017年年报审计期间，对金点园林部分重要项目进行了走访。中天运审计底稿中记载了其走访罗江项目的相关情况如下：该项目于2017年12月开工，建设期为2年，回款期为8年，工程包括城镇提档升级、新建道路、旅游基础设施建设、景观美化、城市光亮等内容。中天运项目组成员2018年1月26日走访了该项目。截至走访时，公司账面完工进度为44.02%。在底稿中，中天运提供了该项目6张现场照片，照片中只能看到部分砂石路面，未见任何新建房屋。但项目组走访人员对项目账面完工进度仍然予以确认。上述走访过程流于形式且不符合常识，但中天运对相关疑点未保持职业怀疑，未追加审计程序了解相关原因，也未获取充分适当的审计证据。

中天运在美尚生态2017～2019年财务报告审计项目中存在对项目风险应对程序执行不到位、未考虑获取的审计证据的可靠性、未保持职业怀疑的情形，违反了《证券法》第一百六十三条"证券服务机构为证券的发行、上市、交易等证券业务活动制作、出具审计报告及其他……文件，应当勤勉尽责，对所依据的文件资料内容的真实性、准确性、完整性进行核查和验证"的规定，构成《证券法》第二百一十三条第三款所述"未勤勉尽责，所制作、出具的文件有虚假记载、误导性陈述或者重大遗漏"的行为。签字注册会计师陈晓龙、秦刘永是上述行为直接负责的主管人员。

依据《证券法》第二百一十三条第三款的规定，中国证监会决定：

（1）对中天运会计师事务所（特殊普通合伙）责令改正，没收业务收入 2 886 792.46 元，并处以 2 886 792.46 元罚款；

（2）对陈晓龙（2017~2019 年年度审计报告签字注册会计师）给予警告，并处以 25 万元罚款；

（3）对秦刘永（2018~2019 年年度审计报告签字注册会计师）给予警告，并处以 20 万元罚款。

案例思考：

1. 注册会计师在执行鉴证业务的过程中所应遵守哪些职业规范？

2. 注册会计师在执行鉴证业务中不遵守职业规范会带来什么后果？

资料来源：中国证券监督管理委员会，http://www.csrc.gov. cn/csrc/c101928/c7467928/content. shtml。

第一节　注册会计师的考试与申请

一、注册会计师考试制度改革历程

我国注册会计师考试制度于 1991 年创立，在财政部党组和财政部注册会计师考试委员会（以下简称财政部考委会）的坚强领导和指导下，经过 30 多年的努力，考试的制度规则从无到有、逐步改进、不断完善，组织管理不断优化，内容质量逐步提高。特别是 2009 年开始实施的《注册会计师考试制度改革方案》（以下简称《方案》），极大地推动了注册会计师考试制度的创新，实现了与国际普遍认可的考试制度的趋同。《方案》提出三个领域的改革任务。其中，考试基本制度改革于 2009 年最先完成，即在充分借鉴其他国家和地区会计职业组织考试工作经验的基础上，将此前不分阶段、只考 5 个科目的考试安排调整为两个阶段"6 + 1"的考试科目体系；2012 年又率先在国内同类大型职业资格考试中实施计算机化考试方式，标志着注册会计师考试的组织管理制度实现了模式上的重大转换，并在引领行业信息化建设方面发挥了重要作用。2015 年初出台《注册会计师全国统一考试质量保证制度改革方案》，标志着考试质量保证制度改革全面启动，明确了进一步充实考试内容、优化试题结构、合理界定考试难度、健全考试质量保证制度和管理机制、充分体现和评价职业胜任能力等任务目标。由此，秉持注册会计师考试始终面向新时代行业发展需要、满足行业更好服务国家建设要求的发展理念，坚持守正创新，通过实施考试大纲和辅导教材改革、推进题库和专家队伍建设、强化"原理导向、职业导向和考生友好导向"和诚信建设等一系列举措，推动考试改革不断深化、日趋成熟。

二、注册会计师的考试与申请

（一）CPA 考试制度改革的总体目标

2009 年 1 月 15 日，中国注册会计师协会印发了《注册会计师考试制度改革方案》，对此次改革进行了总结。方案提出考试改革的总体目标是：以《中国注册会计师胜任能力指南》和《职业会计师国际教育准则》为指导，提升考试理念、充实考试内容、完善考试方式，建立起符合终身学习理念和充分体现胜任能力评价要求的考试制度，促进中国注册会计师胜任能力和执业水平的提高，使中国注册会计师考试制度与国际普遍认可的注册会计师考试制度相趋同，将中国注册会计师考试打造成中国注册会计师走向国际的"通行证"。

（二）CPA 考试制度的主要内容

注册会计师考试制度包括报名条件、考试阶段、科目设置、实务经历要求等基本制度，考试命题、考试评卷、考试合格标准等考试质量保证制度，以及考试组织、考场设置、考试纪律等考试组织管理制度。这次改革主要涉及注册会计师考试基本制度，主要内容如下：

1. 注册会计师考试划分为两个阶段

第一阶段，即专业阶段，主要测试考生是否具备注册会计师执业所需的专业知识，是否掌握基本技能和职业道德要求。

第二阶段，即综合阶段，主要是对考生综合知识的考核和综合能力的测试，包括测试考生是否具备在注册会计师职业环境中能够合理、有效地运用专业知识和法律知识的能力，并测试考生保持职业价值观、道德与态度等综合能力，是《中国注册会计师胜任能力指南》关于职业技能的定义。

考生在通过第一阶段的全部考试科目后，才能参加第二阶段的考

2.1 视频：注册会计师的考试与申请

试。两个阶段的考试，每年各举行 1 次。

基于第二阶段的考试侧重于考查考生的胜任能力，建议考生在参加第二阶段考试前注意积累必要的实务经验。

2. 考试科目

第一阶段，设会计、审计、财务成本管理、公司战略与风险管理、经济法、税法等 6 科。注册会计师专业阶段考试科目有会计、审计、财务成本管理、公司战略与风险管理、经济法、税法。每科都有一道 5 分的英文附加分题，鼓励考生英文作答，考生如果用英文回答且答案完全正确，可以有 5 分的加分。

第二阶段，设综合 1 科。注册会计师综合阶段考试科目为职业能力综合测试（试卷一、试卷二），试卷一中有一道 5 分的英文附加分题，鼓励考生英文作答，考生使用全英文解答答对得 5 分的附加分。

3. 成绩有效期

第一阶段的单科合格成绩 5 年有效。对在连续 5 年内取得第一阶段 6 个科目合格成绩的考生，发放专业阶段合格证。

第二阶段考试科目应在取得专业阶段合格证后 5 年内完成。对取得第二阶段考试合格成绩的考生，发放全科合格证。

（三）注册会计师的申请

获得注册会计师执业资格需要先通过注册会计师专业阶段和综合阶段的考试，拿到注册会计师全国统一考试全科合格证后，可以申请成为注册会计师非执业会员，有 2 年国内事务所独立审计工作经验之后，可以申请成为执业会员。执业会员和非执业会员之间可以转换，执业会员可以申请转为非执业会员，非执业会员符合条件也可以申请转为执业会员。

申请成为执业注册会计师需要申请人通过其所在的会计师事务所，向会计师事务所所在地的省级注册会计师协会提交注册会计师注册申请表。其中，申请人为香港、澳门特别行政区和台湾地区居民的，应当提交港澳台居民居住证信息或者港澳台居民出入境证件信息；申请人为外国人的，应当同时提交护照和签证信息以及《外国人工作许可证》信息。经依法认定或者考核具有注册会计师资格的，应当提交相关文件和符合认定或者考核条件的相关材料。

同时，申请执业注册会计师的人员，除需要在中国境内从事审计业务工作 2 年以上，还应满足以下条件：

（1）参加注册会计师全国统一考试成绩合格；

（2）经依法认定或者考核具有注册会计师资格。

第二节　注册会计师的行业管理

2.2　视频：注册会计师的行业管理

一、我国注册会计师行业管理体制的演变

（一）完全行政主导阶段（1980～1994 年）

1980 年财政部颁布《关于成立会计顾问处的暂行规定》，标志着我国注册会计师制度的复苏。该规定明确，会计顾问处是由各级财政部门组织成立，独立核算，开办初期政府还酌情给予补助的事业单位。当时的事务所都依附、挂靠于财政、税务、审计等各政府部门。随后，我国民间审计行业出现了"两师、两所、两会"并存的局面。此时的事务所缺乏独立性，除接受财政和审计部门的监督、指导外，还要接受挂靠单位的直接领导，政府多头监管格局初步形成。

（二）中注协与政府多头监管阶段（1994～2002 年）

1994 年《中华人民共和国注册会计师法》实施。该法明确，中注协是该行业的自律性组织，财政部依法对该行业进行监督、指导。但在实际运行中，财政部却将行政管理职能委托给中注协行使，中注协实际上成为挂靠于财政部、集部分行政管理职能和行业自律职能于一身的差额预算单位。1995 年 6 月，中注协与中国注册审计师协会实行统一联合，联合后的中注协依法对社会审计进行行业管理，接受财政部、审计署的监督、指导。从 1997 年开始，我国注册会计师行业开始脱钩改制，要求事务所及其人员与原挂靠单位脱钩。到 1999 年末，全国的脱钩改制工作基本完成。

（三）政府监管为主，行业自律为辅阶段（2002 年至今）

受美国注册会计师行业监管体制变化的启示，为加强对我国注册会计师行业的行政监管，贯彻执行《中华人民共和国会计法》和《中华人民共和国注册会计师法》的相关规定，财政部于 2002 年 11 月 15 日以财会〔2002〕19 号文（以下简称"19 号文"）向各省、区、市下发《关于进一步加强注册会计师行业管理的意见》，决定将批设会计师事务所、证券、期货等业务许可证的年检及对注册会计师注册情况备案、对审计准则的审批、《注册会计师全国统一考试办法》的制定、修订等行政职能收归会计司负责；对会计师事务所、

27

注册会计师的监督检查和行政处罚，收归监督检查局负责；将行政处罚事项的听证、行政复议等收归条法司负责。注协主要负责拟订执业准则、注册会计师作为协会会员的注册和管理、组织全国注册会计师考试和继续教育、对会员进行监督检查等。

二、中国注册会计师的行业管理

注册会计师行业管制的基本内容，主要包括四个方面：一是执业资格的准入限制；二是行为规范的制订包括职业行为准则、独立审计准则、后续教育准则等；三是监督和惩戒；四是审计费用的确定。

（一）职业资格的准入限制

执业资格的准入限制具有两重性：一方面，对注册会计师职业资格进行严格控制有利于确保审计工作的质量，抑制注册会计师行业内部的无序竞争，提高注册会计师审计职业的威信。另一方面，准入限制不等于不允许新成员进入，管制者可适度开启新执业主体准入的"闸门"，通过直接或间接的途径以充分发挥竞争机制的积极作用。

管制经济学中的可竞争市场理论认为，只要适当放松准入管制，新主体进入市场的潜在竞争会在一定程度上迫使原主体提高效率。一方面既要适度开启新主体进入的"闸门"，以充分发挥竞争机制的积极作用，提高独立审计的效率与公平；另一方面又要制订明确的资格准入标准，以确保独立审计工作的质量，促进证券市场的健康发展。执业资格的准入标准包括注册会计师的执业资格和会计师事务所的执业资格：（1）注册会计师的执业主体资格。独立审计是一项技术性经济监督工作，许多国家和地区都对注册会计师的主体资格作出了严格的规定。一般而言，注册会计要取得执业资格，首先应具备较高的专业素质，然后得通过资格考试，最后还必须经注册登记。①注册会计师的专业素质包括：一是专门学识，也即注册会计师必须具备会计、审计及其他相关知识，并且随着经济管理活动的日趋复杂，注册会计师还要了解熟悉管理科学、行为科学乃至工程技术等有关知识。二是实践经验，注册会计师在执业过程中往往涉及较多的专业判断，因而必须具备一定的从业经验。三是专业能力，审计理论和实务的不断发展，要求注册会计师具有一定的分析能力、公关能力和表达能力。②资格考试，具备注册会计师专业素质，也即符合注册会计师执业资格考试条件的人员要想取得执业资格，还得通过执业资格考试。③注册登记，执业资格申请人即使通过了资格考试后，必须履行一定的注册手续方可取得执业资格。即使是已取得执业资格的注册会计师也要在后续年度履行年检登记方可继续执业。④后续教育。注册会师取得证书之后必须按照要求参加继续教育，完成规定的继续教育学时。（2）会计师事务所的执业资格。会计师事务所的执业资格准入限制主要体现在两个方面：①会计师事务所的组织形式，有的国家对事务所的组织形式进行了严格限制。②会计师事务所的登记注册，登记注册的限制主要包括设立条件、年检事项、变更事项、执业许可、资本限额等方面。

（二）职业行为规则的约束

注册会计师行为规范进行管制的理论依据主要是，注册会计师执业行为具有一定的外部性。外部性是指一个经济主体的行为对另一个经济主体的福利产生的影响，而这种影响并没有通过市场价格机制得到反映或补偿。注册会计师有动机隐瞒不利信息。尽管社会公众一般都会注意到这种可能，但他们并不了解隐瞒信息的具体性质。在一般情形下，管制主体有许多方式来处理这些问题，如合约的执行、规范以及直接控制等，最常用的手段通过制定法规的形式加以规范。注册会计师主体行为的约束包括注册会计师执业的技术标准，主要指独立审计准则。美国注册会计协会（AICPA）认为独立审计准则的目标有三个：第一，规范民间审计人员的执业行为，保证民间审计人员的执业质量；第二，分清责任，保护民间审计人员的合法权益，为判定注册会计师的责任提供依据；第三，维护投资者的利益，为其决策提供依据。注册会计师与客户及其他利益关系人的交互行为规则方面的约束，即注册会计师职业道德准则等方面的规范。

（三）监督和惩戒

为了加强注册会计师行业管理，规范对会员违规行为的惩戒，根据《中华人民共和国注册会计师法》和《中国注册会计师协会章程》，制定中国注册会计师协会会员执业违规行为惩戒办法。中注协对会员违规行为给予惩戒的种类有：

（1）训诫；

（2）行业内通报批评；

（3）公开谴责。

中注协认为，会员的违规行为应当给予行政处罚或可能构成犯罪的，应当及时提请行政、司法机关调查处理。

（四）审计收费的管制

通常注册会计师的审计收费一般由三部分构成。一是审计产品成本。即执行必要的审计程序、出具审计报告所需要的费用，包括资料费、审计人员报酬、外勤费等；二是风险成本。即由于审计风险的存在而导致的预期损失费用，包括诉讼损失和恢复名誉的潜在成本等；三是事务所的正常利润。审计收费管制问题的争论集中在："低价揽客行为是否有损会计师事务所的独立性"。柯恩委员会认为"在初次审计时为获取审计聘约而采取低于成本的虚报定价行为，将同未清偿的审计费用一样有损于审计独立性"。

三、会计师事务所的设立和批准

（一）国外会计师事务所的组织形式

美国会计师事务所历史悠久，目前已形成了多种组织形式并存的体制结构。在美国，会计师事务所的组织形式经历了从公司制到合伙制，再到有限责任公司和有限责任合伙制的演变过程。这种演变反映了美国社会经济背景的变化和对不同组织形式的适应和选择。

（1）独资会计师事务所。由具有注册会计师执业资格的个人独立开设，承担无限责任。一般规模较小，人员较少；在法律上不具有相对独立的法律人格。优点是设立灵活，容易满足小型企业对注册会计师服务的需求；缺点是无力承担大型综合业务，制约了其长远发展。

（2）普通合伙会计师事务所。由两名或两名以上注册会计师合伙设立，合伙人按出资比例或者协议，以各自的财产对事务所的债务承担无限连带责任。合伙是一个具有独立法律人格的实体，因此，合伙人执行合伙常规范围业务的行为均应被视为合伙的行为。优点是多人共同出资，能有效扩展业务；缺点是任何合伙人的执业行为都会影响整个事务所的生存和发展，风险较大，不利于内部管理。

（3）有限责任公司会计师事务所。由若干名注册会计师通过认购股份组成的具有法人资格的事务所。注册会计师以其认购股份对会计师事务所承担有限责任，有利于筹集资金扩大规模，但淡化了注册会计师的风险意识和职业责任感。

（4）有限责任合伙会计师事务所。由多个合伙人通过设立有限责任公司的方式组建的会计师事务所。事务所以其全部资产对其债务承担有限责任，但各合伙人对个人执行业务行为承担无限责任。这种形式结合了普通合伙和有限责任公司的优点，能够壮大会计师事务所的规模的同时关注审计风险，强化风险意识。

（5）股份有限公司制会计师事务所。由多个股东通过发行股票筹集资金设立的会计师事务所。股东以其认购的股份对公司承担有限责任，公司以其全部财产承担公司债务的事务所组织形式。优点是筹资能力强，业务发展快；缺点是风险均摊，承担责任有限，不利于强化对注册会计师不当执业行为的约束。

（二）我国会计师事务所的组织形式

不同国家根据其特定的社会经济环境和市场需求选择适合的组织形式。根据《中华人民共和国注册会计师法》的规定，不准个人设立独资会计师事务所，只批准设立有限责任会计师事务所和合伙制会计师事务所。

（1）有限责任会计师事务所。该事务所以全部资产对其债务承担有限责任，各合伙人对个人执业行为承担无限责任，无过失的合伙人对于其他合伙人的过失或不当执业行为承担有限责任，不承担无限责任。

有限责任公司制会计师事务所是由注册会计师认购会计师事务所股份，并以其所认购股份对事务所承担有限责任，会计师事务所以其全部资产对其债务承担有限责任。它的优点是，可以通过公司制形式迅速聚集一批注册会计师，组成大型会计师事务所承办大型业务。缺点是，降低了风险责任对职业行为的高度约束，弱化了注册会计师的个人责任，对注册会计师的不谨慎执业行为缺乏威慑力。

（2）普通合伙制会计师事务所。该事务所由两位或两位以上注册会计师作为合伙人而组成的合伙组织。合伙人以各自的财产对事务所的债务承担无限连带责任。它的优点是能够在风险的制约和共同利益的驱动下，促使事务所提高职业质量，提高控制风险能力。缺点是不利于会计师事务所的扩张。同时，任何一个合伙人执业中的过失或欺诈行为都可能给整个事务所带来灭顶之灾。

根据我国《合伙企业法》的规定，"特殊的普通合伙制"为"普通合伙制"的一种特殊形式，其适用于"以专业知识和专门技能为客户提供有偿服务的专业服务机构"。《中华人民共和国合伙企业法》第五十七条规定，在"特殊的普通合伙制"企业中，"一个合伙人或者数个合伙人在执业活动中因故意或者重大过失造成合伙企业债务的，应当承担无限责任或者无限连带责任，其他合伙人以其在合伙企业中的财产份额为限承担责任。合伙人在执业活动中非因故意或者重大过失造成的合伙企业债务以及合伙企业的其他债务，由全体合伙人承担无限连带责任"。

与有限责任制相比：首先，特殊普通合伙下，合伙人在决策时，一人一票，并不按照出资比例进行投票，更符合合伙人之间平等，相互支持，共担风险的"人和"特征。此外，合伙人的增减必须经全体合伙人的一致同意，保证了合伙人的质量、组织结构的稳定性和事务所内部管理制度和合伙文化的统一，有利于事务所的发展。在特殊普通合伙制下，消除了两权分离的结构，控制权和剩余索取权一致，剩余索取权的最大化，减少了代理成本和机会主义行为，有效地激励注册会计师提高执业谨慎性，重视执业风险，进而提高审计质量。

四、会计师事务所的业务承接

注册会计师是依法取得注册会计师证书并接受委托从事审计和会计咨询、会计服务业务的执业人员。会计师事务所是依法设立并承办注册会计师业务的机构。注册会计师执行业务，应当加入会计师事务所。根据《中华人民共和国注册会计师法》的规定，注册会计师承办业务，由其所在的会计师事务所统一受理并与委托人签订委托合同。会计师事务所对本所注册会计师依照前款规定承办的业务，承担民事责任。

注册会计师不得以个人名义从事会计咨询和会计服务。如果不是注册会计师而是普通会计师，可以在相关单位或咨询机构从事会计咨询和服务业务，但只要是以注册会计师的名义，必须加入会计师事务所并以会计师事务所的名义开展业务。

第三节　注册会计师执业准则概述

注册会计师执业准则（practising standards，以下简称执业准则）是指注册会计师在执行业务的过程中所应遵守的职业规范，其确保审计的基本工作正常稳定高效的进行，包括业务准则和质量管理准则。《中国注册会计师执业准则》由注册会计师协会制定，由财政部发布，且注册会计师协会依法受财政部和审计署的监督和指导。

一、中国注册会计师执业准则的发展历程

纠正注册会计师行业的不规范行为是中国民间审计准则起源的动因。改革开放后，随着《中华人民共和国注册会计师法》的颁布和证券市场出现，中国急需一套职业准则和行为规范以保证审计质量。大量国外会计师事务所涌入，对中国原有的会计市场产生巨大冲击，迫使注册会计师行业进行规整。1995 年，第一批《中国注册会计师独立审计准则》发布。中国注册会计师协会于 2006 年公布《中国注册会计师执业准则》。

我国注册会计师执业准则建设经历以下三个阶段，实现了跨越式发展。

（一）起步阶段：1988～1993 年

注册会计师行业恢复重建初期，针对当时的审计验资业务，财政部陆续出台了相关执业规定。1988 年中注协成立后，全面启动了执业标准的建设工作。从 1988 年到 1993 年，先后发布了《注册会计师检查验证会计报表规则（试行）》等 7 个执业规则。这些执业规则对我国注册会计师行业走向正规化和专业化起到了积极作用。

（二）制定准则阶段：1994～2003 年

1993 年 10 月 31 日，《中华人民共和国注册会计师法》通过。注册会计师行业自 1994 年 5 月开始起草独立审计准则，到 2003 年先后分 6 批制定了独立审计准则，共计发布 41 个项目，基本建立起我国注册会计师执业准则体系框架。

（三）国际趋同阶段：2004 年至今

2005 年以来，注册会计师执业环境发生巨大变化，公司财务舞弊重大事件屡有发生，迫切要求注册会计师行业大力改进执业准则，提高审计的有效性，防范和化解审计风险，维护市场经济的稳定有序运行。在此背景下，财政部于 2005 年初提出了我国会计审计准则国际趋同的主张和中国会计审计准则体系建设的目标。审计准则趋同目标是按照我国社会主义市场经济发展进程，顺应经济全球化和国际审计标准趋同的大势，着力完善中国注册会计师审计准则体系，加快实现与国际准则的趋同。2006 年 2 月，财政部正式发布 48 项执业准则，实现了国际趋同的历史性突破。新执业准则体系自 2007 年 1 月 1 日实施以来，总体运行情况良好，得到社会各界充分肯定。

高质量的执业准则体系，是注册会计师行业赖以生存的技术基础。经过 30 年的努力，我国注册会计师行业执业准则建设取得了巨大成就，准则体系已经建立形成。执业准则已成为指导和规范注册会计师执业行为的法定标准，衡量注册会计师执业质量的权威依据，以及推动行业规范、科学发展的重要力量。

二、注册会计师执业准则的作用

执业准则的根本作用在于保证注册会计师的执业质量，维护社会经济秩序。此外，执业准则的制定、颁布和实施，对于增强社会公众对注册会计师职业的信任、合理区分客户管理层的责任和注册会计师责任、客观评价注册会计师执业质量、保护责任方及各利害关系人的合法权益以及推动审计理论的发展有一定的作用。具体来说，执业准则的作用主要表现在以下几个方面。

（一）制定、实施执业准则，为衡量和评价注册会计师执业质量提供了依据，从而有助于注册会计师执业质量的提高

在市场经济社会中，一种商品能否取信于社会的关键在于它的质量，一项服务能否取信于社会同样取决于它的质量。审计和鉴证工作能否满足社会的需求和取信于社会，关键也是质量。由于审计和鉴证业务质量对维护责任方、社会公众的利益以及提高注册会计师职业的社会地位都有直接的联系，因此无论是被审计单位、社会公众还是注册会计师职业界本身都需要一个衡量和评价注册会计师执业质量的标准，即执业准则。注册会计师执业准则对注册会计师执行业务应遵循的规范作了全面规定，既涵盖了鉴证业务和相关服务等业务领域，又为质量管理提供了标准。其中的审计准则对财务报表审计的目标和一般原则、审计工作的基本程序和方法以及审计报告的基本内容、格式和类型等都作了详细规定。执业准则指导注册会计师的工作，使审计工作规范化。注册会计师执业准则为注册会计师提供了明确的工作指导和规范，确保审计工作的标准化和规范化。同时执业准则还是注册会计师实践经验的总结和升华，它的实施有助于注册会计师理论和实务水平的提高。

（二）制定、实施执业准则，有助于规范审计工作，维护社会经济秩序

市场经济的要素之一是平等，一切市场经济参与者都不能因权力、地位不同而形成差异，行政权力如果与经济交易结合在一起，就会破坏市场经济秩序，无法实现经济资源的合理配置。从一定意义上说，审计工作作为一种经济监督，其经济后果或多或少总是会使一部分人受益，使另一部分人受损，这种受益和受损的幅度需要加以限制，限制的手段便是执业准则。建立了注册会计师执业准则，就确立了注册会计师的执业规范，使注册会计师在执行业务的过程中有章可循。例如，执业准则规范了在审计业务中注册会计师如何签订审计业务约定书、如何编制审计计划、如何实施审计程序、如何记录审计工作底稿、如何与治理层进行沟通、如何利用其他实体的工作、如何出具审计报告以及如何控制审计质量等，执业准则也对注册会计师从事财务报表审阅、其他鉴证业务和相关服务进行了规范。这就使注册会计师在执行业务的每一个环节都有了相应的依据和标准，从而规范了注册会计师的行为，可以减少注册会计师选择政策、程序和方法的自由度，避免注册会计师随意发表审计意见，提高审计工作质量。同时执业准则通过提供明确的操作指南和标准，有助于提升注册会计师的

审计工作质量，减少错误和疏漏。

（三）制定、实施执业准则，有助于增强社会公众对注册会计师职业的信任

执业准则的制定和实施反映了注册会计师职业的成熟度。过去几十年中，当许多国家正式颁布执业准则后，注册会计师职业的声望都大大提高了。这表明审计界有信心公开明确它的标准，并使从业人员遵循这些标准。注册会计师行业担负着对会计信息质量进行鉴证的重要职能，客观上起着维护社会公众利益的作用。中国注册会计师执业准则体系立足于维护公众利益的宗旨，充分研究、分析了新形势下资本市场发展和注册会计师执业实践面临的挑战与困难，强化了注册会计师的执业责任，细化了对注册会计师揭示和防范市场风险的指导。其中，审计准则要求注册会计师强化审计的独立性，保持应有的职业谨慎态度，遵守职业道德规范，切实贯彻风险导向审计理念，提高识别和应对市场风险的能力，更加积极地承担对财务报表舞弊的发现责任，始终把对公众利益的维护作为审计准则的衡量标尺。中国注册会计师执业准则体系的实施，必将提升注册会计师的执业质量，加强会计师事务所的质量管理和风险防范，为提高财务信息质量、降低投资者的决策风险、维护社会公众利益、实现更有效的资源配置、推动经济发展和保持金融稳定发挥重要作用。

另外，由于执业准则为衡量和评价注册会计师执业质量提供了依据，这就使社会公众可以通过对注册会计师的某项审计工作结果进行评价，看其是否符合执业准则，是否达到令人满意的程度，只有注册会计师执业质量令人满意，注册会计师的工作才能令人信任。

（四）制定实施执业准则，有助于维护会计师事务所和注册会计师的正当权益，使其免受不公正的指责和控告

注册会计师的责任并非毫无限制，工作结果也不可能在任何条件下都绝对正确。执业准则规定了注册会计师的工作范围，注册会计师只要能严格按照执业准则的要求执业，就算是尽到了职责。当审计委托人与注册会计师发生纠纷并诉诸法律时，执业准则就成为法庭判明是非、划清责任界限的重要依据。执业准则维护会计师事务所和注册会计师的合法权益，为注册会计师提供了法律和职业保护，确保其在执业过程中不受不当干扰。

（五）制定、实施执业准则，有助于推动审计与鉴证理论的研究和现代审计人才的培养

执业准则是注册会计师实践经验的总结和升华，已成为审计与鉴

证理论的一个重要组成部分。执业准则出台以后，审计学界仍然要围绕着如何实施准则和怎样达到准则的要求展开细致的工作和研究，不断改进和完善这些准则。因此，审计理论水平会随着执业准则的制定、实施不断得以提高。注册会计师执业质量和理论水平的提高，无疑会带动审计教育水准的提高，这样必然会有助于培养现代化的审计人才，推动审计事业的进一步发展。

2.3 延伸阅读：注册会计师职业准则负面效应及如何避免？

三、中国注册会计师执业准则体系

2001 年以来，针对国际资本市场一系列上市公司财务舞弊事件，国际审计准则制定机构改进了国际审计准则的制定机制和程序，强调以社会公众利益为宗旨，全面引入了风险导向审计的概念，全面提升了国际审计准则质量。在充分借鉴国际审计准则的基础上，中国注册会计师协会根据我国实际情况和国际趋同的需要，将"中国注册会计师独立审计准则体系"改进为"中国注册会计师执业准则体系"，以适应注册会计师业务多元化的需要。原审计准则体系包含了部分非审计业务准则，如《独立审计实务公告第 9 号——对财务信息执行商定程序》《独立审计实务公告第 4 号——盈利预测审核》《独立审计实务公告第 10 号——会计报表审阅》等，导致以审计准则的名义规范其他业务类型。因此，新的注册会计师执业准则体系借鉴国际通行做法，将非审计业务准则从独立审计准则体系中分离出来，按照其业务性质冠以适当的名称。

中国注册会计师执业准则体系包括注册会计师业务准则（鉴证业务准则、相关服务准则）和会计师事务所质量管理准则（简称质量管理准则）。为了便于社会公众理解，有时将中国注册会计师执业准则简称为审计准则。中国注册会计师执业准则体系和业务准则体系的构成分别如图 2-1 和图 2-2 所示。

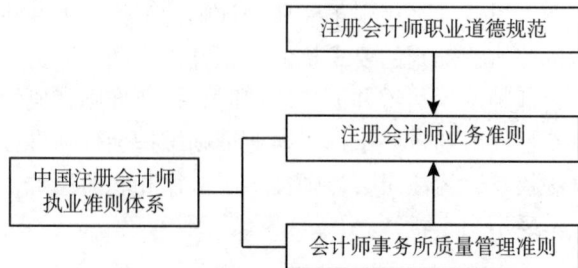

图 2-1 中国注册会计师执业准则体系

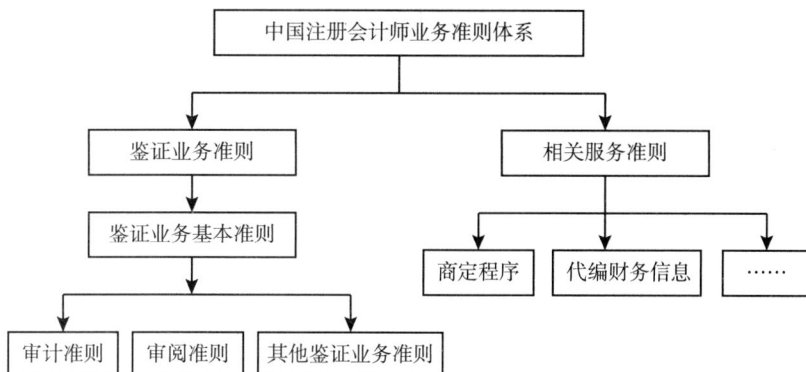

图2-2 中国注册会计师业务准则体系

鉴证业务准则（general assurance standards）是指注册会计师在执行鉴证业务的过程中应遵守的职业规范。鉴证业务准则由鉴证业务基本准则统领，按照鉴证业务提供的保证程度和鉴证对象的不同，分为中国注册会计师审计准则、中国注册会计师审阅准则和中国注册会计师其他鉴证业务准则（以下分别简称审计准则、审阅准则和其他鉴证业务准则）。其中，审计准则是整个执业准则体系的核心。

审计准则（auditing standards）是注册会计师执行历史财务信息审计业务所应遵守的职业规范。在提供审计服务时，注册会计师对所审计信息是否不存在重大错报提供合理保证，并以积极方式得出结论。

审阅准则（review standards）是注册会计师执行历史财务信息审阅业务所应遵守的职业规范。在提供审阅服务时，注册会计师对所审阅信息是否不存在重大错报提供有限保证，并以消极方式得出结论。

其他鉴证业务准则（other assurance standards）是注册会计师执行历史财务信息审计或审阅以外的其他鉴证业务所应遵守的职业规范。注册会计师执行其他鉴证业务，根据鉴证业务的性质和业务约定的要求，提供有限保证或合理保证。

相关服务准则（related services standards）是注册会计师代编财务信息、执行商定程序、提供管理咨询等其他服务所应遵守的职业规范。在提供相关服务时，注册会计师不提供任何程度的保证。

质量管理准则（quality management standards）是会计师事务所在执行各类业务时应当遵守的质量管理政策和程序，是对会计师事务所质量管理提出的制度要求。

中国注册会计师执业准则体系共包括53项准则：

（1）中国注册会计师鉴证业务基本准则（1项）；

（2）中国注册会计师审计准则第 1101 号至第 1633 号（45 项）；

（3）中国注册会计师审阅准则第 2101 号（1 项）；

（4）中国注册会计师其他鉴证业务准则第 3101 号和 3111 号（2 项）；

（5）中国注册会计师相关服务准则第 4101 号和 4111 号（2 项）；

（6）会计师事务所质量管理准则第 5101 号和 5102 号（2 项）。

在注册会计师执业准则体系中，准则编号由 4 位数组成。其中，千位数代表不同类别的准则："1"代表审计准则；"2"代表审阅准则；"3"代表其他鉴证业务准则；"4"代表相关服务准则；"5"代表质量管理准则。百位数代表某一类别准则中的大类。以审计准则为例，我们将审计准则分为 6 大类，分别用 1~6 表示，"1"代表一般原则与责任；"2"代表风险评估与应对；"3"代表审计证据；"4"代表利用其他主体的工作；"5"代表审计结论与报告；"6"代表特殊领域审计。十位数代表大类中的小类。个位数代表小类中的顺序号。例如，第 1311 号，千位数的"1"表示审计准则，百位数的"3"表示审计证据大类，十位数的"1"表示获取审计证据的某一小类，个位数的"1"表示某类审计程序的序号。

2.4 延伸阅读：中国注册会计师执业准则（53 项）

2.5 注册会计师的执业准则体系

第四节　会计师事务所质量管理准则

健全完善的质量管理制度是保证会计师事务所及其人员遵守法律法规、中国注册会计师职业道德规范以及中国注册会计师执业技术准则的基础。中国注册会计师执业准则体系中包括两项质量管理准则，即《会计师事务所质量管理准则第 5101 号——业务质量管理》和《中国注册会计师审计准则第 1121 号——对财务报表审计实施的质量管理》。前者从会计师事务所层面上进行规范，适用于包括财务报表审计和审阅、其他鉴证业务和相关服务业务；后者从执行审计项目的负责人层面上进行规范，仅适用于财务报表审计业务。这两项准则联系紧密，前者是后者的制定依据。《会计师事务所质量管理准则第 5101 号——业务质量管理》共 4 章 106 条，包括总则、定义、目标和要求（运用和遵守相关要求、质量管理体系、会计师事务所的风险评估程序、治理和领导层、相关职业道德要求、客户关系和具体业务的接受与保持、业务执行、资源、信息与沟通、监控和整改程序、网络要求或网络服务、评价质量管理体系、对质量管理体系的记录）。

一、相关术语的定义

在《会计师事务所质量管理准则第 5101 号——业务质量管理》准则中，涉及以下相关术语：

（1）职业准则。职业准则是指中国注册会计师鉴证业务基本准则、中国注册会计师审计准则、中国注册会计师审阅准则、中国注册会计师其他鉴证业务准则、中国注册会计师相关服务准则、质量管理准则和相关职业道德要求。

（2）相关职业道德要求。相关职业道德要求是指项目组和项目质量管理复核人员应当遵守的职业道德规范，通常是指中国注册会计师职业道德守则。

（3）人员。人员是指会计师事务所的合伙人和员工。

（4）合伙人。合伙人是指在执行专业服务业务方面有权代表会计师事务所的个人。

（5）员工。员工是指合伙人以外的专业人员，包括会计师事务所的内部专家。

（6）项目合伙人。项目合伙人是指会计师事务所中负责某项业务及其执行，并代表会计师事务所在出具的报告上签字的合伙人。如果项目合伙人以外的其他注册会计师在报告上签字，本准则对项目合伙人作出的规定也适用于该签字注册会计师。

（7）项目组。项目组是指执行业务的所有合伙人和员工，以及为该项业务实施程序的所有人员，但不包括会计师事务所或网络事务所聘请的外部专家，也不包括为项目组提供直接协助的内部审计人员。

（8）项目质量复核。项目质量复核是指在报告日或报告日之前，项目质量复核人员对项目组作出的重大判断及据此得出的结论作出的客观评价。项目质量管理复核适用于上市实体财务报表审计以及会计师事务所确定需要实施项目质量管理复核的其他业务。

（9）上市实体。上市实体是指其股份、股票或债券在法律法规认可的证券交易所报价或挂牌，或在法律法规认可的证券交易所或其他类似机构的监管下进行交易的实体。

（10）具有适当资格的外部人员。具有适当资格的外部人员是指会计师事务所外部的、具有担任项目负责人的必要素质和专业胜任能力的个人，如其他会计师事务所的合伙人、注册会计师协会或提供相关质量管理服务的组织中具有适当经验的人员。

二、质量管理体系的目标和要求

（一）质量管理体系的目标

会计师事务所的目标是建立并保持质量管理制度，以合理保证：第一，会计师事务所及其人员遵守职业准则和适用的法律法规的规定；第二，会计师事务所和项目合伙人出具适合具体情况的报告。

（二）质量管理体系的总体要求

质量管理体系的总体要求包括在会计师事务所范围内统一设计、实施和运行质量管理体系，实现人事、财务、业务、技术标准和信息管理五方面的统一管理。会计师事务所如果通过合并、新设等方式成立分所（或分部），应当将该分所（或分部）纳入质量管理体系中统一实施质量管理。会计师事务所应当采用风险导向思路，针对质量管理体系的各个要素设定质量目标，识别和评估质量风险，设计和采取应对措施以应对质量风险。会计师事务所应当实事求是，根据会计师事务所及其业务的性质和具体情况"量身定制"适合会计师事务所的质量管理体系；不应当机械执行会计师事务所质量管理准则，也不应当盲目地"照搬照抄"其他会计师事务所的政策和程序。会计师事务所应当根据本所及其业务在性质和具体情况方面的变化，对质量管理体系的设计、实施和运行进行动态调整。

三、质量管理体系的组成要素

会计师事务所应当建立并保持质量管理体系，质量管理体系包括针对下列要素而制定的政策和程序，其应当形成书面文件，并传达至全体人员：

（1）会计师事务所的风险评估程序；

（2）治理和领导层；

（3）相关职业道德要求；

（4）客户关系和具体业务的接受与保持；

（5）业务执行；

（6）资源；

（7）信息与沟通；

（8）监控和整改程序。

四、会计师事务所的风险评估程序

会计师事务所的风险评估程序的基本思路如图2-3所示。

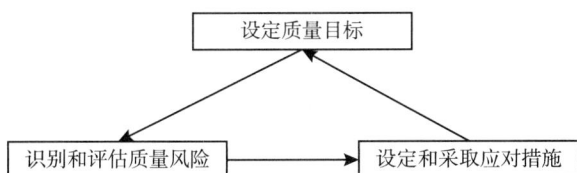

图2-3 会计师事务所的风险评估程序的基本思路

（1）识别和评估质量风险并采取应对措施。会计师事务所在识别和评估质量风险时，应当了解可能对实现质量目标产生不利影响的事项或情况，包括相关人员的作为或不作为。这些事项或情况包括会计师事务所的性质和具体情况、会计师事务所业务的性质和具体情况。

（2）对风险评估程序的动态调整。

风险评估程序不是一个静态过程，而是一个动态的过程。它要求组织在不断变化的环境中，持续地识别新的风险，并调整风险应对计划。

五、对业务质量承担的领导责任

会计师事务所应当制定政策和程序，培育以质量为导向的内部文化。这些政策和程序应当要求会计师事务所主任会计师或同等职位的人员对质量管理制度承担最终责任，并使受会计师事务所主任会计师或同等职位的人员委派，具有充分、适当的经验和能力的人员负责质量管理制度运作以及给予其必要的权限，以履行其责任。

六、相关职业道德要求

会计师事务所应当至少每年一次向所有需要按照相关职业道德要求保持独立性的人员获取其已遵守独立性要求的书面确认。

针对公众利益实体审计业务，会计师事务所应当对关键审计合伙人的轮换情况进行实时监控。通过建立关键审计合伙人服务年限清单等方式，管理关键审计合伙人相关信息。每年对轮换情况实施复核，并在会计师事务所范围内统一进行轮换。

会计师事务所应当完善利益分配机制，保证会计师事务所的人力资源和客户资源实现一体化统筹管理。会计师事务所应当定期评价利益分配机制的设计和执行情况。这样做是为了避免某合伙人或项目组的利益与特定客户长期直接挂钩，从而影响其独立性。

七、客户关系和具体业务的接受与保持

会计师事务所应当制定有关客户关系和具体业务接受与保持的政策和程序，以合理保证只有在下列情况下，才能接受或保持客户关系和具体业务：

（1）能够胜任该项业务，并具有执行该项业务必要的素质、时间和资源。

（2）能够遵守相关职业道德要求。

（3）已考虑客户的诚信，没有信息表明客户缺乏诚信。

如果在接受业务后获知某项信息，而该信息若在接受业务前获知，可能导致会计师事务所拒绝该项业务。会计师事务所应当针对这种情况制定保持具体业务和客户关系的政策和程序。这些政策和程序应当考虑：

（1）适用于这种情况的职业责任和法律责任，包括是否要求会计师事务所向委托人报告或在某些情况下向监管机构报告。

（2）解除业务约定或同时解除业务约定和客户关系的可能性。

八、资源

会计师事务所应当设定下列质量目标，以便及时且适当地获取、开发、利用、维护和分配资源，支持质量管理体系的设计、实施和运行。

会计师事务所应当招聘、培养和留住在下列方面具备胜任能力的人员：

（1）具备会计师事务所执行业务相关的知识和经验，能够持续高质量地执行业务。

（2）执行与质量管理体系运行相关的活动或承担与质量管理体系相关的责任。

会计师事务所应当通过及时的业绩评价、薪酬调整、晋升和其他奖惩措施对会计师事务所的人员进行问责或认可。在质量管理体系的运行方面缺乏充分、适当的人员时，会计师事务所应当能够从外部（如网络、网络事务所或服务提供商）获取必要的人力资源支持。会计师事务所应当为每项业务分派具有适当胜任能力的项目合伙人和其

他项目组成员，并保证其有充足的时间持续高质量地执行业务。会计师事务所应当分派具有适当胜任能力的人员执行质量管理体系内的各项活动，并保证其有充足的时间执行这些活动。会计师事务所应当获取、开发、维护、利用适当的技术和知识资源，从服务提供商获取人力资源、技术资源和知识资源。会计师事务所应当投入足够的资源打造一支专业性强、经验丰富、运作规范的质量管理体系团队，以维持质量管理体系的日常运行。在专业技术方面，会计师事务所应当配备具备相应专业胜任能力、时间或权威性的技术支持人员，以确保相关业务能够获得必要的专业技术支持。

九、业务执行

会计师事务所应当制定政策和程序，以合理保证按照职业准则和适用的法律法规的规定执行业务，使会计师事务所和项目合伙人能够出具适合具体情况的报告。这些政策和程序应当包括与保持业务执行质量一致性相关的事项、监督责任、复核责任。

会计师事务所在安排复核工作时，应当由项目组内经验较丰富的人员负责复核经验不足的人员的工作。会计师事务所应当根据这一原则，确定有关复核责任的政策和程序。

（一）咨询

会计师事务所应当制定政策和程序，以合理保证就疑难问题或争议事项进行适当咨询；能够获取充分的资源进行适当咨询；咨询的性质和范围以及咨询形成的结论得以记录，并经过咨询者和被咨询者的认可；咨询形成的结论得到执行。

（二）项目质量管理复核

会计师事务所应当制定政策和程序，要求对特定业务实施项目质量管理复核，以客观评价项目组作出的重大判断以及在准备报告时得出的结论。

这些政策和程序应当有下列要求：对所有上市实体财务报表审计实施项目质量管理复核；制定标准，据此评价所有其他的历史财务信息审计和审阅、其他鉴证和相关服务业务，以确定是否应当实施项目质量管理复核；对所有符合（前述）"制定标准"的业务实施项目质量管理复核。

会计师事务所应当制定政策和程序，以明确项目质量管理复核的性质、时间和范围。这些政策和程序应当要求只有完成项目质量管理复核，才能签署业务报告。这些政策和程序要求项目质量管理复核包括下列工作：就重大事项与项目合伙人进行讨论；复核财务报表或其他业务对象信息及拟出具报告；复核选取的与项目组作出的重大判断和得出的结论相关的业务工作底稿；评价在准备报告时得出的结论，并考虑拟出具报告的恰当性。

针对上市实体财务报表审计，会计师事务所应当制定政策和程序，要求实施的项目质量管理复核包括对下列事项的考虑：项目组就具体业务对会计师事务所独立性作出的评价；项目组是否已就涉及意见分歧的事项，或者其他疑难问题或争议事项进行适当咨询以及咨询得出的结论；选取的用于复核的业务工作底稿是否反映项目组针对重大判断执行的工作以及是否支持得出的结论。

会计师事务所应当制定政策和程序，以满足下列要求：安全保管业务工作底稿并对业务工作底稿保密，保证业务工作底稿的完整性，便于使用和检索业务工作底稿。

会计师事务所应当制定政策和程序，以使业务工作底稿的保存期限满足会计师事务所的需要和法律法规的规定。对历史财务信息审计和审阅业务、其他鉴证业务，会计师事务所应当自业务报告日起对业务工作底稿至少保存 10 年。如果组成部分业务报告日早于集团业务报告日，会计师事务所应当自集团报告日起对组成部分业务工作底稿至少保存 10 年。

十、信息和沟通

会计师事务所应当针对下列方面制定政策和程序：

（1）会计师事务所在执行上市实体财务报表审计业务时，应当与治理层沟通质量管理体系是如何为持续高质量地执行业务提供支撑的。

（2）会计师事务所在何种情况下向外部各方沟通与质量管理体系相关的信息是适当的。

（3）会计师事务所按照规定进行外部沟通时，应当沟通哪些信息以及沟通的性质、时间安排、范围和适当形式。

十一、监控

会计师事务所应当制定监控政策和程序，以合理保证与质量管理制度相关的政策和程序具有相关性与适当性，并正在有效运行。监控过程应当包括：持续考虑和评价会计师事务所质量管理制度；要求委派一个或多个合伙人，或者会计师事务所内部具有充分、适当的经验和权限的其他人员负责监控过程；要求执行业务或实施项目质量管理复核的人员不参与该项业务的检查工作。

持续考虑和评价会计师事务所质量管理制度应当包括：周期性地选取已完成的业务进行检查，周期最长不得超过 3 年；在每个周期内，对每个项目合伙人至少检查一项已完成的业务。

会计师事务所应当评价在监控过程中注意到的缺陷的影响，并确定缺陷是否属于下列情况之一：该缺陷并不必然表明会计师事务所的质量管理制度不足以合理保证会计师事务所遵守职业准则和适用的法律法规的规定以及会计师事务所和项目合伙人出具适合具体情况的报告；该缺陷是系统性的、反复出现的或其他需要及时纠正的重大缺陷。

会计师事务所应当将实施监控程序注意到的缺陷以及建议采取适当的补救措施，告知相关项目合伙人及其他适当人员。

针对注意到的缺陷，建议采取的适当补救措施应当包括：采取与某项业务或某个人员相关的适当补救措施；将发现的缺陷告知负责培训和职业发展的人员；改进质量管理政策和程序；对违反会计师事务所政策和程序的人员，尤其是对反复违规的人员实施惩戒。

会计师事务所应当制定政策和程序，以应对下列两种情况：实施监控程序的结果表明出具的报告可能不适当；在执行业务过程中遗漏了应实施的程序。这些政策和程序应当要求会计师事务所确定采取哪些进一步的行动以遵守职业准则和适用的法律法规的规定，并考虑是否征询法律意见。

会计师事务所应当每年至少一次将质量管理制度的监控结果向项目合伙人及会计师事务所内部的其他适当人员通报。这种通报应当足以使会计师事务所及其相关人员能够在其职责范围内及时采取适当的行动。通报的信息应当包括：对已实施的监控程序的描述；实施监控程序得出的结论；如果相关，对系统性的、反复出现的缺陷或其他需要及时纠正的重大缺陷的描述。

如果会计师事务所是网络事务所的一部分，可能实施以网络为基础的某些监控程序，以保持在同一网络内实施的监控程序的一致性。

如果网络内部的会计师事务所在符合质量管理准则要求的共同的监控政策和程序下运行，并且这些会计师事务所信赖该监控制度，为了网络内部的项目合伙人信赖网络内实施监控程序的结果，会计师事务所的政策和程序应当要求：每年至少一次就监控过程的总体范围、程度和结果，向网络事务所的适当人员通报；立即将识别出的质量管理制度缺陷，向网络事务所的适当人员通报，以便使其采取必要的行动。

关于投诉和指控，会计师事务所应当制定政策和程序，以合理保证能够适当处理下列事项：投诉和指控会计师事务所执行的工作未能遵守职业准则和适用的法律法规的规定：指控未能遵守会计师事务所质量管理制度。

作为处理投诉和指控过程的一部分，会计师事务所应当建立清晰的投诉和指控渠道，以使会计师事务所人员能够没有顾虑地提出关心的问题。

如果在调查投诉和指控的过程中识别出会计师事务所质量管理政策和程序在设计或运行方面存在缺陷，或者存在违反质量管理制度的情况，会计师事务所应当按照准则中有关应对注意到的缺陷的相关规定采取适当行动。

关于质量管理制度的记录，会计师事务所应当制定政策和程序，要求形成适当工作记录，以对质量管理制度的每项要素的运行情况提供证据；要求对工作记录保管足够的期限，以使执行监控程序的人员能够评价会计师事务所遵守质量管理制度的情况；要求记录投诉、指控以及应对情况。

2.6 课程思政：四川注协发布 2023 年会计师事务所执业质量检查典型案例

2.7 会计师事务所质量控制准则

【本 章 小 结】

中国注册会计师考试以《中国注册会计师胜任能力指南》和《职业会计师国际教育准则》为指导，促进中国注册会计师胜任能力和执业水平的提高。注册会计师行业管制的基本内容，主要包括四个方面：执业资格的准入限制；行为规范的制定包括职业行为准则、独立审计准则、后续教育准则等；监督和惩戒；审计费用的确定。

执业准则的根本作用在于保证注册会计师执业质量、维护社会经济秩序。中国注册会计师执业准则体系经历了起步阶段、制定准则阶段和国际趋同三个阶段，包括鉴证业务准则、相关服务准则和会计师事务所质量管理准则。鉴证业务准则是指注册会计师在执行鉴证业务的过程中所应遵守的职业规范，由鉴证业务基本准则统领，按照鉴证业务提供的保证程度和鉴证对象的不同，分为中国注册会计师审计准则、中国注册会计师审阅准则和中国注册会计师其他鉴证业务准则。其中，审计准则是整个执业准则体系的核心。

会计师事务所的目标是建立并保持质量管理制度，以合理保证会计师事务所及其人员遵守职业准则和适用的法律法规的规定，会计师事务所和项目合伙人出具适合具体情况的报告。会计师事务所的质量管理制度包含以下六个方面的要素：对业务质量承担的领导责任、相关职业道德要求、客户关系和具体业务的接受与保持、人力资源、业务执行、监控。根据《中华人民共和国注册会计师法》的规定，注册会计师个人不得承接业务，不准个人设立独资会计师事务所，只批准设立有限责任会计师事务所和合伙制会计师事务所。

【本章重要术语】

1. 注册会计师执业准则
2. 鉴证业务准则
3. 相关服务准则
4. 注册会计师审计准则
5. 注册会计师审阅准则
6. 质量控制准则
7. 职业道德
8. 合伙人
9. 项目合伙人
10. 项目质量管理复核人员
11. 有限责任会计师事务所
12. 普通合伙制会计师事务所

2.8　专业术语解释

【复习与思考】

1. 中国注册会计师执业准则发展经历了哪三个阶段？
2. 注册会计师执业准则的作用？
3. 中国注册会计师执业准则体系包括哪些内容？
4. 会计师事务所应该从哪些方面实施业务质量控制？
5. 会计师事务所接受或保持客户关系应该具备哪些条件？
6. 我国允许设立的会计师事务所的形式有哪些？

2.9　复习与参考答案

第三章
审计人员职业道德及法律规范

【学习目标】

1. 掌握注册会计师职业道德基本原则。
2. 熟悉注册会计师职业道德概念框架。
3. 掌握对注册会计师职业道德构成不利影响的五个因素。
4. 熟悉对注册会计师职业道德构成不利影响的情形。
5. 掌握对注册会计师审计独立性构成不利影响的具体情形和相应的防范措施。
6. 掌握注册会计师的相关法律规范。

【本章知识逻辑结构图】

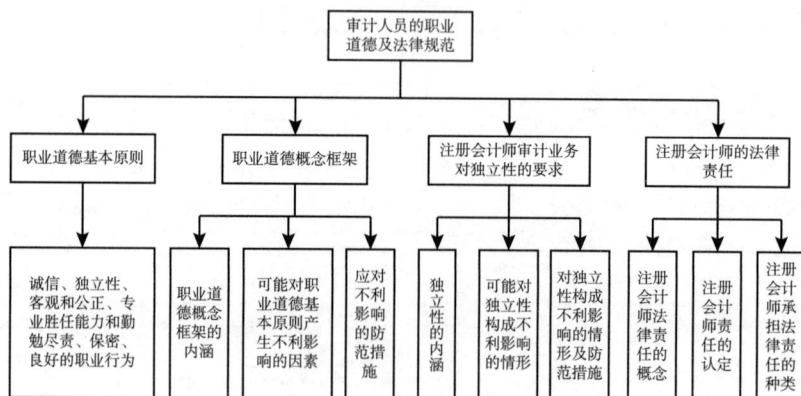

【引导案例】

2024年9月，中国证监会依法对普华永道恒大地产年报及债券发行审计工作未勤勉尽责案作出行政处罚，依据《中华人民共和国证券法》规定，没收普华永道案涉期间全部业务收入 2 774 万元，并处以顶格罚款 2.97 亿元，合计罚没 3.25 亿元。

2024 年 5 月，中国证监会对公司债券发行人恒大地产财务造假、欺诈发行等违法行为严肃作出行政处罚，认定恒大地产 2019 年、2020 年年报存在虚假记载，相关 5 次公司债券发行构成欺诈发行。普华永道是恒大地产上述期间的审计机构，中国证监会对普华永道在上述期间为恒大地产提供审计服务并制作、出具相关文件是否违反《中华人民共和国证券法》的规定，按法定程序开展调查。

中国证监会调查发现，普华永道在执行恒大地产 2019 年、2020 年年报审计工作中未勤勉尽责，在审计过程中违反多项审计准则，违背多项审计要求，多项审计程序失效，未保持应有的职业怀疑，未作出正确的职业判断，未发现恒大地产大金额、高比例财务造假。一是审计工作底稿失真，地产项目观察中约 88% 的记录与实际执行情况不一致，底稿记录内容严重不可靠。二是现场走访程序失效，现场走访认为符合交楼条件的楼盘大部分实际未竣工交付，部分至中国证监会实地调查时仍未竣工交付，甚至是"一片空地"。三是样本选取范围失控，任由恒大地产替换样本，将恒大地产标注"不让去"的地产项目排除在走访样本之外。四是文件检查程序失灵，核验无异常的交楼清单，实际上大量业主签字确认日晚于资产负债表日。五是复核程序失守，现场走访程序复核工作流于形式，复核人员基于对走访人员的"信任"出具复核结论。

普华永道为恒大地产 2019 年、2020 年年报均出具了标准无保留意见审计报告，为恒大地产 20 恒大 02、20 恒大 03、20 恒大 04、20 恒大 05、21 恒大 01 等 5 次债券发行出具保证财务数据真实、准确、完整的声明，普华永道制作、出具的文件存在虚假记载。

普华永道上述行为，违反《中华人民共和国证券法》第一百六十三条的规定，构成《中华人民共和国证券法》第二百一十三条第三款所述"未勤勉尽责，所制作、出具的文件有虚假记载"的情形，中国证监会依法责令改正，认定普华永道在上述期间执行的恒大地产 1 次债券发行审计、2 次年报审计、2 次半年度审阅、6 次特殊目的审计项下的全部业务收入 2 774 万元均为违法业务收入，依法全部予以没收，并按"没一罚十"处顶格罚款 2.77 亿元，同时对 4 次未收费债券发行审计服务按上限罚款 2 000 万元，对普华永道罚没款总计 3.25 亿元。

在案件查处过程中，中国证监会与财政部加强沟通、密切协作，共享信息、强化合力。在处罚裁量上，中国证监会依法对普华永道两年间全部业务收入予以没收，并处以顶格罚款，与财政部协同罚款共计 4.41 亿元；在"资格罚"上，鉴于财政部已对普华永道作出暂停经营业务的行政处罚，暂停业务范围涵盖证券领域，中国证监会不另行作出暂停从事证券服务业务的行政处罚。

下一步，中国证监会将继续坚决落实监管"长牙带刺"、有棱有角要求，突出严监严管，持续加大对资本市场财务造假以及审计机构未勤勉尽责行为的查处和打击力度，全力维护资本市场平稳运行，全力保护投资者合法权益，为资本市场高质量发展提供有力保障。

案例思考：

1. 注册会计师如何保持独立性？

2. 会计师事务所和注册会计师如何避免承担法律责任？

案例来源：中国证券监督管理委员会，http://www.csrc.gov.cn/csrc/c100028/c7506541/content.shtml。

3.1　职业道德的基本原则

第一节　职业道德基本原则

注册会计师必须遵守的职业道德基本原则包括诚信、独立性、客观和公正、专业胜任能力和勤勉尽责、保密、良好职业行为。

一、诚信

诚信要求注册会计师诚实、守信，言行一致，在所有职业关系和商业关系中保持正直、诚实、秉公处事、实事求是，不得弄虚作假，也不能与弄虚作假的情况发生牵连，如果注册会计师注意到自己与有问题的信息发生牵连，应当采取措施消除牵连。例如，在审计过程中，注册会计师发现被审计单位的财务信息存在重大错报却没有出具适合具体情况的非标准的审计报告，则违反了这一原则。诚信原则是对所有注册会计师和非执业会员的要求。

二、独立性

独立性是指注册会计师在做决策和判断时不得因任何利害关系影响其客观性。注册会计师审计是以第三方的立场对被审计单位的财务报表发表鉴证意见。如果注册会计师在下结论时受到利害关系的左右，就很难取信于财务报表的预期使用者乃至社会公众。独立性原则通常是对注册会计师而不是非执业会员提出的要求。注册会计师要从实质上和形式上保持独立性。会计师事务所承接鉴证业务时，应当从事务所的整体层面和具体业务层面采取措施，以保持会计师事务所和项目团队的独立性。

三、客观和公正

客观和公正是指按照事物的本来面貌去看待问题，不得添加个人偏见，要公平、正直、不偏袒。这个原则要求注册会计师在执业过程中实事求是，处事公正，不得因偏见、利益冲突或他人的不当影响而损害职业判断。

四、专业胜任能力和勤勉尽责

专业胜任能力是指注册会计师应当持续了解并掌握当前的法律、技术和实务的发展变化，将专业知识和技能始终保持在应有的水平，确保为客户提供具有专业水准的服务。注册会计师不应承接不能胜任的业务，在提供服务时，为保证应有的专业水准，必要时可以利用专家的工作。

勤勉尽责要求注册会计师遵守执业准则和职业道德规范的要求，保持应有的关注，认真、全面、及时地完成工作任务。在审计过程中，注册会计师应当保持职业怀疑态度，运用专业知识、技能和经验，获取和评价审计证据。保持职业怀疑态度要求注册会计师以质疑的思维方式评价证据的有效性。同时从事专业服务的人员应该得到应有的培训和督导。会员也必须使客户、工作单位和其他使用者了解专业服务的固有限制。

五、保密

保密要求注册会计师应当对在职业活动中获知的涉密信息予以保密，未经客户授权或法律法规允许，不得向会计师事务所以外的第三方披露其获知的涉密信息，不得利用获知的涉密信息为自己或第三方谋取利益。注册会计师在社会交往中应当履行保密义务，特别是警惕无意中向近亲属或关系密切的人员泄密的可能性。另外，注册会计师还应当对拟接受的客户或拟受雇的工作单位向其披露的涉密信息保密。在终止与客户或工作单位的关系之后，注册会计师仍然应当对在职业关系和商业关系中获知的信息保密。但是，在某些特殊情况下，保密义务可以豁免，如在法律法规允许下或取得客户授权；为法律诉讼、仲裁准备文件或提供证据；向有关监管机构报告发现的违法行为；接受监管机构的执业质量检查等。

六、良好职业行为

注册会计师应当遵守相关法律法规，避免发生任何损害职业声誉的行为，在向公众传递信息以及推介自身和工作时，应当客观、真实、得体、不得损害职业形象。注册会计师应当诚实、实事求是，不应有夸大宣传提供的服务、拥有的资质和获得的经验、贬低或无根据地比较其他注册会计师的工作的行为。

第二节 职业道德概念框架

一、职业道德概念框架的内涵

职业道德概念框架是指解决职业道德问题的思路和方法，如图 3-1 所示。职业道德概念框架适用于注册会计师处理对职业道德基本原则产生不利影响的各种情形，其目的在于防止注册会计师认为只要守则未明确禁止的情形就是允许的。在运用职业道德概念框架时，注册会计师应当运用职业判断，识别对职业道德产生不利影响的情形，从性质和数量两个方面予以考虑，评价不利影响的严重程度，确定是否能够采取防范措施消除不利影响或将其降低至可接受的水平。

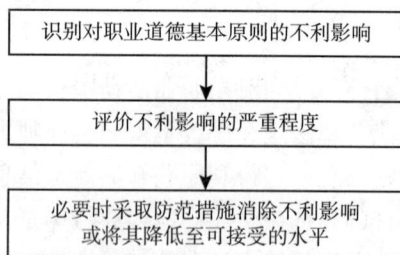

```
┌─────────────────────────────┐
│  识别对职业道德基本原则的不利影响  │
└─────────────────────────────┘
              ↓
┌─────────────────────────────┐
│      评价不利影响的严重程度       │
└─────────────────────────────┘
              ↓
┌─────────────────────────────┐
│  必要时采取防范措施消除不利影响     │
│  或将其降低至可接受的水平         │
└─────────────────────────────┘
```

图 3-1　解决职业道德问题的思路和方法

二、可能对职业道德基本原则产生不利影响的因素

可能对职业道德基本原则生产不利影响的因素包括自身利益、自我评价、过度推介、密切关系和外在压力。

自身利益导致的不利影响是指因经济利益或其他利益对注册会计师的职业判断或行为产生不当影响。自身利益可能源于项目组成员或其近亲属的经济利益或其他利益。

自我评价导致的不利影响是指注册会计师对其（或者其所在会计师事务所或工作单位的其他人员）以前的判断或服务结果作出不恰当的评价，并且将据此形成的判断作为当前服务的组成部分。

过度推介导致的不利影响是指注册会计师倾向客户或工作单位的立场，导致该注册会计师的客观公正原则受到损害。

密切关系导致的不利影响是指注册会计师与客户或工作单位存在长期或亲密的关系，而过于倾向客户或工作单位的利益、认可客户或工作单位的工作，从而对注册会计师的职业判断或行为产生不利影响。

外在压力导致的不利影响是指注册会计师受到实际的压力或感受到压力（包括对注册会计师实施不当影响的意图）而无法客观行事。

三、应对不利影响的防范措施

防范措施是指可以消除不利影响或将其降至可接受水平的行动或其他措施。

在法律法规和职业规范层面，应对不利影响的防范措施包括：执业准则和职业道德规范的规定；监管机构或注册会计师协会的监控和惩戒程序；公司治理方面的规定；取得会员资格必需的教育、培训和经验要求；持续的职业发展要求；等等。

在实际工作中，在会计师事务所层面，领导层强调遵守职业道德的重要性，制定有关政策和程序，识别与防范对职业道德基本原则的不利影响，建立惩戒机制，保障相关政策和程序得到遵守，并指定高级管理人员负责监督质量管理系统是否有效运行。在具体业务层面，应对不利影响的防范措施包括但不限于以下防范措施：对已执行的非鉴证业务，由未参与该业务的注册会计师进行复核，或者在必要时提供建议；对已执行的鉴证业务，由鉴证业务项目组以外的注册会计师进行复核，或者在必要时提供建议；向客户审计委员会、监管机构或注册会计师协会咨询；与客户治理层讨论有关的职业道德问题；由其他会计师事务所执行或重新执行部分业务；轮换鉴证业务项目组合伙人和高级员工；等等。

注册会计师应当运用判断，确定如何应对超出可接受水平的不利影响，包括采取防范措施消除不利影响或将其降低至可接受的水平，或者终止业务约定，或者拒绝接受业务委托。

第三节　注册会计师审计业务对独立性的要求

一、独立性的内涵

注册会计师审计业务对独立性的要求是指注册会计师在审计过程中不受利害关系影响其职业判断的客观性。独立性包括实质上的独立性和形式上的独立性。

实质上的独立性是一种内心状态，要求注册会计师在提出结论时不受有损于职业判断的因素影响，能够诚实公正行事，并保持客观和职业怀疑态度。

形式上的独立性是一种外在表现，要求注册会计师避免出现重大的事实和情况，使得一个理性且掌握充分信息的第三方在权衡这些事实和情况后，很可能推定会计师事务所或项目组成员的诚信、客观或职业怀疑态度已经受到损害。

二、相关重要概念

（一）网络事务所

网络事务所属于某一网络的会计师事务所或实体。如果某一会计师事务所被视为网络事务所，应当与网络中其他会计师事务所的审计客户保持独立。

在判断一个联合体是否形成网络时，不取决于会计师事务所或实体是否在法律上各自独立，而是从以下几个要点判断，满足以下一条及以上则通常视为形成网络：

（1）一个联合体旨在通过合作，在各实体之间共享收益或分担重要成本。

（2）一个联合体旨在通过合作，在各实体之间共享所有权、控制权或管理权。

（3）一个联合体旨在通过合作，在各实体之间执行统一的质量管理政策和程序。

（4）一个联合体旨在通过合作，在各实体之间执行同一经营战略。

（5）一个联合体旨在通过合作，在各实体之间使用同一品牌。

（6）一个联合体旨在通过合作，在各实体之间共享重要的专业资源。

（二）关联实体

在评价会计师事务所面临的独立性不利影响时，审计项目组在识别、评价对独立性的不利影响以及采取防范措施时，应当将关联实体包括在内。

所谓关联实体，是指与被审计单位存在以下一种关系的实体：

（1）能够对被审计单位施加直接或间接控制的实体，且被审计单位对该实体重要。

（2）受到被审计单位直接或间接控制的实体。

（3）在被审计单位内拥有直接经济利益，能够对被审计单位施加重大影响的实体，且在被审计单位内的利益对该实体重要。

（4）被审计单位拥有其直接经济利益且能够对其施加重大影响的实体，并且在该实体的经济利益对被审计单位重要。

（5）与被审计单位处于同一控制下的实体，且该实体与被审计单位对控制方均重要。

（三）公众利益实体

公众利益实体拥有数量众多且分布广泛的利益相关者，当被审计单位属于公众利益实体时，在评价对独立性产生不利影响的重要程度及为消除不利影响或将其降低至可接受水平采取的必要防范措施时，注册会计师应采取更加谨慎的态度。

公众利益实体包括上市公司和下列实体：

（1）法律法规界定的公众利益实体。

（2）法律法规规定按照上市公司审计独立性的要求接受审计的实体。

公众利益实体还包括一些非上市但按照上市实体审计独立性的要求接受审计的实体，他们往往拥有数量众多且分布广泛的利益相关者，如大型非上市金融企业。同时法律法规认可的证券交易所或其他类似机构监督下进行交易的实体，也视为公众利益实体对待，如新三板挂牌的非上市公众公司。注册会计师应当根据实体业务的性质、规模等要素考虑将其作为公众利益实体对待。

（四）治理层

治理层是指对实体的战略方向及管理层履行经营管理责任负有监督责任的人员或组织。治理层的责任包括对财务报告过程的监督。注册会计师在运用职业判断识别、评价独立性不利影响以及确定防范措施时，应当就这些事宜适当与治理层进行沟通。

（五）业务期间

注册会计师应当在业务期间和财务报表涵盖的期间独立于审计客户。业务期间自审计项目组开始执行审计业务之日起，至出具审计报告之日止。如果审计业务具有连续性，业务期间结束日应以其中一方通知解除业务关系或出具最终审计报告两者时间孰晚为准。

三、可能对独立性构成不利影响的情形

会员应当识别对职业道德基本原则的不利影响。通常来说，一种情形可能产生多种不利影响，一种不利影响也可能影响多项职业道德基本原则。会员识别不利影响的前提是了解相关事实和情况，包括了解可能损害职业道德基本原则的职业活动、利益和关系。

对职业道德基本原则的不利影响可能产生于多种事实和情况。并且，因业务的性质和工作任务不同，产生的不利影响的类型也可能不同。可能对职业道德基本原则产生不利影响的因素包括自身利益、自我评价、过度推介、密切关系和外在压力。

（一）因自身利益对独立性构成不利影响的具体情形

因自身利益对独立性构成不利影响的情形如表 3 - 1 所示。

表 3 - 1　　　　　　　因自身利益对独立性构成不利影响的情形

不利影响因素	情形
自身利益	1. 注册会计师在客户中拥有直接经济利益； 2. 会计师事务所的收入过分依赖某一客户； 3. 会计师事务所以较低的报价获得新业务，而该报价过低，可能导致注册会计师难以按照适用的职业准则要求执行业务； 4. 注册会计师与客户之间存在密切的商业关系； 5. 注册会计师能够接触到涉密信息，而该涉密信息可能被用于谋取个人私利； 6. 注册会计师在评价所在会计师事务所以往提供的专业服务时，发现了重大错误

（二）因自我评价对独立性构成不利影响的情形

因自我评价对独立性构成不利影响的情形如表 3 - 2 所示。

表 3 - 2　　　　　因自我评价对独立性构成不利影响的情形

不利影响因素	情形
自我评价	1. 注册会计师在对客户提供财务系统的设计或实施服务后，又对系统的运行有效性出具鉴证报告； 2. 注册会计师为客户编制用于生成有关记录的原始数据，而这些记录是鉴证业务的对象

（三）因过度推介对独立性构成不利影响的情形

因过度推介对独立性构成不利影响的情形如表 3 - 3 所示。

表 3 - 3　　　　　因过度推介对独立性构成不利影响的情形

不利影响因素	情形
过度推介	1. 注册会计师推介客户的产品、股份和其他利益； 2. 当客户与第三方发生诉讼或纠纷时，注册会计师为该客户辩护； 3. 注册会计师站在客户的立场上影响某项法律法规的制定

（四）因密切关系对独立性构成不利影响的情形

因密切关系对独立性构成不利影响的情形如表 3 - 4 所示。

表 3 - 4　　　　　因密切关系对独立性构成不利影响的情形

不利影响因素	情形
密切关系	1. 审计项目团队成员的近亲属担任审计客户的董事或高级管理人员； 2. 鉴证客户的董事、高级管理人员，或所处职位能够对鉴证对象施加重大影响的员工，最近曾担任注册会计师所在会计师事务所的项目合伙人； 3. 审计项目团队成员与审计客户之间存在长期业务关系

近亲属包括主要近亲属和其他近亲属。主要近亲属是指配偶、父母或子女；其他近亲属是指兄弟姐妹、祖父母、外祖父母、孙子女、外孙子女。

审计项目团队成员是指所有审计项目组成员和会计师事务所中能够直接影响审计业务结果的其他人员，以及网络事务所中能够直接影响审计业务结果的所有人员。

（五）因外在压力对独立性构成不利影响的情形

因外在压力对独立性构成不利影响的情形如表 3 - 5 所示。

表 3 – 5　　　　　　　因外在压力对独立性构成不利影响的情形

不利影响因素	情形
外在压力	1. 注册会计师因对专业事项持有不同意见而受到客户解除业务关系或被会计师事务所解雇的威胁； 2. 由于客户对所沟通的事项更具有专长，注册会计师面临服从该客户判断的压力； 3. 注册会计师被告知，除非其同意审计客户某项不恰当的会计处理，否则计划中的晋升将受到影响； 4. 注册会计师接受了客户赠予的重要礼品，并被威胁将公开其收受礼品的事情

四、可能对审计独立性构成不利影响的具体阐述

（一）经济利益

注册会计师在被审计单位中拥有经济利益，可能因自身利益对审计独立性产生不利影响。

1. 经济利益的含义

经济利益是指因持有某一实体的股权、债券和其他证券以及其他债务性的工具而拥有的利益，包括为取得这种利益享有的权利和承担的义务。经济利益包括直接经济利益和间接经济利益。

直接经济利益是指下列经济利益：

（1）个人或实体直接拥有并控制的经济利益。

（2）个人或实体通过投资工具拥有的经济利益，并且有能力控制这些投资工具或影响其投资决策。例如，股票、债券、认沽权、认购权、期权、权证和卖空权等。

间接经济利益是指个人或实体通过投资工具拥有的经济利益，但没有能力控制这些投资工具或影响其投资决策。例如，通过共同基金投资的一揽子基础金融产品。

2. 对独立性构成不利影响的情形及防范措施

注册会计师在审计客户中拥有经济利益，可能会因自身利益对独立性构成不利影响。注册会计师主要通过以下三个因素评价不利影响是否存在以及严重程度：

（1）拥有经济利益人员的角色。如果会计师事务所、审计项目组成员及其主要近亲属（父母、配偶、子女）拥有经济利益的影响严重程度甚于其他角色。

（2）经济利益是直接的还是间接的。直接经济利益的影响的严重程度甚于间接经济利益的影响。

（3）经济利益的重要性。如果是同一类型的经济利益，经济利

益越重要（以金额和性质两方面判断），其影响程度越严重。

以下几种情形属于不得拥有的经济利益，否则将会导致非常严重的不利影响，且没有防范措施：

（1）会计师事务所、审计项目组成员及其主要近亲属不得在被审计单位中拥有直接经济利益或重大间接经济利益。

（2）当一个实体在被审计单位中拥有控制性权益，且被审计单位对该实体重要时，会计师事务所、审计项目组成员及其主要近亲属不得在该实体中拥有直接经济利益或重大间接经济利益。

（3）当其他合伙人与审计项目组的合伙人同处一个分部（审计业务所处分部），其他合伙人及其主要近亲属不得在被审计单位中拥有直接经济利益或重大间接经济利益。

（4）为被审计单位提供非审计服务的其他合伙人、管理人员及其主要近亲属不得在被审计单位中拥有直接经济利益或重大间接经济利益。

对于不被允许拥有的经济利益，会计师事务所、审计项目组成员及其主要近亲属应当立即处置全部经济利益或处置全部直接经济利益和足够数量的间接经济利益。

除上述不拥有的经济利益的情形外，其他拥有经济利益的情形，根据前面所述三个因素评价不利影响是否存在以及严重程度。如果存在不利影响，应根据具体情形采取适当的防范措施，消除不利影响或将不利影响降至可接受范围。防范措施通常如下：

（1）在合理期限内处置全部经济利益或处置全部直接经济利益和足够数量的间接经济利益。

（2）由审计项目组以外的注册会计师复核该成员已执行的工作。

（3）将该成员调离审计项目组。

（二）贷款和担保

注册会计师与被审计单位发生贷款或担保关系，可能因自身利益对独立性产生不利影响。

1. 禁止存在的情形

（1）会计师事务所、审计项目组成员或其主要近亲属从不属于银行或类似金融机构等被审计单位取得贷款或由其提供担保。

（2）会计师事务所、审计项目组成员或其主要近亲属从属于银行或类似金融机构等被审计单位取得贷款或由其提供担保，但不是按照正常的程序、条款和条件取得。

（3）会计师事务所、审计项目组成员或其主要近亲属向被审计单位提供贷款或为其提供担保。

（4）会计师事务所、审计项目组成员或其主要近亲属在不属于银行或类似金融机构等被审计单位开立存款或交易账户。

（5）会计师事务所、审计项目组成员或其主要近亲属在银行或类似金融机构等被审计单位开立存款或交易账户，但是没有按照正常的商业条件开立。

2. 允许存在但需采取防范措施的情形

会计师事务所按照正常的程序、条款和条件从属于银行或类似金融机构等被审计单位取得贷款，且该贷款对被审计单位或会计师事务所影响重大。

3. 允许存在的情形

（1）审计项目组成员或其主要近亲属按照正常的程序、条款和条件从属于银行或类似金融机构等被审计单位取得贷款或担保。

（2）会计师事务所、审计项目组成员或其主要近亲属按照正常的商业条件在银行或类似金融机构等被审计单位开立存款或交易账户。

（三）商业关系

会计师事务所、审计项目组成员或其主要近亲属与被审计单位或其高级管理人员之间，由于商务关系或共同的经济利益而存在诸如共同开办企业、产品和服务捆绑销售，或者彼此销售或推广对方的产品和服务之类的密切的商业关系，可能因自身利益或外在压力对审计独立性产生严重的不利影响。

会计师事务所不得介入此类商业关系。如果存在此类商业关系，会计师事务所应当予以终止。如果审计项目组成员涉及此类商业关系，会计师事务所应当将该成员调离审计项目组。如果审计项目组成员的主要近亲属涉及此类商业关系，注册会计师应当评价不利影响的严重程度，必要时采取防范措施消除不利影响或将其降低至可接受的水平。

会计师事务所、审计项目组成员或其主要近亲属从审计客户购买商品或服务，如果按照正常的商业程序公平交易，通常不会对独立性产生不利影响。

（四）家庭和私人关系

1. 审计项目团队成员的主要近亲属

如果审计项目团队成员的主要近亲属是审计客户的董事、高级管理人员或担任能够对被审计财务报表或会计记录的编制施加重大影响的职位的员工（以下简称特定员工），或者在业务期间或财务报表涵盖的期间曾担任上述职务，将对独立性产生非常严重的不利影响，导致没有防范措施能够消除该不利影响或将其降低至可接受的水平。拥有此类关系的人员不得成为审计项目团队成员。

（2）如果审计项目团队成员的主要近亲属在审计客户中所处职位能够对客户的财务状况、经营成果和现金流量施加重大影响，将可能因自身利益、密切关系或外在压力对独立性产生不利影响。

2. 审计项目团队成员的其他近亲属

如果审计项目团队成员的其他近亲属是审计客户的董事、高级管理人员或特定员工，将因自身利益、密切关系或外在压力对独立性产生不利影响。

3. 审计项目团队成员的其他密切关系

如果审计项目团队成员与审计客户的员工存在密切关系，并且该员工是审计客户的董事、高级管理人员或特定员工，即使该员工不是审计项目团队成员的近亲属，也将对独立性产生不利影响。

4. 审计项目团队成员以外人员的家庭和私人关系

会计师事务所中审计项目团队以外的合伙人或员工，与审计客户的董事、高级管理人员或特定员工之间存在家庭或私人关系，可能因自身利益、密切关系或外在压力产生不利影响。

（五）与被审计单位发生人员交流

被审计单位的董事、高级管理人员或能对鉴证对象施加重大影响的员工，曾经是审计项目组的成员或会计师事务所的合伙人，可能因密切关系或外在压力产生不利影响。

（1）关键审计合伙人加入属于公众利益实体的被审计单位担任重要职位需满足冷却期的要求，即该合伙人不再担任关键审计合伙人后，该公众利益实体发布了已审计财务报表，其涵盖期间不少于12个月。并且该合伙人不是该财务报表的审计项目组成员，否则独立性将视为受到损害。关键审计合伙人是指项目合伙人、实施项目质量管理复核的负责人以及审计项目组中负责对财务报表审计涉及的重大事项作出关键决策或判断的其他审计合伙人。

（2）会计师事务所前任高级合伙人（管理合伙人或同等职位的人员）加入属于公众利益实体的被审计单位，担任董事、高级管理人员或能对鉴证对象施加重大影响的员工，也须满足冷却期的要求，即离职已超过12个月。

（3）最近曾任被审计单位的董事、高级管理人员或能对鉴证对象施加重大影响的员工在被审计财务报表涵盖的期间加入审计项目组，将产生非常严重的不利影响，会计师事务所不得将此类人员分派到审计项目组。如果在被审计财务报表涵盖的期间之前加入，会计师事务所应当评价不利影响的严重程度，并在必要时采取防范措施将其降低至可接受的水平。

（4）会计师事务所的合伙人或员工兼任被审计单位的董事或高级管理人员，将因自我评价和自身利益产生非常严重的不利影响，会计师事务所的合伙人或员工不得兼任审计客户的董事或高级管理人员。

（5）如果会计师事务所向审计客户借出员工，可能因自我评价、过度推介或密切关系产生不利影响。除非同时满足下列条件，否则会计师事务所不得向审计客户借出员工：

①仅在短期内向客户借出员工。

②借出的员工不参与《中国注册会计师职业道德守则》禁止提供的非鉴证服务。

③借出的员工不承担审计客户的管理层职责，且审计客户负责指导和监督该员工的活动。

会计师事务所应当评价借出员工产生不利影响的严重程度，并在必要时采取防范措施消除不利影响或将其降低至可接受的水平。

（六）与被审计单位长期存在业务关系

会计师事务所长期委派同一名合伙人或高级员工执行某一客户的审计业务，将因密切关系和自身利益产生不利影响。

同一关键审计合伙人担任属于公众利益实体的被审计单位审计业务不得超过五年，在任期结束后的两年内，该关键审计合伙人不得再次成为该客户的审计项目组成员或关键审计合伙人。

在被审计单位成为公众利益实体之前，如果关键审计合伙人已为该客户服务的时间不超过三年，则还可以为该客户继续提供服务的年限为五年减去已经服务的年限；如果已为该客户服务了四年或更长的时间，在该客户成为公众利益实体之后，还可以继续服务两年；如果被审计单位是首次公开发行证券的公司，关键审计合伙人在该公司上市后连续提供审计服务的期限，不得超过两个完整会计年度。

（七）为被审计单位提供非鉴证服务

会计师事务所给被审计单位提供非鉴证服务，可能因自我评价、自身利益或过度推介等对独立性产生不利影响。

判断某一特定非鉴证服务是否对审计项目组的独立性产生不利影响，主要看是否承担了管理层职责或执行的非鉴证服务是否对鉴证对象有重大影响。例如，以下情形将会对独立性构成非常严重的不利影响：

（1）向属于公众利益实体的被审计单位提供编制会计记录和财务报表的服务。

（2）为被审计单位提供评估的结果对财务报表产生重大影响的

评估服务。

（3）为属于公众利益实体的被审计单位计算当期所得税或递延所得税负债（或资产），以用于编制对被审计财务报表具有重大影响的会计分录。

（4）为被审计单位提供有效性取决于某项特定会计处理或财务报表列报的税务咨询服务。

（5）向被审计单位提供内部审计服务，并在执行财务报表审计时利用内部审计的工作。

（6）为被审计单位提供构成财务报告内部控制的重要组成部分，或者对会计记录或被审计财务报表影响重大的信息技术系统的设计或操作服务。

（7）为被审计单位提供诉讼支持服务涉及对损失或其他金额的估计，并且这些损失或其他金额影响被审计财务报表。

（8）会计师事务所的合伙人或员工担任审计客户的首席法律顾问。

（9）为属于公众利益实体的被审计单位招聘董事、高级管理人员，或者所处职位能够对鉴证对象施加重大影响的员工过程中寻找候选人，或者从候选人中挑选出适合相应职位的人员或对可能录用的候选人的证明文件进行核查。

（10）为被审计单位提供能够对鉴证对象产生重大影响的公司理财服务等。

（八）收费

会计师事务所的收费主要考虑服务所需的知识、经验、技能以及提供服务所需要承担的相应责任。收费报价的高低可能影响注册会计师按照职业准则提供专业服务的能力。收费报价过低会因自身利益对注册会计师的专业胜任能力和勤勉尽责产生不利影响。如果收费报价明显低于前任注册会计师或其他会计师事务所，会计师事务所应当使客户了解收费范围和收费的基础，并对此采取包括调整收费水平和业务范围、由适当复核人员复核已执行的工作等防范措施来应对不利影响。

不适当的收费可能因自身利益或外在压力对注册会计师的审计独立性产生不利影响。例如，具体情形如下：

（1）收费结构不合理，从某一审计客户收取的全部费用占会计师事务所收费总额比重很大或从某一审计客户收取的全部费用占某一个合伙人或分部收费总额比重很大，收入过分依赖某一客户，则对该客户的依赖及对可能失去该客户的担心将因自身利益或外在压力对独立性产生不利影响。

如果会计师事务所连续两年从某一属于公众利益实体的被审计单

位及其关联实体收取的全部费用，占其从所有客户收取的全部费用的比重超过15%，会计师事务所应当向被审计单位治理层披露这一事实，并讨论选择适当的防范措施。

（2）逾期收费，尤其是相当部分的审计费用在出具下一年度审计报告前仍未支付，可能因自身利益对审计独立性产生不利影响。

（3）或有收费，即收费与否或收费多少取决于交易的结果或所执行工作的结果。会计师事务所在提供审计服务时，以直接或间接形式取得或有收费，将因自身利益产生非常严重的不利影响，导致没有防范措施能够将其降低至可接受的水平。

（4）注册会计师收取与客户相关的介绍费或佣金，可能因自身利益对客观和公正原则、独立性原则等产生非常严重的不利影响，导致没有防范措施能够消除不利影响或将其降低至可接受的水平。注册会计师不得收取与客户相关的介绍费或佣金。

（九）薪酬和业绩评价政策

审计项目组成员的薪酬或业绩评价与其向被审计单位推销的非鉴证服务挂钩，将因自身利益产生不利影响。关键审计合伙人的薪酬或业绩评价不得与其向被审计单位推销的非鉴证服务直接挂钩。

（十）礼品和招待

会计师事务所或审计项目组成员接受被审计单位的礼品或款待，可能因自身利益和密切关系对审计独立性产生不利影响。会计师事务所或审计项目组成员不得接受礼品和超出业务活动中正常往来的款待。

（十一）诉讼和诉讼威胁

如果会计师事务所或审计项目团队成员与审计客户发生诉讼或很可能发生诉讼，将因自身利益或外在压力产生不利影响。会计师事务所和客户管理层由于诉讼或诉讼威胁而处于对立地位，将影响管理层提供信息的意愿，从而因自身利益和外在压力产生不利影响。

3.4 延伸阅读：证监会全力维稳，促进资本市场高质量发展

第四节 注册会计师的法律责任

一、注册会计师法律责任的概念

注册会计师法律责任是指注册会计师在承办业务的过程中，未能

履行合同条款，或者未能保持应有的职业谨慎，或者出于故意未按专业标准出具合格报告，致使审计报告使用者遭受损失，依照有关法律法规，注册会计师或会计师事务所应承担的法律责任。按照应该承担责任的内容不同，注册会计师的法律责任可分为行政责任、民事责任和刑事责任三种。三种责任可以同时追究，也可以单独追究。

3.5　视频：注册会计师的法律责任

二、对注册会计师责任的认定

引起注册会计师法律责任的原因主要源自注册会计师的违约、过失和欺诈。

（一）违约

违约指合同的一方或几方未能达到合同条款的要求。注册会计师在执行合同过程中没有履行合约中的相关条款，应当承担违约责任。违约行为的法律主体只能是签约当事人，不包括使用审计报告的第三人。例如，会计师事务所在商定的时期内，未能提交审计报告，或者违反了与被审计单位订立的保密协议等。

（二）过失

过失指在一定条件下缺少应有的合理谨慎。评价注册会计师的过失，是以其他合格注册会计师在相同条件下可做到的谨慎为标准的。当过失给他人造成损害时，注册会计师应承担过失责任。例如，注册会计师粗心大意（缺乏职业谨慎），导致未发现某公司会计报表存在重大错报，出具无保留审计意见。

过失按其程度不同分为普通过失和重大过失两种。

（1）普通过失（一般过失）。普通过失指没有保持职业上应有的合理的谨慎。对注册会计师而言，普通过失是指注册会计师没有完全遵循专业准则的要求。

例如，未按特定审计项目取得必要和充分的审计证据就出具审计报告的情况，可视为一般过失。

（2）重大过失。重大过失是指连起码的职业谨慎都不保持，对重要的业务或事务不加考虑，满不在乎。对注册会计师而言，重大过失是指注册会计师根本没有遵循专业准则或没有按专业准则的基本要求执行审计。

例如，注册会计师在审计过程中不负责任，敷衍了事，完全没有认真遵照执业准则的规定对财务报表实施审计，出具给委托人或他人带来重大损失的不恰当的审计意见。注册会计师委派不具有注册会计师资格的助理人员负责重要财务报表项目审计（子公司审计）。

（三）欺诈

欺诈又称舞弊，是以欺骗或坑害他人为目的的一种故意的错误行为。对注册会计师而言，欺诈就是为了达到欺骗他人的目的，明知委托单位的财务报表有重大错报，却加以虚伪的陈述，出具无保留意见的审计报告。

推定欺诈又称涉嫌欺诈，是指虽无故意欺诈或坑害他人的动机，但存在极端或异常的过失。推定欺诈和重大过失这两个概念的界限往往很难界定。在美国，许多法院曾经将注册会计师的重大过失解释为推定欺诈。

三、影响法律责任的几个概念

（一）经营失败

经营失败指企业由于经济或经营条件的变化，如经济衰退、不当的管理决策或出现意料之外的行业竞争等，无法满足投资者的预期。经营失败的极端情况是申请破产。

（二）审计失败

审计失败指注册会计师由于没有遵守审计准则的要求而发表了错误的审计意见。例如，注册会计师可能指派了不合格的助理人员去执行审计任务，未能发现应当发现的财务报表中存在的重大错报。

（三）审计风险

审计风险指财务报表中存在重大错报，而注册会计师发表不恰当审计意见的可能性（可能遵守或未遵守审计准则）。

在绝大多数情况下，当注册会计师未能发现重大错报并出具了错误的审计意见时，就可能产生注册会计师是否恪守应有的职业谨慎的法律问题。如果注册会计师在审计过程中没有尽到应有的职业谨慎，就属于审计失败。

审计风险不为零的原因如下：由于审计中的固有限制影响注册会计师发现重大错报的能力，注册会计师不能对财务报表整体不存在重大错报获取绝对保证。特别是如果被审计单位管理层精心策划和掩盖舞弊行为，注册会计师尽管完全按照审计准则执业，有时还是不能发现某项重大舞弊行为。

（四）审慎人

希望注册会计师审计对财务报表的公允表述做合理的保证，就是审慎人的概念。现实中，公众的"期望差距"往往使注册会计师陷入诉讼泥潭。

四、注册会计师承担法律责任的种类

根据《中华人民共和国注册会计师法》《中华人民共和国公司法》《中华人民共和国证券法》《中华人民共和国刑法》等主要法律法规和相关司法解释，注册会计师需要承担的法律责任种类包括民事责任、行政责任和刑事责任三种。

（一）民事责任

民事责任是指注册会计师及其所在的会计师事务所接受委托人的委托，在为委托人提供职业服务过程中违法执业，或者因为自身的过错给委托人或其他利害关系人造成损失，而应承担民事赔偿的法律责任。违约和过失使注册会计师负行政责任和民事责任。

民事责任的承担形式有赔偿损失、支付违约金等。

民事责任按性质分类可以分为违约责任和侵权责任。

《中华人民共和国注册会计师法》第四十二条规定："会计师事务所违反本法规定，给委托人、其他利害关系人造成损失的，应当依法承担赔偿责任。"

《中华人民共和国公司法》第二百五十七条规定："承担资产评估、验资或者验证的机构因其出具的评估结果、验资或者验证证明不实，给公司债权人造成损失的，除能够证明自己没有过错的外，在其评估或者证明不实的金额范围内承担赔偿责任。"

《中华人民共和国证券法》第一百六十三条规定："证券服务机构为证券的发行、上市、交易等证券业务活动制作、出具审计报告及其他鉴证报告、资产评估报告、财务顾问报告、资信评级报告或者法律意见书等文件，应当勤勉尽责，对所依据的文件资料内容的真实性、准确性、完整性进行核查和验证。其制作、出具的文件有虚假记载、误导性陈述或者重大遗漏，给他人造成损失的，应当与委托人承担连带赔偿责任，但是能够证明自己没有过错的除外。"

（二）行政责任

行政责任是指国家行政机关或国家授权的有关单位对违法的注册会计师或会计师事务所采取的行政制裁。

1. 执行人

行政责任执行人是国家财政部门、审计部门、证券监管部门以及注册会计师协会。

2. 制裁方式

对注册会计师而言，制裁方式包括警告、暂停执业、罚款、吊销注册会计师证书等。

《中华人民共和国证券法》第二百一十三条规定：证券服务机构违反本法第一百六十三条的规定，未勤勉尽责，所制作、出具的文件有虚假记载、误导性陈述或者重大遗漏的，责令改正，没收业务收入，并处以业务收入一倍以上十倍以下的罚款，没有业务收入或者业务收入不足五十万元的，处以五十万元以上五百万元以下的罚款；情节严重的，并处暂停或者禁止从事证券服务业务。对直接负责的主管人员和其他直接责任人员给予警告，并处以二十万元以上二百万元以下的罚款。

《中华人民共和国公司法》第二百五十七条的规定：承担资产评估、验资或者验证的机构提供虚假材料或者提供有重大遗漏的报告的，由有关部门依照《中华人民共和国资产评估法》、《中华人民共和国注册会计师法》等法律、行政法规的规定处罚。承担资产评估、验资或者验证的机构因其出具的评估结果、验资或者验证证明不实，给公司债权人造成损失的，除能够证明自己没有过错外，在其评估或者证明不实的金额范围内承担赔偿责任。

《中华人民共和国注册会计师法》第三十九条的规定：会计师事务所违反本法第二十条、第二十一条规定的，由省级以上人民政府财政部门给予警告，没收违法所得，可以并处违法所得一倍以上五倍以下的罚款；情节严重的，并可以由省级以上人民政府财政部门暂停其经营业务或者予以撤销。注册会计师违反本法第二十条、第二十一条规定的，由省级以上人民政府财政部门给予警告；情节严重的，可以由省级以上人民政府财政部门暂停其执行业务或者吊销注册会计师证书。

（三）刑事责任

《中华人民共和国刑法》第二百二十九条规定：提供虚假证明文件罪承担资产评估、验资、验证、会计、审计、法律服务、保荐、安全评价、环境影响评价、环境监测等职责的中介组织的人员故意提供虚假证明文件，情节严重的，处五年以下有期徒刑或者拘役，并处罚金；有下列情形之一的，处五年以上十年以下有期徒刑，并处罚金：

（一）提供与证券发行相关的虚假的资产评估、会计、审计、法律服务、保荐等证明文件，情节特别严重的；

3.6 延伸阅读:《中华人民共和国注册会计师法》

3.7 课程思政:注册会计师树立社会责任意识

（二）提供与重大资产交易相关的虚假的资产评估、会计、审计等证明文件，情节特别严重的；

（三）在涉及公共安全的重大工程、项目中提供虚假的安全评价、环境影响评价等证明文件，致使公共财产、国家和人民利益遭受特别重大损失的。

提供虚假证明文件罪有前款行为，同时索取他人财物或者非法收受他人财物构成犯罪的，依照处罚较重的规定定罪处罚。

出具证明文件重大失实罪第一款规定的人员，严重不负责任，出具的证明文件有重大失实，造成严重后果的，处三年以下有期徒刑或者拘役，并处或者单处罚金《中华人民共和国注册会计师法》第三十九条规定；会计师事务所、注册会计师"故意出具虚假的审计报告、验资报告，构成犯罪的，依法追究刑事责任"。

【本 章 小 结】

本章讨论了注册会计师必须遵守诚信、独立性、客观和公正、专业胜任能力和应有的关注、保密、良好职业行为六项职业道德基本原则，并提出了解决职业道德问题的概念框架；详细分析了对职业道德基本原则产生不利影响的自身利益、自我评价、过度推介、密切关系、外在压力五个因素并列举了对审计独立性构成不利影响的具体情形；重点阐述了注册会计师审计业务对独立性的要求，从经济利益、贷款和担保、商业关系、家庭和私人关系、与被审计单位发生人员交流、与被审计单位长期存在业务关系、为被审计单位提供非鉴证服务、收费、薪酬和业绩评价政策、礼品和招待等方面详细阐述了对审计独立性构成不利影响的情形。最后本章介绍了注册会计师承担相关的法律责任。

【本章重要术语】

1. 职业道德基本原则
2. 诚信
3. 独立性
4. 客观和公正
5. 专业胜任能力和勤勉尽责
6. 保密
7. 良好职业行为
8. 网络事务所
9. 关联实体
10. 业务期间
11. 或有收费
12. 逾期收费
13. 违约
14. 过失
15. 欺诈
16. 审计失败
17. 行政责任
18. 民事责任
19. 刑事责任

3.8　专业术语解释

【复习与思考】

1. 注册会计师必须遵守的职业道德基本原则包括哪些?
2. 什么是职业道德概念框架的内涵?
3. 如何运用职业道德概念框架解决职业道德的相关问题?
4. 什么是网络事务所?
5. 可能对职业道德基本原则产生不利影响的因素?
6. 家庭和私人关系如何对职业道德基本原则产生不利影响?
7. 或有收费如何对职业道德基本原则产生不利影响?
8. 礼品和招待如何对职业道德基本原则产生不利影响?
9. 引起注册会计师法律责任的原因是什么?
10. 注册会计师承担法律的责任有哪几种?

第四章
审 计 目 标

【学 习 目 标】

1. 了解审计目标的含义与影响因素。
2. 掌握现阶段我国注册会计师的总体目标。
3. 掌握被审计单位管理层认定的相关内容。
4. 掌握具体审计目标。

【本章知识逻辑结构图】

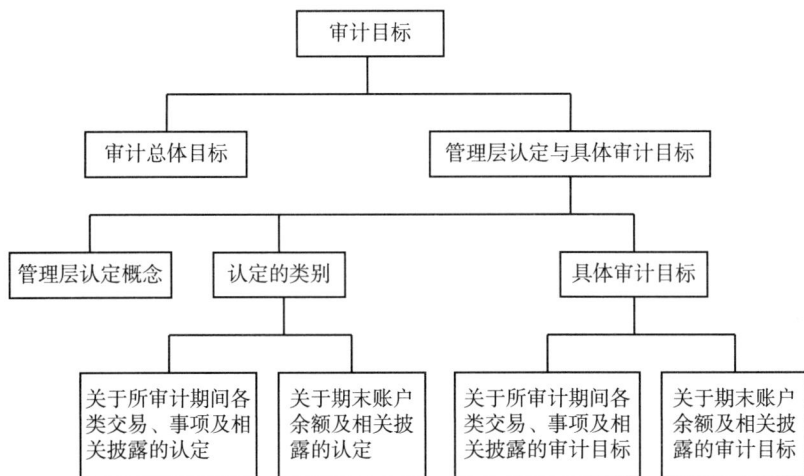

```
                    审计目标
            ┌──────────┴──────────┐
       审计总体目标          管理层认定与具体审计目标
                       ┌─────────┼──────────────┐
                  管理层认定概念  认定的类别        具体审计目标
                          ┌────────┴────────┐   ┌──────┴───────┐
                     关于所审计期间各  关于期末账户  关于所审计期间各  关于期末账户
                     类交易、事项及相  余额及相关披  类交易、事项及相  余额及相关披
                     关披露的认定      露的认定      关披露的审计目标  露的审计目标
```

【引 导 案 例】

案例：ABC 公司存货审计目标分析

背景信息：

ABC 公司是一家专注于电子产品设计、制造和销售的中型制造

企业，其主要产品包括智能家居设备和消费类电子配件。公司拥有多个生产基地和仓储设施，存货主要包括原材料、在产品和产成品。由于存货项目金额在公司资产中占比较大，且涉及环节较多，存货的真实性和准确性对财务报表至关重要。因此，年度审计中审计师需要重点审查存货相关事项，以评估其是否如实反映在财务报表中。

审计目标：
- 存在性：确认存货在资产负债表日确实存在。
- 完整性：确保所有应计入存货的项目均已被记录。
- 权利和义务：验证公司对存货拥有合法的所有权和控制权。
- 计价和分摊：确认存货的计价方法符合会计准则，且金额准确。
- 列报：确保存货在财务报表中的列示符合相关会计准则的要求。

审计程序：

审计师通过参与或观察实地盘点确认存货的存在，审查采购合同等文件以验证权属，检查存货计价和金额的准确性，并对财务报表列示的合规性进行核实。通过上述程序，审计师确保存货信息真实、完整、准确，并满足财务报表披露的相关要求。

资料来源：朱顺熠. 审计具体目标案例分析 [J]. 财务与会计研究，2018，10（9），4352037. https：//www.fx361.cc/page/2018/1009/4352037.shtml.

第一节 审计目标概述

一、审计目标的含义

审计目标分为审计总体目标和具体审计目标。审计的总体目标是指注册会计师为完成整体审计工作而达到的预期目的。具体审计目标是指注册会计师通过实施审计程序以确定管理层在财务报表中确认的各类交易、账户余额、披露层次认定是否恰当。注册会计师在了解每个项目的认定后，就容易相对应地确定每个项目的具体审计目标。

4.1 视频：审计目标的定义

二、审计目标体系简介

（一）审计总体目标

在执行财务报表审计工作时，注册会计师的总体目标是：（1）对财务报表整体是否不存在舞弊或错误导致的重大错报获取合理保证，使得注册会计师能够对财务报表是否在所有重大方面按照适用的财务报告编制基础编制发表审计意见；（2）按照审计准则的规定，根据审计结果对财务报表出具审计报告，并与管理层和治理层沟通。在任何情况下，如果不能获取合理保证，并且在审计报告中发表保留意见也不足以实现向预期使用者报告的目的，注册会计师应当按照审计准则的规定出具无法表示意见的审计报告，或者在法律法规允许的情况下终止审计业务或解除业务约定。

4.2 延伸阅读：国际注册会计师执行财务报表审计产生的几次大的演变

注册会计师是否按照审计准则的规定执行了审计工作，取决于注册会计师在具体情况下实施的审计程序，由此获取的审计证据的充分性和适当性，以及根据总体目标和对审计证据的评价结果而出具审计报告的恰当性。

审计准则作为一个整体，为注册会计师执行审计工作以实现总体目标提供了标准。审计准则规范了注册会计师的一般责任以及在具体方面履行这些责任时的进一步考虑。每项审计准则都明确了规范的内容、适用的范围和生效的日期。在执行审计工作时，除遵守审计准则外，注册会计师还需要遵守相关法律法规的规定。

每项审计准则通常包括总则、定义、目标、要求（在审计准则中，对注册会计师提出的要求以"应当"来表述）和附则。总则提供了与理解审计准则相关的背景资料。每项审计准则还配有应用指南。每项审计准则及应用指南中的所有内容都与理解该项准则中表述的目标和恰当应用该准则的要求相关。应用指南对审计准则的要求提供了进一步解释，并为如何执行这些要求提供了指引。应用指南提供了审计准则所涉及事项的背景资料，更为清楚地解释审计准则要求的确切含义或所针对的情形，并举例说明适合具体情况的程序。应用指南本身并不对注册会计师提出额外要求，但与恰当执行审计准则对注册会计师提出的要求是相关的。

审计准则的总则可能对下列事项进行说明：（1）审计准则的目的和范围，包括与其他审计准则的关系；（2）审计准则涉及的审计事项；（3）就审计准则涉及的审计事项，注册会计师和其他人员各自的责任；（4）审计准则的制定背景。审计准则以"定义"为标题单设一章，用来说明审计准则中某些术语的含义。提供这些定义有助于保持审计准则应用和理解的一致性，而非旨在超越法律法规为其他目的对相关术语给出定义。

每项审计准则均包含一个或多个目标，这些目标将审计准则的要求与注册会计师的总体目标联系起来。每项审计准则规定目标的作用在于，使注册会计师关注每项审计准则预期实现的结果。这些目标足够具体，可以帮助注册会计师：（1）理解所需完成的工作，以及在

必要时为完成这些工作使用的恰当手段；（2）确定在审计业务的具体情况下是否需要完成更多的工作以实现目标。注册会计师需要将每项审计准则规定的目标与总体目标联系起来进行理解。

注册会计师需要考虑运用"目标"决定是否需要实施追加的审计程序。审计准则的要求，旨在使注册会计师能够实现审计准则规定的目标，进而实现注册会计师的总体目标。因此，注册会计师恰当执行审计准则的要求，预期能为其实现目标提供充分的基础。然而，由于各项审计业务的具体情况存在很大差异，并且审计准则不可能预想到所有的情况，注册会计师有责任确定必要的审计程序，以满足审计准则的要求和实现目标。针对某项业务的具体情况，可能存在一些特定事项，需要注册会计师实施审计准则要求之外的审计程序，以实现审计准则规定的目标。

在审计总体目标下，注册会计师需要运用审计准则规定的目标以评价是否已获取充分、适当的审计证据。如果根据评价的结果认为没有获取充分、适当的审计证据，那么注册会计师可以采取下列一项或多项措施：（1）评价通过遵守其他审计准则是否已经获取或将会获取进一步的相关审计证据；（2）在执行一项或多项审计准则的要求时，扩大审计工作的范围；（3）实施注册会计师根据具体情况认为必要的其他程序。如果上述措施在具体情况下均不可行或无法实施，注册会计师将无法获取充分、适当的审计证据。在这种情况下，审计准则要求注册会计师确定其对审计报告或完成该项业务的能力的影响。

审计目标循环如图 4 - 1 所示。

图 4 - 1　审计目标循环

4.3　延伸阅读：
正确理解注册会计师的总体目标需要把握的几个关键概念

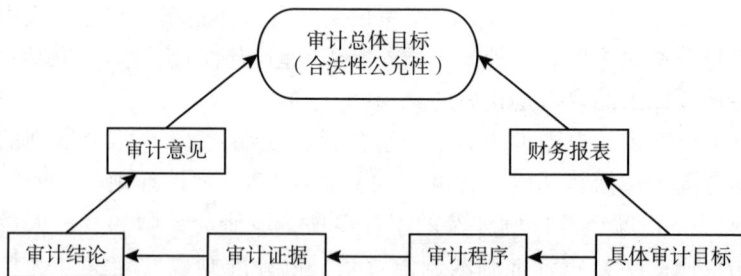

注册会计师是否按照审计准则的规定执行了审计工作，取决于注册会计师在具体情况下实施的审计程序，由此获取的审计证据的充分性和适当性，以及根据总体目标和对审计证据的评价结果而出具审计报告的恰当性。

（二）具体审计目标

具体目标是审计总体目标的具体化，根据具体化的程度不同，又分为一般审计目标和项目审计目标两个层次。一般审计目标是实施项目审计时均应达到的目标，是项目审计目标的共性概括；而项目审计目标则是按每个项目的具体内容而确定的目标，既表现了项目审计的个性特征，也具有一般审计的共性特征。无论是一般审计目标还是项目审计目标，都必须根据审计总目标要求和被审计单位的需要来确定。

4.4 课程思政：审计工作为脱贫攻坚和乡村振兴"一路护航"

第二节　管理层、治理层和注册会计师对财务报表的责任

一、管理层和治理层的责任

现代企业的所有权与经营权分离后，管理层负责企业的日常经营管理，随之承担受托责任，他们通过编制财务报表反映受托责任的履行情况。按照现代公司治理结构的安排，为了实现公司内部的权力平衡，需要通过制约关系来保证财务信息的质量，这就往往要求治理层对管理层编制财务报表的过程实施有效的监督。财务报表就是由被审计单位管理层在治理层的监督下编制的。在治理层的监督下，管理层作为会计工作的行为人，对编制财务报表负有直接责任。因此，在被审计单位治理层的监督下，按照适用的财务报告框架的规定编制财务报表是被审计单位管理层的责任。

4.5 视频资源：管理层、治理层对财务报表的责任

执行审计工作的前提，即与管理层和治理层（如适用）责任相关的执行审计工作的前提，是指管理层和治理层（如适用）已认可并理解其应当承担下列责任，这些责任构成注册会计师按照审计准则的规定执行审计工作的基础：

（1）按照适用的财务报告框架的规定编制财务报表，包括使其实现公允反映（如适用）。

管理层应当根据会计主体的性质和财务报表的编制目的，选择适用的会计准则和相关会计制度。就会计主体的性质而言，事业单位适合采用《事业单位会计制度》，而企业则根据规模和行业性质，分别适用《企业会计准则》、《企业会计制度》、《金融企业会计制度》和

《小企业会计制度》等。按照编制目的，财务报表可分为通用目的和特殊目的两种报表。前者是为了满足范围广泛的使用者的共同信息需要，如为公布目的而编制的财务报表；后者是为了满足特定信息使用者的信息需要。相应地，编制和列报财务报表适用的会计准则和相关会计制度也不同。

（2）设计、执行和维护必要的内部控制，使得编制的财务报表不存在由于舞弊或错误导致的重大错报。

为了履行编制财务报表的职责，管理层通常设计、实施和维护与财务报表编制相关的内部控制，以保证财务报表不存在由于舞弊和错误而导致的重大错报。

管理层在治理层的监督下，高度重视对舞弊的防范和遏制是非常重要的。对舞弊的防范可以减少舞弊发生的机会；由于舞弊存在被发现和惩罚的可能性，对舞弊的遏制能够警示被审计单位人员不要实施舞弊。对舞弊的防范和遏制需要管理层营造诚实守信和合乎道德的文化，并且这一文化能够在治理层的有效监督下得到强化。治理层的监督包括考虑管理层凌驾于控制之上或对财务报告过程施加其他不当影响的可能性，例如，管理层为了影响分析师对企业业绩和盈利能力的看法而操纵利润。

控制，是指内部控制一个或多个要素，或要素表现出的各个方面。审计准则所称的内部控制，与适用的法律法规有关内部控制的概念一致。在审计实务中，一般通过签署管理层声明书来确认管理层的责任。我国《会计法》明确规定，单位负责人对本单位的会计工作和会计资料的真实性、完整性负责。从审计角度来看，相关法律规定管理层和治理层对编制财务报表承担责任，有利于从源头上保证财务信息质量。

（3）向注册会计师提供必要的工作条件。

这些必要的工作条件包括允许注册会计师接触与编制财务报表相关的所有信息，向注册会计师提供审计所需的其他信息；允许注册会计师在获取审计证据时不受限制地接触其认为必要的内部人员和其他相关人员。

管理层（有时涉及治理层）认可并理解应当承担与财务报表相关的上述责任，是执行审计工作的前提，构成了注册会计师按照审计准则的规定执行审计工作的基础。

二、注册会计师的责任

就大多数通用目的财务报告框架而言，注册会计师的责任是，针对财务报表是否在所有重大方面按照财务报告框架编制并实现公允反映发表审计意见。

作为一种鉴证业务，审计工作旨在提高被审计单位财务报表的可信性。在审计关系中，注册会计师作为独立的第三方，由其对财务报表发表审计意见，有利于提高财务报表的可信赖程度。为履行这一职责，注册会计师应当遵守职业道德规范，按照审计准则的规定计划实施审计工作，收集充分、适当的审计证据，并根据收集的审计证据得出合理的审计结论，发表恰当的审计意见。

为准确把握注册会计师责任的含义，有必要进一步明确注册会计师在揭露错误与舞弊以及违反法规行为方面的责任。在财务报表审计中，这两类责任都有可能会涉及。

（一）发现错误和舞弊的责任

尽管注册会计师可能怀疑被审计单位存在舞弊，甚至在极少数情况下识别出发生的舞弊，但注册会计师并不对舞弊是否已实际发生作出法律意义上的判定。

被审计单位治理层和管理层对防止或发现舞弊负有主要责任。在按照审计准则的规定执行审计工作时，注册会计师有责任对财务报表整体是否不存在由于舞弊或错误导致的重大错报获取合理保证。

在舞弊导致错报的情况下，固有限制的潜在影响尤其巨大。舞弊导致的重大错报未被发现的风险，大于错误导致的重大错报未被发现的风险。其原因是舞弊可能涉及精心策划和蓄意实施以进行隐瞒，如伪造证明或故意漏记交易，或者故意向注册会计师提供虚假陈述。如果涉及串通舞弊，注册会计师可能更加难以发现蓄意隐瞒的企图。串通舞弊可能导致原本虚假的审计证据被注册会计师误认为具有说服力。注册会计师发现舞弊的能力取决于舞弊者实施舞弊的技巧、舞弊者操纵会计记录的频率和范围、串通舞弊的程度、舞弊者操纵的每笔金额的大小、舞弊者在被审计单位的职位级别等因素。即使可以识别出实施舞弊的潜在机会，但对于诸如会计估计等判断领域的错报，注册会计师也难以确定这类错报是由舞弊还是错误导致的。

管理层舞弊导致的重大错报未被发现的风险，大于员工舞弊导致的重大错报未被发现的风险。其原因是管理层往往可以利用职位之便，直接或间接操纵会计记录、提供虚假的财务信息，或凌驾于为防止其他员工实施类似舞弊而建立的控制之上。在获取合理保证时，注册会计师有责任在整个审计过程中保持职业怀疑，考虑管理层凌驾于控制之上的可能性，并认识到对发现错误有效的审计程序未必对发现舞弊有效。

由于审计的固有限制，即使注册会计师按照审计准则的规定恰当计划和执行了审计工作，也不可避免地存在财务报表中的某些重大错报未被发现的风险。因此，注册会计师不能对财务报表整体不存在重大错报获取绝对保证，只能取得合理保证。承担合理保证的责任也意味着审计工作并不能保证发现所有的重大错报（包括不能保证发现所有的错误和舞弊导致的重大错报）。

按照《中国注册会计师审计准则第 1101 号——注册会计师的总体目标和审计工作的基本要求》的规定，注册会计师应当在整个审计过程中保持职业怀疑，认识到存在由于舞弊导致的重大错报的可能性，而不应受到以前对管理层、治理层正直和诚信情况形成的判断的影响。如果在完成审计工作后发现舞弊导致的财务报表重大错报，特别是串通舞弊或伪造文件记录导致的重大错报，并不必然表明注册会计师没有遵循审计准则。要判断注册会计师是否按照审计准则的规定实施了审计工作，应当取决于其是否根据具体情况实施了审计程序，是否获取了充分、适当的审计证据，以及是否根据证据评价结果出具了恰当的审计报告。

（二）发现违反法律法规行为的责任

违反法律法规，是指被审计单位有意或无意违背除适用的财务报告框架以外的现行法律法规的行为。例如，被审计单位进行的或以被审计单位名义进行的违反法律法规的交易，或者治理层、管理层或员工代表被审计单位进行的违反法律法规的交易。违反法律法规不包括由治理层、管理层或员工实施的，与被审计单位经营活动无关的不当个人行为。

审计准则旨在帮助注册会计师识别由于违反法律法规导致的财务报表重大错报。然而，注册会计师没有责任防止被审计单位违反法律法规，不能期望其发现所有的违反法律法规行为。

注册会计师有责任对财务报表整体不存在由于舞弊或错误导致的重大错报获取合理保证。

在执行财务报表审计时，注册会计师需要考虑适用于被审计单位的法律法规框架。由于审计的固有限制，即使注册会计师按照审计准则的规定恰当地计划和执行审计工作，也不可避免地存在财务报表中的某些重大错报未被发现的风险。

就法律法规而言，由于下列原因，审计的固有限制对注册会计师发现重大错报的能力的潜在影响会加大：（1）许多法律法规主要与被审计单位经营活动相关，通常不影响财务报表，且不能被与财务报告相关的信息系统所获取；（2）违反法律法规可能涉及故意隐瞒的行为，如共谋、伪造、故意漏记交易、管理层凌驾于控制之上或故意向注册会计师提供虚假陈述；（3）某行为是否构成违反法律法规，最终只能由法院认定。在通常情况下，违反法律法规与财务报表反映的交易和事项越不相关，就越难以被注册会计师关注或识别。

按其对财务报表的影响，违反法律法规的行为可以分为两类：第一类为通常对决定财务报表中的重大金额和披露有直接影响的法律法规（如税收和企业年金方面的法律法规）的规定；第二类是对决定财务报表中的金额和披露没有直接影响的其他法律法规，但遵守这些法律法规（如遵守经营许可条件、监管机构对偿债能力的规定或环境保护要求）对被审计单位的经营活动、持续经营能力或避免大额罚款至关重要；违反这些法律法规，可能对财务报表产生重大影响。对两种不同类型的违反法律法规的行为，注册会计师所负的检查和报告责任是不相同的。对于第一类违反法律法规的行为，注册会计师的责任是，就被审计单位遵守这些法律法规的规定获取充分、适当的审计证据；对于第二类违反法律法规的行为，注册会计师的责任仅限于实施特定的审计程序，以有助于识别可能对财务报表产生重大影响的违反这些法律法规的行为。

为了充分关注被审计单位违反法律法规行为可能对财务报表产生的重大影响，在计划和实施审计工作时，注册会计师应当保持职业怀疑态度，充分关注审计可能揭露的导致其对被审计单位遵守法律法规产生怀疑的情况或事项。

三、管理层、治理层责任和注册会计师责任的关系

被审计单位管理层、治理层的责任与注册会计师的审计责任不能相互替代、减轻或免除。

管理层和治理层作为内部人员，对企业的情况更为了解，更能作出适合企业特点的会计处理决策和判断，因此管理层和治理层理应对编制财务报表承担完全责任。尽管在审计过程中，注册会计师可能向管理层和治理层提出调整建议，甚至在不违反独立性的前提下为管理层编制财务报表提供一些协助，但管理层仍然对编制财务报表承担责任，并通过签署财务报表确认这一责任。

如果财务报表存在重大错报，而注册会计师通过审计没有能够发现，也不能因为财务报表已经由注册会计师审计这一事实而减轻管理层和治理层对财务报表的责任。

第三节　管理层认定及具体审计目标

一、管理层认定

（一）认定的含义

认定，是指管理层在财务报表中作出的明确或隐含的表达，注册会计师将其用于考虑可能发生的不同类型的潜在错报。认定与审计目标密切相关，注册会计师的基本职责就是确定被审计单位管理层对其财务报表的认定是否恰当。注册会计师了解了认定，就很容易确定每个项目的具体审计目标。通过考虑可能发生的不同类型的潜在错报，注册会计师运用认定评估风险，并据此设计审计程序以应对评估的风险。

当管理层声明财务报表已按照适用的财务报告编制基础编制，在所有重大方面作出公允反映时，就意味着管理层对财务报表各组成要素的确认、计量、列报以及相关的披露作出了认定。管理层在财务报表上的认定有些是明确表达的，有些则是隐含表达的。例如，管理层在资产负债表中列报存货及其金额，意味着作出下列明确的认定：（1）记录的存货是存在的；（2）存货以恰当的金额包括在财务报表中，与之相关的计价或分摊调整已恰当记录。同时，管理层也作出下列隐含的认定：（1）所有应当记录的存货均已记录；（2）记录的存货都由被审计单位所有。

对于管理层对财务报表各组成要素作出的认定，注册会计师的审计工作就是要确定管理层的认定是否恰当。

具体来说，管理层认定包括以下内容，见表4-1。

表4-1　　　　　　　　　　　　管理层认定

关于所审计期间各类交易、事项及相关披露的认定	关于期末账户余额及相关披露的认定
（1）发生 （2）完整性 （3）准确性 （4）截止 （5）分类 （6）列报	（1）存在 （2）权利和义务 （3）完整性 （4）准确性、计价和分摊 （5）分类 （6）列报

（二）关于所审计期间各类交易、事项及相关披露的认定

注册会计师对所审计期间的各类交易和事项运用的认定通常分为下列类别：

（1）发生：记录的交易或事项已发生，且与被审计单位有关。

（2）完整性：所有应当记录的交易和事项均已记录。

（3）准确性：与交易和事项有关的金额及其他数据已恰当记录。

（4）截止：交易和事项已记录于正确的会计期间。

（5）分类：交易和事项已记录于恰当的账户。

（6）列报：交易和事项已被恰当地汇总或分解且表述清楚，相关披露在适用的财务报告编制基础下是相关的、可理解的。

（三）关于期末账户余额及相关披露的认定

注册会计师对期末账户余额运用的认定通常分为下列类别：

（1）存在：记录的资产、负债和所有者权益是存在的。

（2）权利和义务：记录的资产由被审计单位拥有或控制，记录的负债是被审计单位应当履行的偿还义务。

（3）完整性：所有应当记录的资产、负债和所有者权益均已记录。

（4）准确性、计价和分摊：资产、负债和所有者权益以恰当的金额包括在财务报表中，并且与之相关的计价或分摊调整已被恰当记录。

（5）分类：资产、负债和所有者权益已记录于恰当的账户。

（6）列报：资产、负债和所有者权益已被恰当的汇总或分解且表述清楚，相关披露在适用的财务报告编制基础下是相关的、可理解的。

注册会计师可以按照上述分类运用认定，也可按其他方式表述认定，但应涵盖上述所有方面。例如，注册会计师可以选择将有关交易和事项的认定与有关账户余额的认定综合运用。又如，当发生和完整性认定包含了对交易是否记录于正确会计期间的恰当考虑时，就可能不存在与交易和事项截止相关的单独认定。

二、具体审计目标

注册会计师了解认定后，就很容易确定每个项目的具体审计目标，并以此作为评估重大错报风险以及设计和实施进一步审计程序的基础。

（一）与所审计期间各类交易、事项及相关披露的审计目标

（1）发生：由发生认定推导的审计目标是确认已记录的交易是真实的。例如，如果没有发生销售交易，但在销售日记账中记录了一笔销售，则违反了该目标。

发生认定所要解决的问题是管理层是否把那些不曾发生的项目列入财务报表，它主要与财务报表组成要素的高估有关。

（2）完整性：由完整性认定推导的审计目标是确认已发生的交易确实已经记录。例如，如果发生了销售交易，但没有在销售明细账和总账中记录，则违反了该目标。

发生和完整性两者强调的是相反的关注点。发生目标针对多记、虚构交易（高估），而完整性目标则针对漏记交易（低估）。

（3）准确性：由准确性认定推导出的审计目标是确认已记录的交易是按正确金额反映的。例如，如果在销售交易中，发出商品的数量与账单上的数量不符，或是开账单时使用了错误的销售价格，或是账单中的乘积或加总有误，或是在销售明细账中记录了错误的金额，则违反了该目标。

准确性与发生、完整性之间存在区别。例如，若已记录的销售交易是不应当记录的（如发出的商品是寄销商品），则即使发票金额是准确计算的，仍违反了发生目标。再如，若已入账的销售交易是对正确发出商品的记录，但金额计算错误，则违反了准确性目标，没有违反发生目标。在完整性与准确性之间也存在同样的关系。

（4）截止：由截止认定推导出的审计目标是确认接近于资产负债表日的交易记录于恰当的期间。例如，如果本期交易推到下期，或下期交易提到本期，均违反了截止目标。

（5）分类：由分类认定推导出的审计目标是确认被审计单位记录的交易经过适当分类。例如，如果将现销记录为赊销，将出售经营性固定资产所得的收入记录为营业收入，则导致交易分类的错误，违反了分类的目标。

（6）列报：由列报认定推导出的审计目标是确认被审计单位记录的交易和事项已被恰当地汇总或分解且表述清楚，相关披露在适用的财务报告编制基础下是相关的、可理解的。

（二）与期末账户余额及相关披露的审计目标

（1）存在：由存在认定推导的审计目标是确认记录的金额确实存在。例如，如果不存在某顾客的应收账款，在应收账款明细表中却列入了对该顾客的应收账款，则违反了存在目标。

（2）权利和义务：由权利和义务认定推导的审计目标是确认资产归属于被审计一单位，负债属于被审计单位的义务。例如，将他人寄售商品列入被审计单位的存货中，违反了权利目标；将不属于被审计单位的债务记入账内，违反了义务目标。

（3）完整性：由完整性认定推导的审计目标是确认已存在的金额均已记录。例如，如果存在某顾客的应收账款，而应收账款明细表中却没有列入，则违反了完整性目标。

（4）准确性、计价和分摊：资产、负债和所有者权益以恰当的金额包括在财务报表中与之相关的计价或分摊调整已恰当记录。

（5）分类：资产、负债和所有者权益已记录于恰当的账户。

（6）列报：资产、负债和所有者权益已被恰当的汇总或分解且表述清楚，相关披露在适用的财务报告编制基础上是相关的、可理解的。

下面以存货为例来说明管理层认定和具体目标之间的关系（见表4-2）。

表4-2　　　　　管理层认定与适用于存货的具体审计目标

管理层认定		具体审计目标
关于所审计期间各类交易、事项及相关披露相关的认定	发生	企业记录的与全部存货相关的交易是真实的
	完整性	属于企业发生的存货交易都记录
	准确性	已记录的与存货有关的交易是按正确的金额反映的
	截止	接近于资产负债表日的存货交易记录与前挡的期间
	分类	被审计单位记录的存货根据有关规定作了适当分类
	列报	确认被审计单位记录的存货已被恰当地汇总或分解且表述清楚，相关披露在适用的财务报告编制基础上是相关的、可理解的
关于期末账户余额及相关披露相关的认定	存在	记录的存货账户金额确实存在
	权利和义务	（1）企业对所有存货都拥有法律上的所有权； （2）存货未作抵押
	完整性	现有存货均盘点并计入存货总额
	准确性、计价和分摊	（1）账面存货与实有实物数量相符，用以估价存货的价格无重大错误，单价与数量的乘积正确，详细数据的加总正确，账簿中存货余额正确； （2）当存货的可变现净值减少时，已冲减存货价值
	分类	资产负债表中已对存货按有关规定作了恰当分类
	列报	存货已被恰当的汇总或分解且表述清楚，相关披露在适用的财务报告编制基础上是相关的、可理解的

通过上面介绍可知，认定是确定具体审计目标的基础。注册会计师通常将认定转化为能够通过审计程序予以实现的审计目标。针对财务报表每一项目所表现出的各项认定，注册会计师相应地确定一项或多项审计目标，然后通过执行一系列审计程序获取充分、适当的审计证据以实现审计目标。认定、审计目标和审计程序之间的关系举例如表4-3所示。

表4-3 认定、审计目标和审计程序之间的关系举例

管理层认定	审计目标	常用审计程序
存在	资产负债表列示的存货存在	实施存货监盘程序
完整性	销售收入包括了所有已发货的交易	检查发货单和销售发票的编号以及销售明细账
准确性、计价和分摊	应收账款反映的销售业务是否基于正确的价格和数量，计算是否准确	比较价格清单与发票上的价格、发货单与销售订购单上的数量是否一致，重新计算发票上的金额
截止	销售业务记录在恰当的期间	比较上一年度最后几天和下一年度最初几天的发货单日期与记账日期
权利和义务	资产负债表中的固定资产确实为公司拥有	查阅所有权证书、购货合同、结算单和保险单
计价和分摊	以净值记录应收款项	检查应收账款账龄分析表、评估计提的坏账准备是否充足

【本 章 小 结】

本章主要介绍了审计目标的概念，要求学生重点掌握管理层认定及具体审计目标。审计目标是指人们通过审计实践所期望达到的理想境界或最终结果。在不同的审计阶段，审计目标有不同的变化。真实、合法、效益是我国目前审计的总体目标，根据具体化的不同程度，又可分具体审计目标。我国审计准则的总目标是对被审计单位会计报表的合法性、公允性表示意见。审计具体目标是审计总目标的进一步具体化。具体审计目标包括以下几个方面：发生、完整性、准确性、截止、分类、存在、权利义务、计价和分摊、分类和可理解性。

4.8 专业术语解释

【本章重要术语】

1. 审计目标　　　　　　2. 管理层认定

3. 具体审计目标　　　　4. 准确性

5. 存在　　　　　　6. 发生

7. 完整性　　　　　8. 分类

9. 列报

【复习与思考】

1. 审计目标与注册会计师的总体目标之间有什么关系？请具体说明。

2. 具体审计目标是如何根据被审计单位管理层的认定和注册会计师的总体目标来确定的？

3. 在审计过程中，如何通过获取适当的审计证据来支持管理层的认定？

4. 请解释"发生"、"完整性"、"准确性"和"截止"这四个具体审计目标，并给出一个实际例子来阐述每个目标的应用。

5. 管理层的认定对确定具体审计目标有什么重要性？请举例说明。

6. 请描述我国注册会计师的总体目标，并解释每项目标的作用。

7. 在审计过程中，如果具体审计目标与管理层的认定存在差异，审计师应如何处理？

4.9　复习与思考答案

第五章

审计证据和审计工作底稿

【学习目标】

1. 理解审计证据的概念、性质和重要性：深入掌握审计证据的定义，了解其作为审计结论基础的关键作用，以及不同类型审计证据的特点和适用场景。

2. 掌握审计证据的获取和评估方法：学习并实践通过各种审计程序（如检查、观察、询问、函证、重新计算等）来获取审计证据，以及如何评估证据的充分性和适当性，以确保其足以支持审计结论。

3. 理解审计工作底稿的概念和作用：明确审计工作底稿的定义和作用，包括记录审计计划、程序、证据和结论的重要性，以及底稿在审计质量控制、监管检查和后续审计中的用途。

4. 掌握审计工作底稿的编制和管理方法：学习如何规范地编制审计工作底稿，包括底稿的格式、要素和记录要求，以及如何有效管理和保存底稿，确保其完整、准确和可追溯。

【本章知识逻辑结构图】

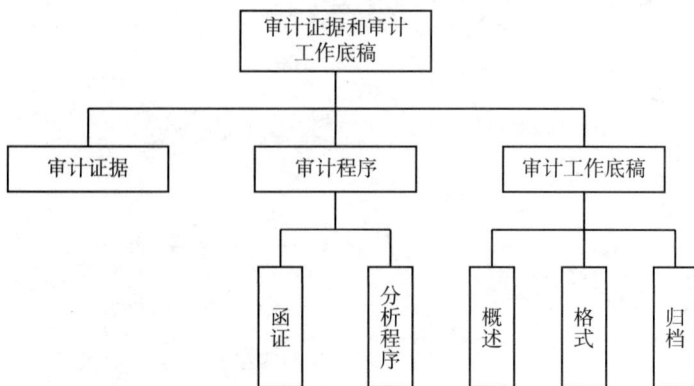

【引 导 案 例】

背景信息：XYZ 公司是一家大型零售公司，近年来面临着经营上的压力，导致财务报表的准确性受到质疑。作为外部审计师，审计团队负责对 XYZ 公司的财务报表进行年度审计。在审计过程中，审计团队发现了多项不一致和异常情况，尤其是在存货计价和应收账款的确认方面，这引发了对审计证据充分性和适当性的进一步关注。

问题描述：

1. 审计团队发现，XYZ 公司对于存货的计价方法存在不明确的解释，且相关存货记录未能完全符合会计准则。

2. 在应收账款的核实过程中，部分客户的确认函未能及时回收，且部分应收账款的实际支付记录没有详细支持文件。

3. 此外，审计团队还发现，XYZ 公司对于某些大额支出的核算和批准缺乏充分的审计证据，导致无法确认其合法性和真实性。

审计过程：

1. 审计证据收集：审计团队需要收集和验证更多的审计证据，包括与供应商和客户的函证、内部批准文件、支付记录等，以验证存货和应收账款的真实状况。

2. 改进审计程序：审计团队决定扩展审计范围，增加对不确定交易和支出的审查，以确保财务报表中记录的数据是准确和合法的。

3. 评估证据的适当性和充分性：审计人员通过对不同类型证据的交叉验证，确保收集的证据能够支持审计结论，尤其是在存货和应收账款的核实过程中，要求管理层提供更多原始凭证和合同文件。

问题解答：

1. 审计证据的适当性：审计人员需要判断所收集的证据是否具有足够的相关性和可靠性。例如，通过函证和独立验证，可以确保应收账款的确认具有较高的可靠性。

2. 审计证据的充分性：审计人员应确保所收集的证据数量充足，能够支持审计结论。在存货计价和大额支出核算问题上，若证据不足，审计师应增加抽样量或进行详细检查。

3. 审计证据的有效性：审计人员通过交叉验证不同来源的证据，如合同文件、支付记录和第三方确认函等，以提高审计结论的有效性。

资料来源：

[1] 赵建华，李青松. 审计证据的收集与评估 [M]. 北京：中国财政经济出版社，2020.

[2] 中国注册会计师协会. 中国注册会计师审计准则 [M]. 六版. 中国财政经济出版社，2017.

5.1　课程思政：正中珠江会计师事务所对康美药业审计失败的案例

第一节　审 计 证 据

一、审计证据的概念

审计证据是指注册会计师为了得出审计结论，形成审计意见而使用的所有信息。审计证据包括构成财务报表基础的会计记录中含有的信息和其他的信息。证据是一个适用性较广的概念，不仅注册会计师执行审计工作需要证据，科学家和法官也需要证据。在科学实验中，科学家获取证据，以得出关于某项理论的结论；在法律案件中，法官需要根据严密确凿的证据，以提出审判结论；注册会计师必须在每项审计工作中获取充分、适当的审计证据，以满足发表审计意见的要求。

5.2　视频：审计证据概述

（一）会计记录中含有的信息

根据会计记录编制财务报表是被审计单位管理层的责任，注册会计师应当测试会计记录以获取审计证据。会计记录主要包括原始凭证、记账凭证、总分类账和明细分类账，未在记账凭证中反映的对财务报表的其他调整，以及支持成本分配、计算、调节和披露的手工计算表和电子数据表。上述会计记录是编制财务报表的基础，构成注册会计师执行财务报表审计业务所需获取的审计证据的重要部分。这些会计记录通常是电子数据，因而要求注册会计师对内部控制予以充分关注，以获取这些记录的真实性、准确性和完整性。进一步说，电子形式的会计记录可能只能在特定时间内获取。如果不存在备份文件，特定期间之后有可能无法再获取这些记录。

会计记录取决于所记录交易的性质，既包括被审计单位内部生成的手工或电子形式的凭证，也包括从与被审计单位进行交易的其他企业收到的凭证。除此外，会计记录还可能包括：

（1）销售发运单和发票，顾客对账单以及顾客的汇款通知单；

（2）附有验货单的订购单，购买发票和对账单；

（3）考勤卡和其他职工出勤记录、工资单、个别支付记录和人事档案；

（4）支票存根、电子转账支付记录（ETFs）、银行存款单和银行对账单；

（5）合同记录，例如，租赁合同和分期付款销售协议；

（6）记账凭证；

（7）分类总账户调节表。

将这些会计记录作为审计证据时，其来源和被审计单位内部控制的相关强度（对内部生成的证据而言）都会影响注册会计师对这些原始凭证的信赖程度。

（二）其他的信息

会计记录中含有的信息本身并不足以提供充分的审计证据作为对财务报表发表审计意见的基础，注册会计师还应当获取用作审计证据的其他的信息。可用作审计证据的其他的信息包括注册会计师从被审计单位内部或外部获取的会计记录以外的信息，如被审计单位会议记录、内部控制手册、询证函的回函、分析师的报告、与竞争者的比较数据；通过访问、观察和检查等审计程序所获取的信息，如通过检查存货获得存货存在的证据等；以及自身编制或获取的可以通过合理推断得出结论的信息，如注册会计师编制的各种计算、分析表等。

财务报表构成的会计记录中包含的信息和其他的信息共同构成了审计证据，两者缺一不可。如果没有前者，审计工作将无法进行；如果没有后者，可能无法识别重大审计风险。只有将两者结合在一起，才能将审计风险降至可接受的低水平，为注册会计师发表审计意见提供合理基础。

注册会计师要获取不同来源和不同性质的审计证据，不过，审计证据很多是结论性的，从性质看大多是逻辑性的，并能佐证会计记录中所记录信息的合理性。因此，在确定财务报表公允反映时，注册会计师最终评价的正是这种累计的审计证据。注册会计师将不同来源和不同性质的审计证据综合起来考虑，这样能够反映出结论的一致性，从而佐证会计记录中记录的信息。如果审计证据不一致，而且这种不一致可能是重大的，注册会计师应当扩大会计程序的范围，直到不一致得到解决，并针对账户余额或各类交易获得必要保证。

值得注意的是，用作审计证据的其他的信息，与注册会计师执行财务报表审计时应当阅读被审计单位年度报告中除财务报表和审计报告外的其他信息是属于两个不同的概念。

二、审计证据的充分性与适当性

注册会计师应当保持职业怀疑态度，运用职业判断，评价审计证据的充分性和适当性。

（一）审计证据的充分性

审计证据的充分性是对审计证据数量的衡量，主要与注册会计师确定的样本量有关。例如，对某个审计项目实施一选定的审计程序，从200个样本项目中获取的证据要比从100个样本项目中获取的证据更充分。获取的审计证据应当足以将与每个重要认定相关的审计风险降至可接受的低水平。

注册会计师需要获取的审计证据的数量受其对重大错报风险评估的影响（评估的重大错报风险越高，需要的审计证据可能越多），并受审计证据质量的影响（审计证据质量越高，需要的审计证据可能越少）。然而，注册会计师仅靠获取更多的审计证据可能无法弥补其质量上的缺陷。

（二）审计证据的适当性

审计证据的适当性，是对审计证据质量的衡量，即审计证据在支持审计意见所依据的结论方面具有的相关性和可靠性。相关性和可靠性是审计证据适当性的核心内容，只有相关且可靠的审计证据才是高质量的。

1. 审计证据的相关性

相关性，是指用作审计证据的信息与审计程序的目的和所考虑的相关认定之间的逻辑联系。用作审计证据的信息的相关性可能受测试方向的影响。例如，如果某审计程序的目的是测试应付账款的支付准确性，则测试已记录的应付账款可能是相关的审计程序。如果某审计程序的目的是测试应付账款的完整性，则测试已记录的应付账款余额可能不是相关的审计程序，相关的审计程序可能是测试期末已发出、未支付发票、供应商寄发票以及发票到的收货报告单等。

特定的审计程序可能只为某些认定提供相关的审计证据，而与其他认定无关。例如，检查期后应收账款收回的记录和文件可以提供有关存在和计价的审计证据，但未必提供与截止测试相关的审计证据。类似地，有关某一特定认定（如存货的"存在"认定）的审计证据，不能替代与其他认定（如该存货的"准确性、计价和分摊"认定）相关的审计证据。但是，不同来源和不同性质的审计证据可能与同一认定相关。

控制测试旨在评价内部控制在防止或发现并纠正定段重大错报方面的运行有效性。设计控制测试以获取相关审计证据，包括识别到一些显示控制运行的情况（特征或属性），以及显示控制未恰当运行控制偏差的情况。然后，注册会计师可以测试这些情况是否存在。

实质性程序旨在发现认定层次重大错报，包括细节测试和实质性分析程序。设计实质性程序应考虑识别与测试目的相关的特定情况，这些情况构成相关认定的错报。

2. 审计证据的可靠性

审计证据的可靠性是指证据的可信程度。例如，注册会计师亲自检查存货实存获得的证据，就比被审计单位管理层提供给注册会计师的存货数据更可靠。

审计证据的可靠性受其来源和性质的影响，且取决于获取审计证据的具体环境。注册会计师在判断审计证据的可靠性时，通常会考虑以下原则：

（1）从外部独立来源获取的审计证据比从其他来源获取的审计证据更可靠。从外部独立来源获取的审计证据未经被审计单位有关职员之手，从而减少了伪造、更改凭证或业务记录的可能性，因而其证明力最强。此类证据如银行询证函回函、应收账款询证函回函、保险公司等机构出具的证明等。相反，从其他来源获取的审计证据，由于证据提供者与被审计单位存在经济或行政关系等原因，其可靠性应受到质疑。此类证据如被审计单位内部的会计记录、会议记录等。

（2）内部控制有效时内部生成的审计证据比内部控制薄弱时内部生成的审计证据更可靠。如果被审计单位内部控制有效，会计记录的可靠程度将会增加。如果被审计单位的内部控制薄弱，甚至不存在任何内部控制，被审计单位内部凭证记录的可靠性就大为降低。例如，如果与销售业务相关的内部控制有效，注册会计师就能从销售发票和发货单中取得的内部控制薄弱时更可靠的审计证据。

（3）直接获取的审计证据比间接获取或推论得出的审计证据更可靠。例如，注册会计师观察某项内部控制的运行得到的证据比向被审计单位某项内部控制的运行得到的证据更可靠。间接获取的证据有被涂改及伪造的可能性，降低了可靠性程度。推论得出的证据，主要依赖较强、人为因素较多，可靠性程度也受到影响。

（4）以文件、记录形式（无论是纸质、电子或其他介质）存在的审计证据比口头形式的审计证据更可靠。例如，会议的同期记录比对讨论事项的口头表达更可靠。口头证据本身并不足以证明事实的真相，仅仅提供了一些重要线索。为进一步调查确认。如注册会计师在对应收账款进行账龄分析后，可以向应收账款负责人询问回收期应收账款收回的可能性。如果该负责人肯定意见与注册会计师日后估计的坏账损失基本一致，则这一口头证据就可以成为注册会计师对有关账款损失判断的重要证据。但在一般情况下，口头证据往往需要得到其他相应证据的支持。

（5）从原件获得的审计证据比从复制件或复印件获得的审计证据更可靠。注册会计师可审查原件是否有被涂改或伪造的迹象，排除伪造，提高证据的可信赖程度。而传真件或复印件容易是篡改或伪造的结果，可靠性较低。

注册会计师在搜集上述原则评价审计证据的可靠性时，还应当注意可能出现的某些例外情况。例如，审计证据虽然是从独立的外部来源获得，但如果证据是由于不知情者或不具备资格者提供，审计证据也可能是不可靠的。同样，如果注册会计师不具备评价证据的专业能力，那么即使是直接取得的证据，也可能不可靠。

（三）充分性和适当性之间的关系

充分性和适当性是审计证据的两个重要特征，两者缺一不可，只有充分且适当的审计证据才是有证明力的。

注册会计师需要获取的审计证据的数量应当受审计证据质量的影响。审计证据质量越高，所需的审计证据数量可能越少。也就是说，审计证据的适当性会影响审计证据的充分性。例如，被审计单位内部控制有效时生成的审计证据更可靠，注册会计师只需获取较少的审计证据即可提供合理的基础。

需要注意的是，尽管审计证据的充分性和适当性相关，但如果审计证据的质量存在缺陷，那么注册会计师仅获得数量较多的审计证据可能无法弥补其质量上的缺陷。例如，注册会计师应当获取与销售收入完整性相关的证据，实际获取到的却是有关销售收入真实性的证据，并且这些证据与完整性相矛盾，即使获取的证据再多，也证明不了收入的完整性。

评价充分性和适当性的特殊考虑。

（1）对文件记录可靠性的考虑。

审计准则通常不要求被定义文件记录的真伪，注册会计师也不是鉴定文件记录真伪的责任人。例如考虑用于审计证据的信息的可靠性，并考虑与这些信息生成和维护相关控制的有效性。

如果在审计过程中识别出的情况使其认为文件记录可能是伪造的，或文件记录中的某些条款已发生变动，注册会计师应当作出进一步调查，包括直接向第三方询证，或考虑利用专家的工作以评价文件记录的真伪。例如，如发现某银行询证函回函有伪造或篡改的迹象，注册会计师应当作进一步的调查，并考虑是否存在舞弊的可能性。必要时，应当通过适当方式聘请专家予以鉴定。

（2）使用被审计单位生成信息时的考虑。

注册会计师为获取可靠的审计证据，实施审计程序时使用的被审计单位生成的信息需要足够完整和准确。例如，通过用标准价格乘以销售量来对收入进行审计时，其有效性受到价格信息准确性与销售量数据完整性和准确性的影响。类似地，当注册会计师打算测试总体

（如付款）是否具备某一特性（如授权）时，若选取测试项目的总体不完整，则测试结果可能不太可靠。

如果针对这类信息的完整性和准确性获取审计证据是所实施审计程序本身不可分割的组成部分，则可以与对这些信息实施的审计程序同时进行。在其他情况下，通过测试针对生成和维护这些信息的控制，注册会计师也可以获得关于这些信息准确性和完整性的审计证据。然而，在某些情况下，注册会计师可能确定有必要实施追加的审计程序。

在某些情况下，注册会计师可能打算将被审计单位生成的信息用于其他审计目的。例如，注册会计师可能计划将被审计单位的业绩评价用于分析程序，或利用被审计单位用于监控活动的信息，如内部审计报告等。在这种情况下，获取的审计证据的适当性受到该信息对于审计目的而言是否足够精确和详细的影响。例如，管理层的业绩评价对于发现重大错报可能不够精确。

（3）证据相互矛盾时的考虑。

如果针对某项认定从不同来源获取的审计证据或获取的不同性质的审计证据能够相互印证，与该项认定相关的审计证据则具有更强的说服力。例如，注册会计师通过检查委托加工协议发现被审计单位有委托加工材料，且委托加工材料占存货比重较大，经发函询证后证实委托加工材料确实存在。委托加工协议和询证函回函这两个不同来源的审计证据互相印证，证明委托加工材料真实存在。

如果从不同来源获取的审计证据或获取的不同性质的审计证据不一致，表明某项审计证据可能不可靠，注册会计师应当追加必要的审计程序。上例中，如果注册会计师发函询证后证实委托加工材料已加工完成并返回被审计单位，委托加工协议和询证函回函这两个不同来源的证据不一致，委托加工材料是否真实存在受到质疑。这时，注册会计师应追加审计程序，确认委托加工材料收回后是否未入库或被审计单位收回后予以销售而未入账。

（4）获取审计证据时对成本的考虑。

注册会计师可以考虑获取审计证据的成本与所获取信息的有用性之间的关系，但不应以获取审计证据的困难和成本为理由减少不可替代的审计程序。

在保证获取充分、适当的审计证据的前提下，控制审计成本也是会计师事务所增强竞争能力和获利能力所必需的。但为了保证得出的审计结论、形成的审计意见是恰当的，注册会计师不应将获取审计证据的成本高低和难易程度作为减少不可替代的审计程序的理由。例如，在某些情况下，存货监盘是证实存货"存在"认定的不可替代的审计程序，注册会计师在审计中不得以检查成本高和难以实施为由而不执行该程序。

第二节　审计程序

一、审计程序的概念和作用

审计程序是指注册会计师在审计过程中的某个时间，对将要获取的某类审计证据如何进行收集的详细指令。注册会计师面临的主要任务，就是通过实施审计程序，获取充分、适当的审计证据，以支持对财务报表发表审计意见。受到成本的约束，注册会计师不可能检查和评价所有可能获取的证据，因此对审计证据充分性、适当性的判断是非常重要的。注册会计师利用审计程序获取审计证据涉及以下四个方面的决策：（1）选用何种审计程序；（2）对选定的审计程序，应当选取多大的样本规模；（3）应当从总体中选取哪些项目；（4）何时执行这些程序。

在设计审计程序时，注册会计师通常使用规范的措辞或术语，以便审计人员能够准确理解和执行。例如，注册会计师为了验证 Y 公司应收账款在 20×1 年 12 月 31 日的存在情况，取得 Y 公司编制的应收账款明细账，对应收账款进行函证。

注册会计师在选定了审计程序后，确定的样本规模可能在所测试的总体范围内随机变化。假定应收账款明细账合计有 500 家客户，注册会计师对应收账款明细账中 300 家客户进行函证。

在确定样本规模之后，注册会计师应当确定测试总体中的哪个或哪些项目。例如，注册会计师对应收账款明细账中余额较大的前 200 家客户进行函证，其余客户按一定规律抽取函证。抽取方法是从第 10 家客户开始，每隔 20 家抽取一家，与选取的大额客户重复的顺序递延。

注册会计师执行函证程序的时间可选择在资产负债表日（20×1 年 12 月 31 日）后任意时间，但通常受审计完成时间、审计证据的有效性和审计项目组人力充足性的影响。

二、审计程序的种类

在审计过程中，注册会计师可根据需要单独或综合运用以下审计程序，以获取充分、适当的审计证据。

（一）检查

检查是指注册会计师对被审计单位内部或外部生成的，以纸质、电子或其他介质形式存在的记录和文件进行审查，或对资产进行实物审查。检查记录或文件可以提供可靠程度不同的审计证据，审计证据的可靠性取决于记录或文件的性质和来源，而在检查内部记录或文件时，其可靠性则取决于生成该记录或文件的内部控制的有效性。将检查用作控制测试的一个例子，是检查记录以获取关于授权的审计证据。

某些文件是表明一项资产存在的直接审计证据，如构成金融工具的股票或债券，但检查此类文件并不一定能提供有关所有权或计价的审计证据。此外，检查已执行的合同可以提供与被审计单位运用会计政策（如收入确认）相关的审计证据。

检查有形资产可为其"存在"认定提供可靠的审计证据，但不一定能够为"权利和义务"或"准确性、计价和分摊"等认定提供可靠的审计证据。对个别存货项目进行的检查，可与存货监盘一同实施。

（二）观察

观察是指注册会计师查看相关人员正在从事的活动或实施的程序。例如，注册会计师对被审计单位人员执行的存货盘点或控制活动进行观察。观察可以提供有关执行过程或程序的审计证据，但观察所提供的审计证据仅限于观察发生的时点，而且被观察人员的行为可能因被观察而受到影响，这也会使观察提供的审计证据受到限制。

（三）询问

询问是指注册会计师以书面或口头方式，向被审计单位内部或外部的知情人员获取财务信息和非财务信息，并对答复进行评价的过程。作为其他审计程序的补充，询问被广泛应用于整个审计过程。

一方面，知情人员对询问的答复可能为注册会计师提供尚未获悉的信息或佐证证据。另一方面，对询问的答复也可能提供与注册会计师已获取的其他信息存在重大差异的信息。例如，关于被审计单位管理层凌驾于控制之上的可能性的信息。在某些情况下，对询问的答复为注册会计师修改审计程序或实施追加的审计程序提供了基础。

尽管对通过询问获取的审计证据予以佐证通常特别重要，但在询问管理层意图时，获取的支持管理层意图的信息可能是有限的。在这种情况下，了解管理层过去所声称意图的实现情况、选择某项特别措施时声称的原因以及实施某项具体措施的能力，可以为佐证通过询问

5.3.1 视频：审计程序（检查、观察）

获取的证据提供相关信息。

针对某些事项，注册会计师可能认为有必要向管理层和治理层（如适用）获取书面声明，以证实对口头询问的答复。

（四）函证

函证，是指注册会计师直接从第三方（被询证者）获取书面答复以作为审计证据的过程，书面答复可以采用纸质、电子或其他介质等形式。当针对的是与特定账户余额及其项目相关的认定时，函证常常是相关的程序。但是，函证不必仅局限于账户余额。例如，注册会计师可能要求对被审计单位与第三方之间的协议和交易条款进行函证。注册会计师可能在询证函中询问协议是否作过修改，如果作过修改，要求被询证者提供相关的详细信息。此外，函证程序还可以用于获取不存在某些情况的审计证据，如不存在可能影响被审计单位收入确认的"背后协议"。

（五）重 新 计 算

重新计算是指注册会计师对记录或文件中的数据计算的准确性进行核对。重新计算可通过手工方式或电子方式进行。

（六）重 新 执 行

重新执行是指注册会计师独立执行原本作为被审计单位内部控制组成部分的程序或控制。

（七）分 析 程 序

分析程序，是指注册会计师通过分析不同财务数据之间以及财务数据与非财务数据之间的内在关系，对财务信息作出评价。分析程序还包括在必要时对识别出的、与其他相关信息不一致或与预期值差异重大的波动或关系进行调查。

上述审计程序基于审计的不同阶段和目的单独或组合起来，可用作风险评估程序、控制测试和实质性程序。

三、函 证

（一）函证的内容

1. 函证的对象

（1）银行存款、借款及与金融机构往来的其他重要信息。

注册会计师应当对银行存款（包括零余额账户和在本期内注销

的账户）、借款及与金融机构往来的其他重要信息实施函证程序，除非有充分证据表明某一银行存款、借款及与金融机构往来的其他重要信息对财务报表不重要且与之相关的重大错报风险很低。如果不对这些项目实施函证程序，注册会计师应当在审计工作底稿中说明理由。

（2）应收账款。

注册会计师应当对应收账款实施函证程序，除非有充分证据表明应收账款对财务报表不重要，或函证很可能无效。如果认为函证很可能无效，注册会计师应当实施替代审计程序，获取相关、可靠的审计证据。如果不对应收账款函证，注册会计师应当在审计工作底稿中说明理由。

（3）函证的其他内容。

注册会计师可以根据具体情况和实际需要对下列内容（包括但并不限于）实施函证：①交易性金融资产；②应收票据；③其他应收款；④预付账款；⑤由其他单位代为保管、加工或销售的存货；⑥长期股权投资；⑦应付账款；⑧预收账款；⑨保证、抵押或质押；⑩或有事项；⑪重大或异常的交易。

可见，函证通常适用于账户余额及其组成部分（如应收账款明细账），但是不一定限于这些项目。例如，为确认合同条款是否发生变动及变动细节，注册会计师可以函证被审计单位与第三方签订的合同条款。注册会计师还可向第三方函证是否存在影响被审计单位收入确认的背后协议或某项重大交易的细节。

2. 函证程序实施的范围

如果采用审计抽样的方式确定函证程序的范围，无论采用统计抽样方法，还是非统计抽样方法，选取的样本应当足以代表总体。根据对被审计单位的了解、评估的重大错报风险以及所测试总体的特征等，注册会计师可以确定从总体中选取特定项目进行测试。选取的特定项目可能包括：

（1）金额较大的项目；

（2）账龄较长的项目；

（3）交易频繁但期末余额较小的项目；

（4）重大关联方交易；

（5）重大或异常的交易；

（6）可能存在争议、舞弊或错误的交易。

3. 函证的时间

注册会计师通常以资产负债表日为截止日，在资产负债表日后适当时间内实施函证。如果重大错报风险评估为低水平，注册会计师可选择资产负债表日前适当日期为截止日实施函证，并对所函证项目自该截止日起至资产负债表日止发生的变动实施实质性程序。

根据评估的重大错报风险，注册会计师可能会决定函证非期末的某一日的账户余额。例如，当审计工作将在资产负债表日之后很短的时间内完成时，可能会这么做。对于各类在年末之前完成的工作，注册会计师应当考虑是否有必要针对剩余期间获取进一步的审计证据。

以应收账款为例，注册会计师通常在资产负债表日后某一天函证资产负债表日的应收账款余额。如果在资产负债表日前对应收账款余额实施函证程序，注册会计师应当针对询证函指明的截止日期与资产负债表日之间实施进一步的实质性程序，或将实质性程序和控制测试结合使用，以将期中测试得出的结论合理延伸至期末。实质性程序包括测试该期间发生的影响应收账款余额的交易或实施分析程序等。控制测试包括测试销售交易、收款交易及与应收账款冲销有关的内部控制的有效性等。

4. 管理层要求不实施函证时的处理

当被审计单位管理层要求对拟函证的某些账户余额或其他信息不实施函证时，注册会计师应当考虑该项要求是否合理，并获取审计证据予以支持。如果认为管理层的要求合理，注册会计师应当实施替代审计程序，以获取与这些账户余额或其他信息相关的充分、适当的审计证据。如果认为管理层的要求不合理，且被其阻挠而无法实施函证，注册会计师应当视为审计范围受到限制，并考虑对审计报告可能产生的影响。

分析管理层要求不实施函证的原因时，注册会计师应当保持职业怀疑态度，并考虑：

（1）管理层是否诚信；

（2）是否可能存在重大的舞弊或错误；

（3）替代审计程序能否提供与这些账户余额或其他信息相关的充分、适当的审计证据。

5.4 延伸阅读：询证函的设计

（二）积极式函证与消极式函证

注册会计师可采用积极式函证或消极式函证，也可将两种方式结合使用。

1. 积极式函证

如果采用积极式函证，注册会计师应当要求被询证者必须回函，确认询证函所列示信息是否正确，或填列询证函要求的信息。积极式函证又分为两种：一种是在询证函中列明拟函证的账户余额或其他信息，要求被询证者确认所函证的款项是否正确。通常认为，对这种询证函的回复能够提供可靠的审计证据。但是，其缺点是被询证者可能对所列示信息根本不加以验证就予以回函确认。注册会计师通常难以发觉是否发生了这种情形。为了避免这种风险，注册会计师可以采用另外一种询证函，即在询证函中不列明账户余额或其他信息，而要求被询证者填写有关信息或提供进一步信息。由于这种询证函要求被询证者作出更多的努力，可能会导致回函率降低，进而导致注册会计师执行更多的替代程序。

在采用积极式函证时，只有注册会计师收到回函，才能为财务报表认定提供审计证据。注册会计师没有收到回函，可能是由于被询证者根本不存在，或是由于被询证者没有收到询证函，也可能是由于询证者没有理会询证函。因此，无法证明所函证信息是否正确。

2. 消极式函证

如果采用消极式函证，注册会计师只要求被询证者仅在不同意询证函列示信息的情况下才予以回函。对消极式询证函而言，未收到回函并不能明确表明预期的被询证者已经收到询证函或已经核实了询证函中包含的信息的准确性。因此，未收到消极式询证函的回函提供的审计证据，远不如积极式询证函的回函提供的审计证据有说服力。如果询证函中的信息对被询证者不利，则被询证者更有可能回函表示其不同意；相反，如果询证函中的信息对被询证者有利，回函的可能性就会相对较小。例如，被审计单位的供应商如果认为询证函低估了被审计单位的应付账款余额，则其更有可能回函；如果高估了该余额，则回函的可能性很小。因此，注册会计师在考虑这些余额是否可能低估时，向供应商发出消极式询证函可能是有用的程序，但是，利用这种程序收集该余额高估的证据就未必有效。

当同时存在下列情况时，注册会计师可考虑采用消极式函证：

（1）重大错报风险评估为低水平；

（2）涉及大量余额较小的账户；

（3）预期不存在大量的错误；

（4）没有理由相信被询证者不认真对待函证。

3. 两种方式的结合使用

在实务中，注册会计师也可将这两种方式结合使用。以应收账款为例，当应收账款的余额是由少量的大额应收账款和大量的小额应收账款构成时，注册会计师可以对所有的或抽取的大额应收账款样本项目采用积极式函证，而对抽取的小额应收账款样本项目采用消极式函证。

（三）函证的实施与评价

1. 对函证过程的控制

注册会计师应当对函证的全过程保持控制。

（1）函证发出前的控制措施。

询证函经被审计单位盖章后，应当由注册会计师直接发出。

为使函证程序能有效地实施，在询证函发出前，注册会计师需要恰当地设计询证函，并对询证函上的各项资料进行充分核对，注意事项可能包括：

①询证函中填列的需要被询证者确认的信息是否与被审计单位账簿中的有关记录保持一致。对于银行存款的函证，需要银行确认的信息是否与银行对账单等保持一致；

②考虑选择的被询证者是否适当，包括被询证者对被函证信息是否知情、是否具有客观性、是否拥有回函的授权等；

③是否已在询证函中正确填列被询证者直接向注册会计师回函的地址；

④是否已将部分或全部被询证者的名称、地址与被审计单位有关记录进行核对，以确保询证函中的名称、地址等内容的准确性。可以执行的程序包括但不限于：通过拨打公共查询电话核实被询证者的名称和地址；通过被询证者的网站或其他公开网站核对被询证者的名称和地址；将被询证者的名称和地址信息与被审计单位持有的相关合同等文件核对；对于供应商或客户，可以将被询证者的名称、地址与被审计单位收到或开具的增值税专用发票中的对方单位名称、地址进行核对。

（2）通过不同方式发出询证函时的控制措施。

根据注册会计师对舞弊风险的判断，以及被询证者的地址和性质、以往回函情况、回函截止日期等因素，询证函的发出和收回可以采用邮寄、跟函、电子形式函证（包括传真、电子邮件、直接访问网站等）等方式。

①通过邮寄方式发出询证函时采取的控制措施。

为避免询证函被拦截、篡改等舞弊风险，在邮寄询证函时，注册会计师可以在核实由被审计单位提供的被询证者的联系方式后，不使用被审计单位本身的邮寄设施，而是独立寄发询证函（例如，直接在邮局投递）。

②通过跟函的方式发出询证函时采取的控制措施。

如果注册会计师认为跟函的方式（即注册会计师独自或在被审计单位员工的陪伴下亲自将询证函送至被询证者，在被询证者核对并确认回函后，亲自将回函带回的方式）能够获取可靠信息，可以采取该方式发送并收回询证函。如果被询证者同意注册会计师独自前往被询证者执行函证程序，注册会计师可以独自前往。如果注册会计师跟函时需有被审计单位员工陪伴，注册会计师需要在整个过程中保持对询证函的控制，同时，对被审计单位和被询证者之间串通舞弊的风险保持警觉。

③通过电子函证方式发出询证函时采取的控制措施。

随着信息技术的不断发展应用，电子函证已成为趋势。目前实务中，电子询证函平台主要包括两类：一类是专门提供询证函平台服务的第三方平台（例如中国银行业协会的银行函证区块链服务平台），另一类是被询证者（例如商业银行等金融机构）自身的电子询证函平台。这两类平台的性质不同，前者是为注册会计师、被审计单位和被询证者提供网上平台服务的专业服务机构，后者则是被询证者自主负责的平台，两者相关的系统设置和函证流程也有明显区别。

使用不同平台可能存在不同的风险，注册会计师应当评估使用不同平台的安全可靠性。比如，使用第三方电子询证函平台存在以下可能导致回函不可靠的风险：第一，第三方电子询证函平台独立性风险，即电子询证函平台在形式上或实质上没有独立于被审计单位的风险。第二，第三方电子询证函平台安全性风险，主要包括：一是函证相关方的身份真实性风险；二是第三方电子询证函平台的操作风险，如操作电子函证核心业务（如回函）的人员未经适当的授权；三是第三方电子询证函平台信息传输安全性风险，如发函和回函信息可能被拦截、修改、删除和泄露等；四是第三方电子询证函平台记录函证控制过程的完整性风险。

对于第三方电子询证函平台，注册会计师需要考虑实施的评估程序包括但不限于：

第一，评估第三方电子询证函平台聘请的信息安全认证机构或专业人员的胜任能力、专业素质和独立性，并记录相关评估过程、获取的证据和得出的结论。第二，取得第三方电子询证函平台聘请的信息安全认证机构颁发的信息系统安全测评证书或专业人员出具的鉴证报告等由电子询证函平台定期公开发布的信息，了解第三方电子询证函平台及其所有者和运营商的组织架构、是否存在被监管机构处罚、是否存在涉诉信息等与电子询证函平台的独立性、安全可靠性等方面相关的信息，评估通过第三方电子询证函平台收发电子询证函是否可靠。同时，记录其依据信息安全认证机构颁发的信息系统安全测评证书或专业人员出具的鉴证报告来合理评估第三方电子询证函平台可靠性的过程、获取的证据及得出的结论。第三，了解第三方电子询证函平台聘请的信息安全认证机构或专业人员测试的范围、实施的程序、程序涵盖的期间以及自实施程序以来的时间间隔，评估信息安全认证机构或专业人员的工作是否支持通过第三方电子询证函平台实施函证程序的可靠性。

评估第三方电子询证函平台可靠性的工作通常在会计师事务所层面实施，而无须由单个审计项目组来实施。

《中国注册会计师审计准则问题解答第2号函证》专门针对与函证有关的实务问题，包括电子函证问题，强调注册会计师应当在函证过程中保持职业怀疑，提示注册会计师在设计和实施函证程序时需要关注和考虑的事项，以提高函证程序在审计中应对舞弊风险方面的有效性。可以预见，随着我国函证数字化工作的稳步推进，函证数字化的范围及规模将越来越大，函证的质量将不断提高。

2. 积极式函证未收到回函时的处理

如果在合理的时间内没有收到询证函回函时，注册会计师应当考虑必要时再次向被询证者寄发询证函。

如果未能得到被询证者的回应，注册会计师应当实施替代审计程序。在某些情况下，注册会计师可能识别出认定层次重大错报风险，且取得积极式函证回函是获取充分、适当的审计证据的必要程序。这些情况可能包括：

（1）可获取的佐证管理层认定的信息只能从被审计单位外部获得；

（2）存在特定舞弊风险因素，例如，管理层凌驾于内部控制之上、员工和（或）管理层串通使注册会计师不能信赖从被审计单位获取的审计证据。

如果注册会计师认为取得积极式函证回函是获取充分、适当的审计证据的必要程序，则替代程序不能提供注册会计师所需要的审计证据。在这种情况下，如果未获取回函，注册会计师应当确定其对审计工作和审计意见的影响。

3. 评价函证的可靠性

函证所获取的审计证据的可靠性主要取决于注册会计师设计询证函、实施函证程序和评价函证结果等程序的适当性。

在评价函证的可靠性时，注册会计师应当考虑：

（1）对询证函的设计、发出及收回的控制情况；

（2）被询证者的胜任能力、独立性、授权回函情况、对函证项目的了解及其客观性；

（3）被审计单位施加的限制或回函中的限制。

因此，如果可行的话，注册会计师应当努力确保询证函被送交给适当的人员。例如，如果要证实被审计单位的某项长期借款合同已经被终止，注册会计师应当直接向了解这笔终止长期贷款事项和有权提供这一信息的贷款方人员进行函证。

如果认为询证函回函不可靠，注册会计师应当评价其对评估的相关重大错报风险（包括舞弊风险），以及其他审计程序的性质、时间安排和范围的影响。例如，注册会计师可以通过直接打电话给被询证者等方式以验证回函的内容和来源。

5.5 延伸阅读：根据不同情况验证回函的可靠性

5.6 延伸阅读：限制性条款

需要特别关注的是，目前有些银行仍然没有严格执行实名开户的措施，企业有可能利用其员工或其他人的名义开具银行账户。在这种情况下，向银行寄发询证函并不能保证有关信息的完整性。另外，还有一些企业与银行或其他金融机构合谋，共同舞弊，提供虚假信息或其他证据，导致函证结果不可靠。因此，注册会计师应当在考虑舞弊导致的财务报表重大错报风险的基础上，适当选择函证的方式，谨慎分析和评价函证结果。

（四）对不符事项的处理

不符事项，是指被询证者提供的信息与询证函要求确认的信息不一致，或与被审计单位记录的信息不一致。注册会计师应当调查不符事项，以确定是否表明存在错报。

询证函回函中指出的不符事项可能显示财务报表存在错报或潜在错报。当识别出错报时，注册会计师需要根据《中国注册会计师审计准则第1141号——财务报表审计中与舞弊相关的责任》的规定评价该错报是否表明存在舞弊。不符事项可以为注册会计师判断来自类似的被询证者回函的质量及类似账户回函质量提供依据。不符事项还可能显示被审计单位与财务报告相关的内部控制存在缺陷。

某些不符事项并不表明存在错报。例如，注册会计师可能认为询证函回函的差异是由于函证程序的时间安排、计量或书写错误造成的。

5.7 延伸阅读：实施函证时需要关注的舞弊风险迹象以及采取的应对措施

四、分析程序

分析程序，是指注册会计师通过分析不同财务数据之间以及财务数据与非财务数据之间的内在关系，对财务信息作出评价。分析程序还包括在必要时对识别出的、与其他相关信息不一致或与预期值差异重大的波动或关系进行调查。

注册会计师实施分析程序的目的包括：

（1）用作风险评估程序，以了解被审计单位及其环境等方面情况。注册会计师实施风险评估程序的目的在于了解被审计单位及其环境等方面情况并评估财务报表层次和认定层次的重大错报风险。在风险评估过程中使用分析程序就是服务于这一目的。分析程序可以帮助注册会计师发现财务报表中的异常变化，或者预期发生而未发生的变化，识别存在潜在重大错报风险的领域。分析程序还可以帮助注册会计师发现财务状况或盈利能力发生变化的信息和征兆，识别那些表明被审计单位持续经营能力可能存在问题的事项。

（2）当使用分析程序比细节测试能更有效地将认定层次的检查

5.8 视频：分析程序

风险降至可接受的水平时，分析程序可以用作实质性程序。在针对评估的重大错报风险实施进一步审计程序时，注册会计师可以将分析程序作为实质性程序的一种，单独或结合其他细节测试，收集充分、适当的审计证据。此时运用分析程序可以减少细节测试的工作量，节约审计成本，降低审计风险，使审计工作更有效率和效果。

（3）在临近审计结束时对财务报表进行总体复核。在临近审计结束时，注册会计师应当运用分析程序，在已收集的审计证据的基础上，对财务报表整体的合理性作最终把关。评价财务报表仍然存在重大错报而未被发现的可能性，考虑是否需要追加审计程序，以便为发表审计意见提供合理基础。

分析程序运用的不同目的，决定了分析程序运用的具体方法和特点。值得说明的是，注册会计师在风险评估阶段和临近审计结束时的总体复核阶段必须运用分析程序，在实施实质性程序阶段可选用分析程序。

5.9 延伸阅读：注册会计师实施分析程序的目的

第三节 审计工作底稿

一、审计工作底稿的概念

5.10 视频：审计工作底稿

审计工作底稿是指注册会计师对制订的审计计划、实施的审计程序、获取的相关审计证据，以及得出的审计结论作出的记录。审计工作底稿是审计证据的载体，是注册会计师在审计过程中形成的审计工作记录和获取的资料。审计工作底稿形成于审计过程，反映整个审计过程。

二、审计工作底稿的编制目的

审计工作底稿在计划和执行审计工作中发挥着关键作用。它提供了审计工作实际执行情况的记录，是形成审计报告的基础。审计工作底稿也可用于项目质量复核、监督会计师事务所对审计准则的遵循情况以及第三方的检查等。在会计师事务所因执业质量而涉及诉讼或有关监管机构进行执业质量检查时，审计工作底稿能够提供证据，证明会计师事务所是否按照审计准则的规定执行了审计工作。

因此，注册会计师应当及时编制审计工作底稿，以实现下列目的：

（1）提供证据，作为注册会计师得出实现总体目标结论的基础；

（2）提供证据，证明注册会计师按照审计准则和相关法律法规的规定计划和执行了审计工作。

除上述目的外，编制审计工作底稿还可以实现下列目的：

（1）有助于项目组计划和执行审计工作；

（2）有助于负责督导的项目组成员按照《中国注册会计师审计准则第1121号——对财务报表审计实施的质量管理》的规定，履行指导、监督与复核审计工作的责任；

（3）便于项目组说明其执行审计工作的情况；

（4）保留对未来审计工作持续产生重大影响的事项的记录；

（5）便于会计师事务所实施项目质量复核、其他类型的项目复核以及质量管理体系中的监控活动；

（6）便于监管机构和注册会计师协会根据相关法律法规或其他相关要求，对会计师事务所实施执业质量检查。

三、审计工作底稿的编制要求

注册会计师编制的审计工作底稿，应当使未曾接触该项审计工作的有经验的专业人士清楚地了解：

（1）按照审计准则和相关法律法规的规定实施的审计程序的性质、时间安排和范围；

（2）实施审计程序的结果和获取的审计证据；

（3）审计中遇到的重大事项和得出的结论，以及在得出结论时作出的重大职业判断。

有经验的专业人士，是指会计师事务所内部或外部的具有审计实务经验，并且对下列方面有合理了解的人士：

（1）审计过程；

（2）审计准则和相关法律法规的规定；

（3）被审计单位所处的经营环境；

（4）与被审计单位所处行业相关的会计和审计问题。

5.11 延伸阅读：审计工作底稿的性质

四、审计工作底稿的格式、要素和范围

通常，审计工作底稿应包括下列全部或部分要素：

（1）审计工作底稿的标题。

（2）审计过程记录。

（3）审计结论。

5.12 延伸阅读：确定审计工作底稿的格式、要素和范围时考虑的因素

（4）审计标识及其说明。

（5）索引号及编号。

（6）编制者姓名及编制日期。

（7）复核者姓名及复核日期。

（8）其他应说明事项。

下面对有关要素进行说明。

（一）审计工作底稿的标题

每张审计工作底稿应当包括被审计单位的名称、审计项目的名称以及资产负债表日或审计工作底稿覆盖的会计期间（如果与交易相关）。

（二）审计过程记录

在记录审计过程时，应当特别注意以下几个重点方面。

1. 测试的具体项目或事项的识别特征

在记录实施审计程序的性质、时间安排和范围时，注册会计师应当记录测试的具体项目或事项的识别特征。记录具体项目或事项的识别特征可以实现多种目的，例如，既能反映项目组履行职责的情况，也便于对例外事项或不符事项进行调查，以及对测试的项目或事项进行复核。

识别特征是指被测试的项目或事项表现出的征象或标志。识别特征因审计程序的性质和测试的项目或事项不同而不同。对某一个具体项目或事项而言，其识别特征通常具有唯一性，这种特性可以使其他人员根据识别特征在总体中识别该项目或事项并重新执行该测试。为帮助理解，以下列举部分审计程序中所测试的样本的识别特征：

如在对被审计单位生成的订购单进行细节测试时，注册会计师可以以订购单的日期和其唯一编号作为测试订购单的识别特征。

对于需要选取或复核既定总体内一定金额以上的所有项目的审计程序，注册会计师可以记录实施程序的范围并指明该总体。例如，银行存款日记账中一定金额以上的所有会计分录。

对于需要系统化抽样的审计程序，注册会计师可能会通过记录样本的来源、抽样的起点及抽样间隔来识别已选取的样本。例如，若被审计单位对发运单顺序编号，测试的发运单的识别特征可以是对 4 月 1 日至 9 月 30 日的发运记录，从第 12345 号发运单开始每隔 125 号系统抽取发运单。

对于需要询问被审计单位中特定人员的审计程序，注册会计师可能会以询问的时间、被询问人的姓名及职位作为识别特征。

对于观察程序，注册会计师可以以观察的对象或观察过程、相关被观察人员及其各自的责任、观察的地点和时间作为识别特征。

2. 重大事项及相关重大职业判断

注册会计师应当根据具体情况判断某一事项是否属于重大事项。重大事项通常包括：

（1）引起特别风险的事项；

（2）实施审计程序的结果，该结果表明财务信息可能存在重大错报，或需要修正以前对重大错报风险的评估和针对这些风险拟采取的应对措施；

（3）导致注册会计师难以实施必要审计程序的情形；

（4）可能导致在审计报告中发表非无保留意见或者增加强调事项段的事项。

注册会计师应当记录与管理层、治理层和其他人员对重大事项的讨论，包括所讨论的重大事项的性质以及讨论的时间、地点和参加人员。

有关重大事项的记录可能分散在审计工作底稿的不同部分。将这些分散在审计工作底稿中的有关重大事项的记录汇总在重大事项概要中，不仅可以帮助注册会计师集中考虑重大事项对审计工作的影响，还便于审计工作的复核人员全面、快速地了解重大事项，从而提高复核工作的效率。对于大型、复杂的审计项目，重大事项概要的作用尤为重要。因此，注册会计师编制重大事项概要有利于有效地复核和检查审计工作底稿，并评价重大事项的影响。

重大事项概要包括审计过程中识别的重大事项及其如何得到解决，或对其他支持性审计工作底稿的交叉索引。

注册会计师在执行审计工作和评价审计结果时运用职业判断的程度，是决定记录重大事项的审计工作底稿的格式、内容和范围的一项重要因素。在审计工作底稿中对重大职业判断进行记录，能够解释注册会计师得出的结论并提高职业判断的质量。这些记录对审计工作底稿的复核人员非常有帮助，同样也有助于执行以后期间审计的人员查阅具有持续重要性的事项（如根据实际结果对以前作出的会计估计进行复核）。

当涉及重大事项和重大职业判断时，注册会计师需要编制与运用职业判断相关的审计工作底稿。例如：

（1）如果审计准则要求注册会计师"应当考虑"某些信息或因素，并且这种考虑在特定业务情况下是重要的，记录注册会计师得出结论的理由；

（2）记录注册会计师对某些方面主观判断的合理性（如某些重大会计估计的合理性）得出结论的基础；

（3）如果注册会计师针对审计过程中识别出的导致其对某些文件记录的真实性产生怀疑的情况实施了进一步调查（如适当利用专家的工作或实施函证程序），记录注册会计师对这些文件记录真实性得出结论的基础。

3. 针对重大事项如何处理不一致的情况

如果识别出的信息与针对某重大事项得出的最终结论不一致，注册会计师应当记录如何处理不一致的情况。

上述情况包括但不限于注册会计师针对该信息执行的审计程序、项目组成员对某事项的职业判断不同而向专业技术部门的咨询情况，以及项目组成员和被咨询人员不同意见（如项目组与专业技术部门的不同意见）的解决情况。

记录如何处理识别出的信息与针对重大事项得出的结论不一致的情况是非常必要的，它有助于注册会计师关注这些不一致，并对此执行必要的审计程序以恰当地解决这些不一致。

但是，要解决这些不一致的记录，并不意味着注册会计师需要保留不正确的或被取代的审计工作底稿。例如，某些信息初步显示与针对某重大事项得出的最终结论

不一致，注册会计师发现这些信息是错误的或不完整的，并且初步显示的不一致可以通过获取正确或完整的信息得到满意的解决，则注册会计师无须保留这些错误的或不完整的信息。此外，对于职业判断的差异，若初步的判断意见是基于不完整的资料或数据，则注册会计师也无须保留这些初步的判断意见。

（三）审计结论

审计工作的每一部分都应包含与已实施审计程序的结果及其是否实现既定审计目标相关的结论，还应包括审计程序识别出的例外情况和重大事项如何得到解决的结论。注册会计师恰当地记录审计结论非常重要。注册会计师需要根据所实施的审计程序及获取的审计证据得出结论，并以此作为对财务报表发表审计意见的基础。在记录审计结论时需注意，在审计工作底稿中记录的审计程序和审计证据是否足以支持所得出的审计结论。

（四）审计标识及其说明

审计标识被用于与已实施审计程序相关的底稿。每张审计工作底稿都应包含对已实施程序的性质和范围所作的解释，以支持每一个标识的含义。审计工作底稿中可使用各种审计标识，但应说明其含义，并保持前后一致。以下是注册会计师在审计工作底稿中列明标识并说明其含义的例子，供参考。在实务中，注册会计师也可以依据实际情

况运用更多的审计标识。

A：纵加核对

<：横加核对

B：与上年结转数核对一致

T：与原始凭证核对一致

G：与总分类账核对一致

S：与明细账核对一致

T/B：与试算平衡表核对一致

C：已发询证函

C\：已收回询证函

（五）索引号及编号

通常，审计工作底稿需要注明索引号及顺序编号，相关审计工作底稿之间需要保持清晰的勾稽关系。为了汇总及便于交叉索引和复核，每个事务所都会制定特定的审计工作底稿归档流程。每张表或记录都有一个索引号，例如，A1、D6 等，以说明其在审计工作底稿中的放置位置。审计工作底稿中包含的信息通常需要与其他相关审计工作底稿中的相关信息进行交叉索引，例如，现金盘点表与列示所有现金余额的导引表进行交叉索引。利用计算机编制审计工作底稿时，可以采用电子索引和链接。随着审计工作的推进，链接表还可予以自动更新。例如，审计调整表可以链接到试算平衡表，当新的调整分录编制完后，计算机会自动更新试算平衡表，为相关调整分录插入索引号。同样，评估的固有风险或控制风险可以与针对特定风险领域设计的相关审计程序进行交叉索引。

在实务中，注册会计师可以按照所记录的审计工作的内容层次对审计工作底稿进行编号。例如，固定资产汇总表的编号为 C1，按类别列示的固定资产明细表的编号为 C1 - 1，房屋建筑物的编号为 C1 - 1 - 1，机器设备的编号为 C1 - 1 - 2. 运输工具的编号为 C1 - 1 - 3，其他设备的编号为 C1 - 1 - 4。相互引用时，需要在审计工作底稿中交叉注明索引号。

以下是不同审计工作底稿之间相互索引的例子，供参考。

例如，固定资产的原值、累计折旧及净值的总额应分别与固定资产明细表的数字互相勾稽。以下是从固定资产汇总表工作底稿（见表 5 - 1）及固定资产明细表工作底稿（见表 5 - 2）中节选的部分，以做相互索引的示范。

表5-1　　固定资产汇总表（工作底稿索引号：C1）（节选）

工作底稿索引号	固定资产	20×2年12月31日	20×1年12月31日
CI-1	原值	XxxG	×××
CI-1	累计折旧	XXxC	XXX
	净值	xxx　T/BA	×xxBA

表5-2　　固定资产明细表（工作底稿索引号：C1-1）（节选）

工作底稿索引号	固定资产	期初余额	本期增加	本期减少	期末余额
	原值				
CI-1-1	1. 房屋建筑物	×××		X××	XxxS
CI-1-2	2. 机器设备	××X	××X		×XxS
C1-1-3	3. 运输工具	XXx			XxxS
CI-1-4	4. 其他设备	X×X			XxxS
	小计	×x×BA	×××A	x××A	×××<CIA
	累计折旧				
C1-1-1	1. 房屋建筑物	X×X			XxxS
CI-1-2	2. 机器设备	X×X	×××		XxxS
CI-1-3	3. 运输工具	×××			XXxS
CI-1-4	4. 其他设备	X××			XxxS
	小计	X××BA	×××A	X××A	×××<C1A
	净值	Xx×BA			X××CIA

注："A"表示纵加核对相符；"<"表示横加核对相符。

（六）编制人员和复核人员及执行日期

为了明确责任，在各自完成与特定工作底稿相关的任务之后，编制者和复核者都应在工作底稿上签名并注明编制日期和复核日期。在记录已实施审计程序的性质、时间安排和范围时，注册会计师应当记录：

（1）测试的具体项目或事项的识别特征。

（2）审计工作的执行人员及完成审计工作的日期。

（3）审计工作的复核人员及复核的日期和范围。

在需要项目质量复核的情况下，还需要注明项目质量复核人员及复核的日期。

通常，需要在每一张审计工作底稿上注明执行审计工作的人员和复核人员、完成该项审计工作的日期以及完成复核的日期。

在实务中，如果若干页的审计工作底稿记录同一性质的具体审计程序或事项，并且编制在同一个索引号中，此时可以仅在审计工作底稿的第一页上记录审计工作的执行人员和复核人员并注明日期。例如，应收账款函证核对表的索引号为 L3 - 1 - 1/21，相对应的询证函回函共有 20 份，每一份应收账款询证函回函索引号以 L3 - 1 - 2/21、L3 - 1 - 3/21……L3 - 1 - 21/21 表示，对于这种情况，就可以仅在应收账款函证核对表上记录审计工作的执行人员和复核人员并注明日期。

五、审计工作底稿的归档

审计档案是指一个或多个文件夹或其他存储介质、以实物或电子形式存储构成某项具体业务的审计工作底稿的记录。《会计师事务所质量管理准则第 5101 号业务质量管理》和《中国注册会计师审计准则第 1131 号——审计工作底稿》对审计工作底稿的归档作出了具体规定，涉及归档工作的性质和期限、审计工作底稿保管期限等方面。

（一）审计工作底稿归档工作的性质

在出具审计报告前，注册会计师应完成所有必要的审计程序，取得充分、适当的审计证据并得出适当的审计结论。由此，在审计报告日后将审计工作底稿归整为最终审计档案是一项事务性的工作，不涉及实施新的审计程序或得出新的结论。

如果在归档期间对审计工作底稿作出的变动属于事务性工作，注册会计师可以作出变动，主要包括：

（1）删除或废弃被取代的审计工作底稿；

（2）对审计工作底稿进行分类、整理和交叉索引；

（3）对审计档案归整工作的完成核对表签字认可；

（4）记录在审计报告日前获取的、与项目组相关成员进行讨论并达成一致意见的审计证据。

5.13 延伸阅读：审计档案的结构

（二）审计工作底稿归档的期限

会计师事务所应当制定有关及时完成最终业务档案归整工作的政策和程序。审计工作底稿的归档期限为审计报告日后 60 天内。如果注册会计师未能完成审计业务，审计工作底稿的归档期限为审计业务中止后的 60 天内。

如果针对客户的同一财务信息执行不同的委托业务，出具两个或多个不同的报告，会计师事务所应当将其视为不同的业务，根据会计师事务所内部制定的政策和程序，在规定的归档期限内分别将审计工作底稿归整为最终审计档案。

（三）审计工作底稿归档后的变动

1. 需要变动审计工作底稿的情形

注册会计师发现有必要修改现有审计工作底稿或增加新的审计工作底稿的情形主要有以下两种：

（1）注册会计师已实施了必要的审计程序，取得了充分、适当的审计证据并得出了恰当的审计结论，但审计工作底稿的记录不够充分。

（2）审计报告日后，发现例外情况要求注册会计师实施新的或追加审计程序，或导致注册会计师得出新的结论。例外情况的例子包括注册会计师在审计报告日后获知，但在审计报告日已经存在的事实，并且如果注册会计师在审计报告日已获知该事实，可能导致财务报表需要作出修改或在审计报告中发表非无保留意见。例如，注册会计师在审计报告日后才获知法院在审计报告日前已对被审计单位的诉讼、索赔事项作出最终判决结果。例外情况可能在审计报告日后发现，也可能在财务报表报出日后发现，注册会计师应当按照《中国注册会计师审计准则第 1332 号——期后事项》有关"财务报表报出后知悉的事实"的相关规定，对例外事项实施新的或追加的审计程序。

2. 变动审计工作底稿时的记录要求

在完成最终审计档案的归整工作后，如果发现有必要修改现有审计工作底稿或增加新的审计工作底稿，无论修改或增加的性质如何，注册会计师均应当记录下列事项：

（1）修改或增加审计工作底稿的理由；

（2）修改或增加审计工作底稿的时间和人员，以及复核的时间和人员。

（四）审计工作底稿的保存期限

会计师事务所应当自审计报告日起，对审计工作底稿至少保存10 年。如果注册会计师未能完成审计业务，会计师事务所应当自审计业务中止日起，对审计工作底稿至少保存 10 年。

在完成最终审计档案的归整工作后，注册会计师不应在规定的保存期届满前删除或废弃任何性质的审计工作底稿。

【本 章 小 结】

本章主要围绕审计证据、审计程序和审计工作底稿展开。审计证据是审计过程中的关键要素，用于支持审计师对被审计单位财务报表的审计意见。审计程序则是获取这些证据的具体步骤和方法，包括检查、观察、询问、函证和分析程序等。而审计工作底稿则是记录审计证据和审计程序的文档，是审计过程的重要记录和证明。

审计证据的质量直接影响到审计结果的准确性，因此审计师需要根据审计目标和风险评估，选择适当的审计程序来获取充分、适当的审计证据。同时，审计师需要将这些证据和程序记录在审计工作底稿中，以便后续的复核和查阅。

审计工作底稿不仅是审计过程的记录，也是审计师责任和审计质量的关键证明。它对于确保审计的独立性、准确性和可靠性至关重要。通过本章的学习，我们了解了审计证据、审计程序和审计工作底稿的基本概念、重要作用以及在实际审计中的应用方法。这对于我们未来从事审计工作，提高审计专业素养和职业能力具有重要意义。

【本章重要术语】

1. 审计证据　　　　2. 充分性
3. 审计程序　　　　4. 观察
5. 检查　　　　　　6. 询问
7. 函证　　　　　　8. 分析程序
9. 审计工作底稿

5.14　专业术语解释

【复习与思考】

1. 审计证据的充分性对于形成合理的审计意见有何重要性？请举例说明。

2. 在审计程序中，观察与检查有何不同？请各举一个例子说明它们的应用。

3. 询问在审计过程中的作用是什么？请说明如何有效地进行询问。

4. 函证程序在审计中的作用是什么？请解释为什么审计师需要从第三方获取证据。

5. 分析程序在审计中的作用是什么？请举例说明如何使用分析程序来识别潜在的审计问题。

6. 审计工作底稿的重要性是什么？请说明审计工作底稿应该包含哪些内容。

7. 审计师在评估审计证据的可靠性时，应考虑哪些因素？请说明这些因素如何影响审计师的决策过程。

5.15　复习与思考答案

第六章
审计风险和审计的重要性

【学习目标】

1. 理解审计风险，学会运用审计风险模型。
2. 理解并掌握重要性的概念与重要性水平的制定。
3. 区分计划的重要性和实际执行的重要性。
4. 理解错报的概念与分类。
5. 结合思政案例，理解实际执行的重要性水平设定的必要性，领悟取法于上于个人、专业以及国家发展的重要性。

【本章知识逻辑结构图】

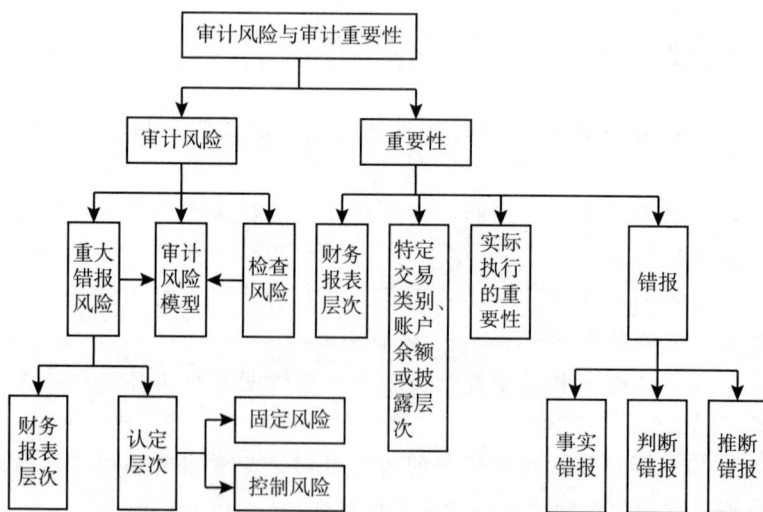

【引 导 案 例】

"翡翠第一股"东方金钰：隐匿于造假迷雾中的审计风险暗礁

一、案例背景。

（一）公司概况。

东方金钰股份有限公司是一家主营珠宝类业务的上市公司，有着"翡翠第一股"的称号。它通过云南兴龙珠宝、深圳东方金钰两个子公司开展业务。兴龙珠宝主要负责翡翠原材料的采购和批发，东方金钰则侧重于翡翠制成品的开发和销售，同时也经营黄金金条等。公司在翡翠行业有一定地位，其实际控制人在业内也有较高知名度。

（二）行业特点。

珠宝行业，特别是翡翠领域，具有鲜明的特性。翡翠原石是东方金钰的重要资产之一，但翡翠原石的价值评估非常复杂且主观。其品质评判涉及颜色、透明度、质地等多种因素，且市场上缺乏统一的价值衡量标准。此外，珠宝市场受宏观经济、消费者喜好和时尚潮流影响显著，市场需求和价格波动频繁。

（三）财务状况。

1. 资产方面。公司资产中存货占比较大，主要是翡翠原石存放地点分散，包括云南本地仓库以及缅甸等境外地区。同时，公司有大量应收账款，其回收情况受经销商经营情况和市场季节性波动影响。

2. 负债方面。东方金钰面临严重的债务问题，债务逾期金额巨大。其债务形式多样，包括银行贷款、信托融资和债券等。债务逾期导致公司面临多起诉讼，可能产生大量或有负债。

（四）经营情况。

1. 关联交易。公司存在大量关联方交易，与实际控制人旗下其他企业在翡翠原石的买卖上往来频繁。这些交易价格的公允性难以确定，存在通过关联交易调节利润或转移资金的潜在风险。

2. 经营模式。在经营环节，原石采购来源复杂，既有缅甸公盘交易，又有私下交易。公盘交易规则特殊，私下交易信息透明度低。销售渠道包括线上和线下，线上销售数据量大且涉及销售退回等复杂情况，线下销售涉及众多销售合同和终端客户。

二、造假事件概述。

东方金钰在 2016 年 12 月至 2018 年 5 月间，通过其孙公司瑞丽市姐告宏宁珠宝有限公司虚构与 6 名自然人的翡翠原石销售交易，伪造资金流，利用多类银行账户形成资金闭环，同时在 2016～2017 年伪造采购合同。该公司 2016 年年报、2017 年年报、2018 年半年报分别存在虚增营业收入、成本和利润总额的情况。证监会对东方金钰及相关责任人处以警告、罚款、市场禁入等处罚，该事件致使公司股价暴跌并退市，还引发大量投资者索赔诉讼，严重损害公司声誉和投资者利益，对资本市场发展产生不良影响。

案例思考：

1. 结合案例信息分析，你觉得注册会计师在审计东方金钰时应该关注哪些风险点？这些风险点对财务报表的真实性与公允性会有什么影响吗？

2. 面对这些风险，审计人员应该如何应对？审计人员一定能够发现财务报表的所有错报吗？

3. 通过互联网进一步搜索东方金钰财务造假事件，了解其造假手段与负责其审计的会计师事务所行为的不当之处，说说你的感悟。

资料来源：

1. 东方金钰股份有限公司. 2016 - 2018 年公司年报、半年报及其他公开资料［EB/OL］. 巨潮资讯网.

2. 中国证券监督管理委员会. 关于东方金钰财务造假的行政处罚决定书（〔2020〕62号）［EB/OL］.（2020 - 09 - 15）. https：//www. csrc. gov. cn/csrc/c101928/c5618103/content. shtml.

第一节　审计风险

6.1　延伸阅读：《中国注册会计师审计准则第1101号——注册会计师的总体目标和审计工作的基本要求》

一、审计风险概述

（一）审计风险的定义

《中国注册会计师审计准则第 1101 号——注册会计师的总体目标和审计工作的基本要求》第十三条中对审计风险作出定义：审计风险是指财务报表存在重大错报时，注册会计师发表不恰当审计意见的可能性。审计风险取决于重大错报风险和检查风险。

（二）审计风险的特征

1. 审计风险的客观性

现行审计采取抽样审计，没有检查总体，根据样本的特性来推断总体的特性，会导致样本的特性与总体的特性之间或多或少存在误差，这种误差可以控制，但难以消除。这种误差的客观存在导致审计人员要承担得出错误审计结论的风险。即便全部检查，不是抽查，由于经济业务的复杂性、管理人员的道德品质等因素，仍会存在审计结果与客观实际不一致的情况。对于审计风险，注册会计师只能认识和尽可能地降低审计风险，在有限的空间和时间内改变风险存在和发生的条件，降低其发生的频率和减少损失的程度，而不能消除审计风险。

2. 审计风险的偶然性

审计风险是由于某些客观原因或审计人员并未意识到的主观原因造成的，即并非审计人员故意所为，审计人员在无意中接受了审计风险，又在无意中承担了审计风险带来的严重后果。肯定审计风险具有偶然性这一特征非常重要，因为只有在这一前提下，审计人员才会努力设法避免减少审计风险，对审计风险的控制才有意义。倘若审计人员因某种私利故意作出与事实不符的审计结论，则由此承担的责任并不形成真正意义上的审计风险，因为这种审计人员故意的舞弊行为谈不上再对审计风险进行控制，而这种行为本身就受到职业道德的谴责，并应承担法律责任。

3. 审计风险的可控性

注册会计师要为其审计报告的正确性承担责任风险，在风险导向审计理念下，注册会计师要主动去控制审计风险。只有正确认识审计风险的可控性，注册会计师才不会害怕审计风险，才能采取相应的措施加以避免，不会因为风险的存在，而不敢承接客户。只要风险降低到可接受的水平，注册会计师仍可对客户进行审计。

4. 审计风险的普遍性

审计活动的每一个环节都可能导致风险因素的产生。可能产生风险的因素有内部控制能力差、重要的数字遗漏、对项目的错误评价和虚假注释、项目的流动性强、项目的交易量大、经济萧条、财务状况不佳、抽样技术局限性等。从每一个具体风险看，其也是由多个因素组成的。因此，审计风险具有普遍性，存在于审计过程的每一个环节，任何一个环节的审计失误，都会增加最终的审计风险。

6.2　视频：审计风险概述

二、重大错报风险

（一）含义

重大风险错报是指财务报表在审计前存在重大错报的可能性。重大错报风险与被审计单位的风险相关，且独立于财务报表审计而存

117

在，属于客观存在的风险。

（二）财务报表层次和认定层次的重大错报风险

在设计审计程序以确定财务报表整体是否存在重大错报时，注册会计师应当从财务报表层次和各类交易、账户余额以及披露认定层次两个方面考虑重大错报风险。

1. 财务报表层次的重大错报风险

财务报表层次重大错报风险与财务报表整体存在广泛联系，可能影响多项认定。此类风险通常与控制环境有关，如管理层缺乏诚信、治理层形同虚设而不能对管理层进行有效监督等；也可能与其他因素有关，如经济萧条、企业所在行业处于衰退期。此类风险难以被界定于某类交易、账户余额、列报的具体认定，相反，此类风险增大了一个或多个不同认定发生重大错报的可能性，与由舞弊引起的风险密切相关。

2. 认定层次的重大错报风险

认定层次的重大错报风险是指与某类交易、事项以及期末账户余额或财务报表披露相关的重大错报风险，可以进一步细分为固有风险和控制风险。

（1）固有风险，是指在考虑相关的内部控制之前，某类交易、账户余额或披露的某一认定易于发生错报（该错报单独或连同其他错报可能是重大的）的可能性。

固有风险因素包括事项或情况的复杂性、主观性、变化、不确定性，以及管理层偏向和其他舞弊风险因素。例如，环境因素如技术进步可能导致某项产品陈旧，进而导致存货易于发生高估错报（计价认定）；对高价值的、易转移的存货缺乏实物安全控制，可能导致存货的存在性认定出错；会计计量过程受重大计量不确定性影响，可能导致相关项目的准确性认定出错；管理层的偏向可能会不合理地延长固定资产的使用寿命或降低残值率进而导致资产的账面价值被高估。注册会计师应当考虑各类交易、账户余额、列报认定层次的重大错报风险，以便针对认定层次的重大错报风险计划和实施进一步审计程序。

（2）控制风险，是指某类交易、账户余额或披露的某一认定发生错报，该错报单独或连同其他错报可能是重大的，但没有被内部控制及时防止或发现并纠正的可能性。控制风险取决于与财务报表编制相关的内部控制设计的合理性和运行的有效性。而由于控制的固有局限性，控制风险始终存在。

（3）对固有风险和控制风险的评估要求。

根据《中国注册会计师审计准则第 1211 号——重大错报风险的

6.3 延伸阅读：中国注册会计师审计准则第 1211 号——重大错报风险的识别和评估（2022 年 12 月 22 日修订）

识别和评估》要求，对于识别出的认定层次重大错报风险，注册会计师应当分别评估固有风险和控制风险。

三、检查风险

（一）含义

检查风险是指如果存在某一错报，该错报单独或连同其他错报可能是重大的，注册会计师为将审计风险降至可接受的低水平而实施程序后没有发现这种错报的风险。

检查风险取决于审计程序设计的合理性和执行的有效性；由于注册会计师通常并不对所有交易、账户余额和披露进行检查，以及其他原因，不可能将检查风险降低为零。其原因主要有两方面：一方面，注册会计师难以对所有的交易、账户余额和列报进行全面检查。鉴于审计资源的有限性以及审计时间的约束，注册会计师必须采用抽样等方法进行审计，这就必然存在未被检查到的部分可能存在重大错报的风险。另一方面，注册会计师可能选择了不恰当的审计程序，或者在执行审计程序时出现不当情况，抑或是错误理解了审计结论。

（二）降低检查风险的途径

注册会计师应秉持职业怀疑与谨慎合理设计审计程序的性质、时间和范围并在项目组成员之间进行恰当职责分配以控制检查风险。如对特定企业关注收入确认和资产减值等风险较高的领域，综合运用多种审计方法，根据单位情况设计个性化程序。同时，建立质量控制制度，提升自身能力，加强团队协作，恰当运用新型审计技术和工具。

四、审计风险模型

在既定的审计风险水平下，可接受的检查风险水平与认定层次重大错报风险的评估结果呈反向关系。审计风险的计算公式表示如下：

$$审计风险 = 重大错报风险 \times 检查风险$$

即评估的重大错报风险越高，注册会计师可接受的检查风险水平就越低；反之，重大错报风险越低，可接受的检查风险水平则越高。这意味着，当重大错报风险较高时，注册会计师必须扩大审计范围，努力降低检查风险，从而将整个审计风险控制在可接受的水平。因为重大错报风险较高表明财务报表出现错报的可能性较大，所以注册会计师在审计过程中需要执行更多的测试，获取更多的证据，以确保审计质量，降低审计风险。实务中，注册会计师不一定用绝对数量表达这些风险水平，可选用"高""中""低"等文字进行定性描述。各风险之间及各风险与审计证据的关系如表6-1所示。

表6-1   各风险之间及各风险与审计证据的关系

审计风险 （可接受的水平）	重大错报风险	检查风险	审计证据的数量
一定（低）	低	高	少
一定（低）	中	中	中
一定（低）	高	低	多

6.4 视频：审计风险模型

五、审计风险的控制

注册会计师应当通过计划和实施审计工作，获取充分、适当的审计证据，将审计风险降至可接受的低水平。

重大错报风险是企业的风险，不受注册会计师控制。注册会计师只能通过实施风险评估程序来正确评估重大错报风险，并根据评估的两个层次的重大错报风险分别采取应对措施。该风险评估只是一个判断，而不是对风险的精确计量。具体来讲，注册会计师应当评估财务报表层次的重大错报风险，并根据评估结果确定总体应对措施。注册会计师应当获取认定层次充分、适当的审计证据，以便能够在审计工作完成时，以可接受的低审计风险对财务报表整体发表审计意见。对于各类交易、账户余额和披露，注册会计师应当设计和实施进一步审计程序，以获取充分、适当的审计证据。但由于审计还有固有限制，注册会计师不可能将审计风险降为零。

第二节 审计的重要性

一、重要性的概念

重要性是指被审计单位会计报表中错报或漏报的严重程度，这一程度在特定环境下可能影响会计报表使用者的判断或决策。

重要性是审计学的一个基本概念。重要性取决于在具体环境下对错报金额和性质的判断。《中国注册会计师审计准则第1221号——计划和执行审计工作时的重要性》对重要性的描述是：重要性取决于在具体环境下对错报金额和性质的判断。如果一项错报单独或连同其他错报可能影响财务报表使用者依据财务报表作出的经济决策，则该项错报是重大的。

对于审计的重要性，我们应从以下几个方面加以理解：

（1）如果合理预期错报（包括漏报）单独或汇总起来可能影响财务报表使用者依据财务报表作出的经济决策，则通常认为错报是重大的。

（2）对重要性的判断是根据具体环境作出的，不同的单位重要性有所不同，即使是同一单位在不同时期的重要性也不一定相同。重要性受错报的金额或性质的影响，或者受两者共同的影响。

（3）重要性的判断离不开注册会计师的职业判断。

（4）判断某事项对财务报表使用者是否重大，是在考虑财务报表使用者整体共同的财务信息需求的基础上作出的。因为财务报表使用者太多，并且不同的财务报表使用者对财务信息的需求差异很大，所以不考虑个别财务报表使用者对财务信息的需求。

重要性实质上强调了一个"度"，在审计报告中注册会计师应当运用职业判断确定重要性。允许一定程度的不准确或不正确的存在，只要不要超过这个"度"。

审计准则规定，在计划和执行审计工作、评价识别出的错报对审计的影响以及未更正错报对财务报表和审计意见的影响时，注册会计师需要运用重要性概念。

注册会计师在计划审计工作时对何种情形构成重大错报作出的判断，为以下方面提供了基础：（1）确定风险评估程序的性质、时间安排和范围；（2）识别和评估重大错报风险；（3）确定进一步审计程序的性质、时间安排和范围。

评价未更正错报对财务报表和审计意见的影响时，在形成审计结论阶段，要使用整体重要性水平和为了特定交易类别、账户余额和披露而确定的较低金额的重要性水平来评价已识别的错报对财务报表的影响和对审计报告中审计意见的影响。

二、重要性的确定

在制定总体审计策略时，注册会计师应当确定一个合理的重要性水平，以发现在金额上重大的错报，包括确定财务报表整体的重要性水平和适用于特定交易类别、账户余额和披露的一个或多个重要性水平。注册会计师在确定计划的重要性水平时应注意对被审计单位及其环境等方面情况的了解、财务报表各项目的性质及其相互关系、财务报表项目的金额和其波动幅度。

6.5　延伸阅读：《中国注册会计师审计准则第1221号——计划和执行审计工作时的重要性》

6.6　视频：重要性的概念

（一）财务报表层次的重要性水平

注册会计师应当考虑财务报表整体的重要性，已完成对财务报表发表审计意见的总体目标。

确定重要性需要运用职业判断，一般会先选定一个基准，再乘以某一百分比来确定财务报表整体的重要性，即如下公式所：

$$财务报表整体的重要性 = 基准 \times 百分比$$

在选择基准时，需考虑以下因素：

（1）财务报表要素（如资产、负债、所有者权益、收入和费用）；

（2）是否存在特定会计主体的财务报表使用者特别关注的项目；

（3）被审计单位的性质、所处的生命周期阶段以及所处的行业和经济环境；

（4）被审计单位的所有权结构和融资方式；

（5）基准的相对波动性。

注册会计师为被审计单位选择的基准在各年度中通常会保持稳定，但并非必须保持一贯不变。注册会计师可以根据经济形势、行业状况和被审计单位具体情况的变化对采用的基准作出调整。需要注册会计师关注的是，如果被审计单位的经营规模较上年度没有重大变化，通常使用替代性基准确定的重要性不宜超过上年度的重要性。

在确定恰当的基准后，注册会计师通常运用职业判断，充分考虑下列因素，合理选择百分比，以此确定重要性水平：

（1）被审计单位是否为上市公司或公众利益实体；

（2）财务报表使用者的范围；

（3）被审计单位是否由集团内部关联方提供融资或是否有大额对外融资；

（4）财务报表使用者是否对基准数据特别敏感。

此外，注册会计师还应注意百分比和选定的基准之间存在联系，如经常性业务的税前利润对应的百分比通常比营业收入对应的百分比要高。但不需考虑与具体项目计量相关的固有不确定性。例如，财务报表含有高度不确定性的大额估计，注册会计师并不会因此而确定一个比不含有该估计的财务报表的重要性更高或更低的重要性水平。

（二）特定交易类别、账户余额或披露的重要性水平

结合被审计单位的特定场景判断是否存在一个或多个特定交易类别、账户余额或披露。其发生的错报金额虽低于财务报表整体的重要性，但合理预期会影响财务报表使用者依据财务报表作出的经济决策的情况。当存在以下几个因素时，注册会计师应当确定适用于这些特定交易类别、账户余额或披露的重要性水平：

6.7 延伸阅读：实务中常用的重要性水平基准与相应场景

（1）法律法规或适用的财务报告编制基础会影响财务报表使用者对特定项目（如关联方交易、管理层和治理层的薪酬以及对具有较高估计不确定性的公允价值会计估计的敏感性分析）计量或披露的预期。

（2）与被审计单位所处行业相关的关键性披露（如制药企业的研究与开发成本）。

（3）财务报表使用者特别关注财务报表中单独披露的业务的特定方面（如关于分部或重大企业合并的披露）。

了解治理层和管理层对上述问题的看法与预期，可能有助于注册会计师根据被审计单位的具体情况作出这一判断。

（三）实际执行的重要性

根据《中国注册会计师审计准则第 1221 号——计划和执行审计工作时的重要性》的规定，实际执行的重要性是指注册会计师确定的低于财务报告整体的重要性的一个或多个金额，旨在将未更正错报的汇总数超过财务报表整体的重要性的可能性降低至适当的低水平。如果适用，实际执行的重要性还指注册会计师确定的低于特定类别的交易、账户余额或披露的重要性水平的一个或多个金额。

计划的重要性和实际执行的重要性之间的关系如图 6 - 1 所示。

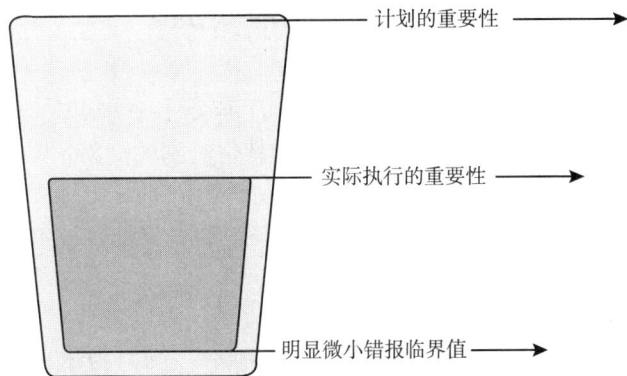

6.8　课程思政：以"高标之矢"射"发展之的"——中国航天与审计工作中的取法于上

图 6 - 1　计划的重要性和实际执行的重要性的对比

1. 确定实际执行的重要性应考虑的因素

（1）对被审计单位的了解（这些了解在实施风险评估程序的过程中得到更新）。

（2）前期审计工作中识别出的错报的性质和范围。

（3）根据前期识别出的错报对本期错报作出的预期。

2. 实际执行的重要性水平的确定

注册会计师在确定重要性水平时，通常会先确定财务报表层次的

重要性水平。在实际执行审计工作时，注册会计师会使用一个比计划阶段重要性水平低的重要性，以此降低审计风险。实际执行的重要性水平一般为计划的重要性水平的50%至75%。至于具体百分比需根据表6-2的具体情形与经验来作出职业判断。

表6-2	实际执行的重要性的确定	
情形		经验值
1. 首次审计。 2. 连续审计，以前年度审计调整较多。 3. 项目总体风险较高。 4. 存在或预期存在值得关注的内部控制缺陷		接近50%
1. 连续审计，以前年度审计调整较少。 2. 项目总体风险较低。 3. 以前期间的审计经验表明内部控制运行有效		接近75%

6.9 延伸阅读：审计重要性在审计实务中的应用

6.10 视频：重要性水平的确定

实际执行的重要性可以简单理解为注册会计师为使最终的审计风险处于可接受范围内，在原有重要性的基础上进一步压缩重要性。以实际执行的重要性在审计中进行判断，能够大大降低审计到最后超过可接受审计风险的可能性。

三、审计过程中对重要性的修改

重要性并非一经制定就不可修改，注册会计师一般基于以下几点原因可以修改财务报表整体的重要性和特定类别的交易、账户余额或披露的重要性水平（如适用）：

（1）审计过程中情况发生重大变化（如决定处置被审计单位的一个重要组成部分）。

（2）获取新信息。

（3）通过实施进一步审计程序，注册会计师对被审计单位及其经营所了解的情况发生变化。例如，注册会计师在审计过程中发现，实际财务成果与最初确定财务报表整体的重要性时使用的预期财务成果相比存在很大差异，需要修改重要性。

四、错报

（一）错报的定义

错报是指某一财务报表项目的金额、分类、列报或披露，与按照适用的财务报告编制基础应当列示的金额、分类、列报或披露之间存在的差异；或者根据注册会计师的判断，为使财务报表在所有重大方面实现公允反映，需要对金额、分类、列报或披露作出的必要调整。错报可能源自：

（1）收集或处理用以编制财务报表的数据时出现错误；

（2）遗漏某项金额或披露，包括不充分或不完整的披露，以及为满足特定财务报告编制基础的披露目标而被要求作出的披露（如适用）；

（3）由于疏忽或明显误解有关事实导致作出不正确的会计估计；

（4）注册会计师认为管理层对会计估计作出不合理的判断或对会计政策作出不恰当的选择和运用；

（5）信息的分类、汇总或分解不恰当。

（二）错报的类型

根据错报产生的原因，我们可以将错报分为事实错报、判断错报和推断错报三种，如表6-3所示。

表6-3 错报的分类

错报类型	定义	示例
事实错报	产生于被审计单位收集和处理数据的错误、对事实的忽略或误解，或故意舞弊行为，是毋庸置疑的错报	注册会计师在审计测试中发现收入实际金额为1 000元，账面记录金额却为1 200元，应收账款被高估200元，这里被高估的200元就是经检查出的对事实的具体错报
判断错报	由于注册会计师认为管理层对财务报表中的确认、计量和列报（包括对会计政策的选择或运用）作出不合理或不恰当的判断而导致的差异	可能由于管理层和注册会计师对会计估计值的判断差异，抑或是管理层和注册会计师对选择和运用会计政策的判断差异
推断错报	注册会计师对总体存在的错报作出的最佳估计数，涉及根据在审计样本中识别出的错报来推断总体的错报	通过测试样本估计出的总体的错报减去在测试中发现的已经识别的具体错报

（三）累计识别出的错报

明显微小错报的临界值，即注册会计师用于将低于某一特定金额的错报（临界值）认定为明显微小的错报。这些错报在单独考量时，或者汇总起来后，从规模、性质以及发生的环境等方面综合判断，都是极其微小、几乎可以忽略不计的。应注意"明显微小"不等同于"不重大"。如果不确定一个或多个错报是否明显微小，就不能认为这些错报是明显微小的。

注册会计师需要在制定审计策略和审计计划时确定一个明显微小错报的值，低于该临界值的错报视为明显微小的错报，可以不累积。具体公式如下：

$$\frac{明显微小错}{报临界值} = \frac{财务报表}{整体重要性} \times 百分比（3\% \sim 5\%，不超10\%）$$

在确定明显微小错报的临界值时，注册会计师可能考虑以下因素：

（1）以前年度审计中识别出的错报（包括已更正和未更正错报）的数量和金额；

（2）重大错报风险的评估结果；

（3）被审计单位治理层和管理层对注册会计师与其沟通错报的期望；

（4）被审计单位的财务指标是否勉强达到监管机构的要求或投资者的期望。

注册会计师对以上因素的考虑实际上是在确定审计过程中对错报的过滤程度。如果注册会计师预期被审计单位存在数量较多、金额较小的错报，可能考虑采用较低的临界值，以避免大量低于临界值的错报积少成多构成重大错报。如果注册会计师预期被审计单位错报数量较少，则可能采用较高的临界值。

6.11 视频：错报

【本 章 小 结】

本章节主要介绍了审计风险与审计重要性相关内容。审计风险由重大错报风险和检查风险构成。重大错报风险源于企业自身，分财务报表和认定层次，影响因素多样；检查风险受审计程序影响。审计风险模型明确了三者关系，指导审计人员确定审计程序以控制风险。审计重要性是衡量错报影响决策的尺度。其确定需综合考虑多因素，包括企业各方面情况，且实际执行重要性低于计划水平，过程中还会根据情况调整。错报分为事实错报、判断错报和推断错报，准确识别有助于评估报表可靠性。

本章为后续审计流程等内容奠基，有助于帮助学生持续理解风险、规划策略、把握重要性进而判断报表的公允性。本章的内容属于基础理论知识，知识点比较多，需要学生认真学习掌握。

6.12 专业术语解释

【本章重要术语】

1. 审计风险
2. 重大错报风险
3. 检查风险

4. 固有风险

5. 控制风险

6. 重要性

7. 财务报表整体的重要性水平

8. 适用于特定交易类别、账户余额和披露的重要性水平

9. 实际执行的重要性水平

10. 明显微小错报临界值

11. 错报

【复习与思考】

1. 请解释审计风险、重大错报风险和检查风险之间的关系。

2. 区分财务报表层次重大错报风险和认定层次重大错报风险。分别列举一些可能导致这两种风险的因素。

3. 注册会计师可以通过哪些方式降低检查风险？

4. 固有风险是什么？举一个例子说明企业的哪些业务活动或财务处理容易产生较高的固有风险。

5. 重要性在审计工作中有何重要意义？从财务报表使用者的角度出发，讨论如何确定财务报表整体的重要性水平。

6. 如果财务报表整体的重要性水平判断失误，过高或过低会对审计工作产生怎样的不利影响？

7. 请举例说明在哪些特定交易类别、账户余额或披露事项中，需要单独确定重要性水平。

8. 解释实际执行的重要性水平的概念及其在审计过程中的作用。

9. 错报有哪几种类型？请分别举例说明事实错报、判断错报和推断错报在实际审计工作中是如何产生的。

6.13　复习与思考答案

第七章

审 计 抽 样

【学习目标】

1. 了解审计抽样的概念和特征。
2. 了解审计抽样的种类及各种审计抽样的特征及应用。
3. 掌握实施风险评估程序、控制测试和实质性程序时对审计抽样的考虑。
4. 掌握样本的选取方法，掌握样本结果评价的程序及内容。

【本章知识逻辑结构图】

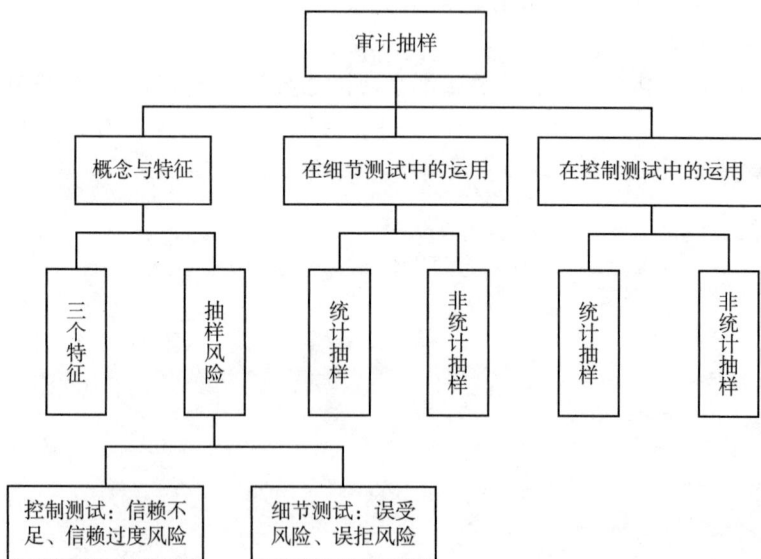

【引导案例】

案例背景：审计抽样在应收账款中的应用

在某年度审计过程中，审计员小王负责对一家中型制造企业的应收账款进行审计。该公司在过去一年中增加了大量的应收账款，且账龄较长。为了评估应收账款的可靠性和真实性，小王决定使用审计抽样方法来进行测试。

案例问题：

确定样本规模：小王决定使用简单随机抽样方法，因为应收账款账户数量庞大且金额分散。小王需要确定样本规模。根据企业财务报表中的应收账款总额，采用了一个适当的误差率和可接受的抽样风险来确定样本规模。最终，样本规模确定为 50 个账目。

选择抽样方法：

小王决定使用简单随机抽样，因为这是最直接和常用的方法。在简单随机抽样中，每一笔应收账款都有相同的概率被选中，避免了主观因素的干扰。

通过审计软件随机选取了 50 个应收账款进行详细审查。

样本的代表性和随机性保证：

小王使用了审计软件（如 ACL 或 IDEA）来生成随机数，确保样本选择的随机性，避免了人为偏差。

在样本选择前，小王确保了所有应收账款都被列入样本池，保证了样本的代表性。

审计结果的影响：

审计结果显示，选取的 50 个样本中，2 笔应收账款存在明显的账龄错误和金额偏差。根据这些抽样结果，小王决定扩大样本范围并重新评估应收账款的整体准确性。

小王向审计经理报告了结果，并建议进一步调查应收账款的真实性，最终审计意见为"保留意见"，直到进一步确认问题。

资料来源：

[1] AICPA（American Institute of Certified Public Accountants）. "Audit Sampling." In Audit and Accounting Guide（2020）. American Institute of Certified Public Accountants.

[2] 中国注册会计师协会. 审计 [M]. 北京：中国财政经济出版社，2018.

7.1 课程思政：从康得新案例看审计抽样的道德与责任：基于中国证监会的行政处罚决定书

第一节 审计抽样的相关概念

注册会计师在获取充分、适当证据时，需要选取项目进行测试。

选取方法包括三种：一是对某总体包含的全部项目进行测试（比如对资本公积项目）；二是对选出的特定项目进行测试，但不推断总体；三是审计抽样，以样本结果推断总体结论。在现实社会经济生活中，企业规模的扩大和经营复杂程度的不断上升，使注册会计师对每一笔交易进行检查变得既不可行，也没有必要。为了在合理的时间内以合理的成本完成审计工作，审计抽样应运而生。审计抽样旨在帮助注册会计师确定实施审计程序的范围，以获取充分、适当的审计证据，得出合理的结论，作为形成审计意见的基础。

7.2 视频：审计抽样的含义及种类

一、审计抽样

（一）审计抽样的含义

审计抽样是指注册会计师对具有审计相关性的总体中低于百分之百的项目实施审计程序，使所有抽样单元都有被选取的机会，为注册会计师针对整个总体得出结论提供合理基础。审计抽样能够使注册会计师获取和评价有关所选取项目某一特征的审计证据，以形成或有助于形成有关总体的结论。总体，是指注册会计师从中选取样本并期望据此得出结论的整个数据集合。抽样单元，则是指构成总体的个体项目。

7.3 视频：审计抽样的特征及适用性

（二）审计抽样的特征

审计抽样应当同时具备三个基本特征：（1）对具有审计相关性的总体中低于百分之百的项目实施审计程序；（2）所有抽样单元都有被选取的机会；（3）可以根据样本项目的测试结果推断出有关抽样总体的结论。

值得注意的是，只有当从抽样总体中选取的样本具有代表性时，注册会计师才能根据样本项目的测试结果推断出有关总体的结论。代表性，是指在既定的风险水平下，注册会计师根据样本得出的结论，与对整个总体实施与样本相同的审计程序得出的结论类似。样本具有代表性并不意味着根据样本测试结果推断的错报一定与总体中的错报完全相同，如果样本的选取是无偏向的，该样本通常就具有了代表性。代表性与整个样本而非样本中的单个项目相关，与样本规模无关，而与如何选取样本相关。此外，代表性通常只与错报的发生率而非错报的特定性质相关，比如，异常情况导致的样本错报就不具有代表性。如何选取测试目标如图 7-1 所示。

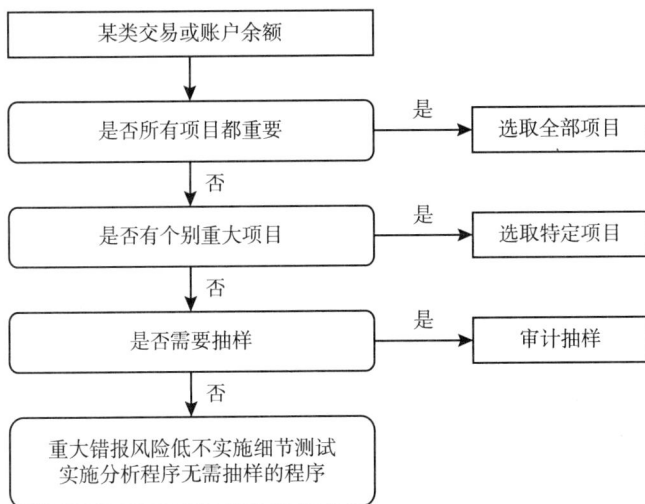

图 7 - 1 选取测试项目的方法之逻辑关系

（三）审计抽样的适用性

审计抽样适用于特定审计程序，而非所有审计程序。风险评估通常不使用抽样，但控制测试可能涉及抽样，特别是当控制有迹可循时。对于无迹可寻的控制，审计师通常采用其他方法，如询问和观察。实质性程序中的细节测试可用抽样验证财务报表金额，但分析程序不适用。如果重大错报风险低，审计师可能不需细节测试。

7.4 视频：抽样风险与非抽样风险

二、抽样风险和非抽样风险

在获取审计证据时，注册会计师应当运用职业判断，评估重大错报风险，并设计进一步审计程序，以将审计风险降至可接受的低水平。在使用审计抽样时，审计风险既可能受到抽样风险的影响，又可能受到非抽样风险的影响。抽样风险和非抽样风险通过影响重大错报风险的评估和检查风险的确定而影响审计风险。

（一）抽样风险

抽样风险，是指注册会计师根据样本得出的结论，可能不同于如果对整个总体实施与样本相同的审计程序得出的结论的风险。抽样风险是由抽样引起的，与样本规模和抽样方法相关。

1. 控制测试中的抽样风险

控制测试中的抽样风险包括信赖过度风险和信赖不足风险。信赖过度风险是指推断的控制有效性高于其实际有效性的风险，也可以说，尽管样本结果支持注册会计师计划信赖内部控制的程度，但实际偏差率不支持该信赖程度的风险。信赖过度风险与审计的效果有关。如果注册会计师评估的控制有效性高于其实际有效性，从而导致评估的重大错报风险水平偏低，注册会计师可能不适当地减少从实质性程序中获取的证据，因此审计的有效性下降。对于注册会计师而言，信赖过度风险更容易导致注册会计师发表不恰当的审计意见，因而更应予以关注。

相反，信赖不足风险是指推断的控制有效性低于其实际有效性的风险，也可以说，尽管样本结果不支持注册会计师计划信赖内部控制的程度，但实际偏差率支持该信赖程度的风险。信赖不足风险与审计的效率有关。当注册会计师评估的控制有效性低于其实际有效性时，评估的重大错报风险水平高于实际水平，注册会计师可能会增加不必要的实质性程序。在这种情况下，审计效率可能降低。

2. 细节测试中的抽样风险

在实施细节测试时，注册会计师也要关注两类抽样风险：误受风险和误拒风险。误受风险是指注册会计师推断某一重大错报不存在而实际上存在的风险。如果账面金额实际上存在重大错报而注册会计师认为其不存在重大错报，注册会计师通常会停止对该账面金额继续进行测试，并根据样本结果得出账面金额无重大错报的结论。与信赖过度风险类似，误受风险影响审计效果，容易导致注册会计师发表不恰当的审计意见，因此注册会计师更应予以关注。

误拒风险是指注册会计师推断某一重大错报存在而实际上不存在的风险。与信赖不足风险类似，误拒风险影响审计效率。如果账面金额不存在重大错报而注册会计师认为其存在重大错报，注册会计师会扩大细节测试的范围并考虑获取其他审计证据，最终注册会计师会得出恰当的结论。在这种情况下，审计效率可能降低。

也就是说，无论在控制测试还是在细节测试中，抽样风险都可以分为两种类型：一类是影响审计效果的抽样风险，包括控制测试中的信赖过度风险和细节测试中的误受风险；另一类是影响审计效率的抽样风险，包括控制测试中的信赖不足风险和细节测试中的误拒风险。相较于影响审计效率的抽样风险，注册会计师更应关注影响审计效果的抽样风险。只要使用了审计抽样，抽样风险总会存在。抽样风险与样本规模反方向变动：样本规模越小，抽样风险越大；样本规模越大，抽样风险越小。无论是控制测试还是细节测试，注册会计师都可以通过扩大样本规模来降低抽样风险。如果对总体中的所有项目都实施检查，就不存在抽样风险，此时审计风险完全由非抽样风险产生。抽样风险对审计工作的影响如表 7 - 1 所示。

表7-1 抽样风险对审计工作的影响

测试种类	影响审计效率的风险	影响审计效果的风险
控制测试	信赖不足风险	信赖过度风险
细节测试	误拒风险	误受风险
	保守性风险	危险性风险

（二）非抽样风险

非抽样风险，是指注册会计师由于任何与抽样风险无关的原因而得出错误结论的风险。注册会计师即使对某类交易或账户余额的所有项目实施审计程序，也可能仍未能发现重大错报或控制失效。在审计过程中，可能导致非抽样风险的原因主要包括下列情况：

（1）注册会计师选择了不适于实现特定目标的审计程序。例如，注册会计师依赖应收账款函证来揭露未入账的应收账款。

（2）注册会计师选择的总体不适合于测试目标。例如，注册会计师在测试销售收入完整性认定时将主营业务收入日记账界定为总体。

（3）注册会计师未能适当地定义误差（包括控制偏差或错报），导致注册会计师未能发现样本中存在的偏差或错报。例如，注册会计师在测试现金支付授权控制的有效性时，未将签字人未得到适当授权的情况界定为控制偏差。

（4）注册会计师未能适当地评价审计发现的情况。例如，注册会计师错误解读审计证据可能导致没有发现误差。注册会计师对所发现误差的重要性的判断有误，从而忽略了性质十分重要的误差，也可能导致得出不恰当的结论。

非抽样风险是由人为因素造成的，虽然难以量化非抽样风险，但通过采取适当的质量控制政策和程序，对审计工作进行适当的指导、监督和复核，仔细设计审计程序，以及对审计实务的适当改进，注册会计师可以将非抽样风险降至可接受的水平。

三、统计抽样和非统计抽样

所有的审计抽样都需要注册会计师运用职业判断，计划并实施抽样程序，评价样本结果。审计抽样时，注册会计师既可以使用统计抽样方法，也可以使用非统计抽样方法。

（一）统计抽样

统计抽样，是指同时具备下列特征的抽样方法：（1）随机选取样本项目；（2）运用概率论评价样本结果，包括计量抽样风险。如果注册会计师严格按照随机原则选取样本，却没有对样本结果进行统计评估，或者基于非随机选样进行统计评估，都不能认为使用了统计抽样。

统计抽样有助于注册会计师高效地设计样本，计量所获取证据的充分性，以及定量评价样本结果。但统计抽样又可能发生额外的成本。首先，统计抽样需要特殊的专业技能，因此使用统计抽样需要增加额外的支出对注册会计师进行培训。其次，统计抽样要求单个样本项目符合统计要求，这些也可能需要支出额外的费用。使用审计抽样软件能够适当降低统计抽样的成本。

（二）非统计抽样

不同时具备统计抽样两个基本特征的抽样方法为非统计抽样。统计抽样能够客观地计量抽样风险，并通过调整样本规模精确地控制风险，这是与非统计抽样最重要的区别。不允许计量抽样风险的抽样方法都是非统计抽样，即便注册会计师按照随机原则选取样本项目，或使用统计抽样的表格确定样本规模，如果没有对样本结果进行统计评估，仍然是非统计抽样。注册会计师使用非统计抽样时，也必须考虑抽样风险并将其降至可接受水平，但无法精确地测定抽样风险。

注册会计师在统计抽样方法与非统计抽样方法之间进行选择时主要考虑成本效益。不管是统计抽样还是非统计抽样，两种方法都要求注册会计师在设计、选取和评价样本时运用职业判断。如果设计适当，非统计抽样也能提供与统计抽样方法同样有效的结果。

另外，对选取的样本项目实施的审计程序通常与使用的抽样方法无关。

四、属性抽样和变量抽样

属性抽样和变量抽样都是统计抽样方法。

（一）属性抽样

属性抽样是一种用来对总体中某一事件发生率得出结论的统计抽样方法。属性抽样在审计中最常见的用途是测试某一设定控制的偏差率，以支持注册会计师评估的控制风险水平。无论交易的规模如何，针对某类交易的设定控制预期将以同样的方式运行。因此，在属性抽样中，设定控制的每一次发生或偏离都被赋予同样的权重，而不管交易的金额大小。

（二）变量抽样

变量抽样是一种用来对总体金额得出结论的统计抽样方法。变量抽样通常要回答下列问题：金额是多少？或账户是否存在重大错报？变量抽样在审计中的主要用途是进行细节测试，以确定记录金额是否合理。

一般而言，属性抽样得出的结论与总体发生率有关，而变量抽样得出的结论与总体的金额有关。但有一个例外，即变量抽样中的货币单元抽样，却运用属性抽样的原理得出以金额表示的结论。

7.5 视频：审计抽样的步骤

第二节　审计抽样在控制测试中的应用

在控制测试中使用审计抽样可以分为样本设计、选取样本和评价样本结果三个阶段。

思考：

（1）测试目标和相关认定是什么？

（2）如何定义控制偏差？

（3）如何定义总体？总体是否完整？从中选取样本的总体与根据样本结果推断特征的总体是否相同？

（4）如何从总体中抽样？包括确定抽样计划、抽样单元和抽样方法。

（5）样本规模是多少？

（6）如何评价并解释抽样结果？

一、样本设计阶段

7.6 视频：审计抽样在控制测试中的应用

（一）确定测试目标

注册会计师实施控制测试的目标是提供关于控制运行有效性的审计证据，以支持计划的重大错报风险评估水平。因此，控制测试主要关注：（1）控制在所审计期间的相关时点是如何运行的；（2）控制是否得到一贯执行；（3）控制由谁或以何种方式执行。注册会计师必须针对某项认定详细了解控制目标和内部控制政策与程序之后，方可确定从哪些方面获取关于控制是否有效运行的审计证据。

（二）定义总体

总体，是指注册会计师从中选取样本并期望据此得出结论的整个数据集合。注册会计师在界定总体时，应当确保总体的适当性和完整性。

1. 适当性

总体应适合于特定的审计目标，包括适合于测试的方向。例如，要测试用以保证所有发运商品都已开单的控制是否有效运行，注册会计师从已开单的项目中抽取样本不能发现误差，因为该总体不包含那些已发运但未开单的项目。为发现这种误差，将所有已发运的项目作为总体通常比较适当。又如，要测试现金支付授权控制是否有效运行，如果从已得到授权的项目中抽取样本，注册会计师不能发现控制偏差，因为该总体不包含那些已支付但未得到授权的项目。

2. 完整性

注册会计师应当从总体项目内容和涉及时间等方面确定总体的完整性。例如，如果注册会计师从档案中选取付款证明，除非确信所有的付款证明都已归档，否则注册会计师不能对该期间的所有付款证明得出结论。又如，如果注册会计师对某一控制活动在财务报告期间是否有效运行得出结论，总体应包括来自整个报告期间的所有相关项目。

在控制测试中，注册会计师还必须考虑总体的同质性。同质性是指总体中的所有项目应该具有同样的特征。例如，如果被审计单位的出口和内销业务的处理方式不同，注册会计师应分别评价两种不同的控制情况，因而出现两个独立的总体。又如，虽然被审计单位的所有分支机构的经营可能都相同，但每个分支机构是由不同的人运行。如果注册会计师对每个分支机构的内部控制和员工感兴趣，可以将每个分支机构作为一个独立的总体对待。另外，如果注册会计师关心的不是单个分支机构而是被审计单位整体的经营，且各分支机构的控制具有足够的相同之处，就可以将被审计单位视为一个单独的总体。

需要注意的是，被审计单位在被审计期间可能改变某个特定控制。如果某控制（旧控制）被用于实现相同控制目标的另一控制（新控制）所取代，注册会计师需要确定是否测试这两个控制的运行有效性，或只测试新控制。例如，如果注册会计师需要就与销售交易相关的控制的运行有效性获取证据，以支持重大错报风险的评估水平，且预期新、旧控制都是有效的，注册会计师可以将被审计期间的所有销售交易作为一个总体。在新控制与旧控制差异很大时，也可以分别进行测试，因而出现两个独立的总体。不过，如果注册会计师对重大错报风险的评估主要取决于控制在被审计期间的后期或截至某个特定时点的有效运行，也可能主要测试新控制，而对旧控制不进行测试或仅进行少量测试。此时，新控制针对的销售交易是一个独立的总体。

（三）定义抽样单元

注册会计师定义的抽样单元应与审计测试目标相适应。抽样单元通常是能够提供控制运行证据的一份文件资料、一个记录或其中一行，每个抽样单元构成了总体中的一个项目。在控制测试中，注册会计师应根据被测试的控制定义抽样单元。例如，如果测试目标是确定付款是否得到授权，且设定的控制要求付款之前授权人在付款单据上签字，抽样单元可能被定义为每一张付款单据。如果一张付款单据包含了对几张发票的付款，且设定的控制要求每张发票分别得到授权，那么付款单据上与发票对应的一行就可能被定义为抽样单元。

对抽样单元的定义过于宽泛可能导致缺乏效率。例如，如果注册会计师将发票作为抽样单元，就必须对发票上的所有项目进行测试。如果注册会计师将发票上的每一行作为抽样单元，则只需对被选取的行所代表的项目进行测试。如果定义抽样单元的两种方法都适合测试目标，则将每一行的项目作为抽样单元可能效率更高。

（四）定义偏差构成条件

注册会计师应根据对内部控制的了解，确定哪些特征能够显示被测试控制的运行情况，然后据此定义偏差构成条件。在控制测试中，偏差是指偏离对设定控制的预期执行。在评估控制运行的有效性时，注册会计师应当考虑其认为必要的所有环节。例如，设定的控制要求每笔支付都应附有发票、收据、验收报告和订购单等证明文件，且均盖上"已付"戳记。注册会计师认为盖上"已付"戳记的发票和验收报告足以显示控制的适当运行。在这种情况下，偏差可能被定义为缺乏盖有"已付"戳记的发票和验收报告等证明文件的款项支付。

（五）定义测试期间

注册会计师通常在期中实施控制测试。由于期中测试获取的证据只与控制截至期中测试时点的运行有关，注册会计师需要确定如何获取关于剩余期间的证据。注册会计师可以有两种做法：一是将测试扩展至在剩余期间发生的交易，以获取额外的证据。二是不将测试扩展至在剩余期间发生的交易。

（1）将测试扩展至在剩余期间发生的交易，以获取额外的证据。在这种情况下，总体由整个被审计期间的所有交易组成。

①初始测试。注册会计师可能将总体定义为包括整个被审计期间

的交易，但在期中实施初始测试。在这种情况下，注册会计师可能需要估计总体中剩余期间将发生的交易的数量，并在期末审计时对所有发生在期中测试之后的被选取交易进行检查。例如，如果被审计单位在当年的前 10 个月开具了编号为 1～10000 的发票，注册会计师可能估计，根据企业的经营周期，剩下两个月中将开具 2 500 张发票；因此注册会计师在选取所需的样本时用 1～12500 作为编号。所选取的发票中，编号小于或等于 10000 的样本项目在期中审计时进行检查，剩余的样本项目将在期末审计时进行检查。

②估计总体的特征。在估计总体规模时，注册会计师可能考虑上年同期的实际情况、变化趋势以及经营性质等因素。在实务中，一方面，注册会计师可能高估剩余项目的数量。年底时如果部分被选取的编号对应的交易没有发生（由于实际发生的交易数量低于预计数量），可以用其他交易代替。考虑到这种可能性，注册会计师可能希望比最低样本规模稍多选取一些项目，对多余的项目只在需要作为替代项目时才进行检查。

另一方面，注册会计师也可能低估剩余项目的数量。如果剩余项目的数量被低估，一些交易将没有被选取的机会，因此，样本不能代表注册会计师所定义的总体。在这种情况下，注册会计师可以重新定义总体，将样本中未包含的项目排除在新的总体之外。对未包含在重新定义总体中的项目，注册会计师可以实施替代程序，例如，将这些项目作为一个独立的样本进行测试，或对其进行百分之百的检查，或询问剩余期间的情况。注册会计师应判断各种替代程序的效率和效果，并据此选择适合于具体情况的方法。

在许多情况下，注册会计师可能不需等到被审计期间结束，就能得出关于控制的运行有效性是否支持其计划评估的重大错报风险水平的结论。在对选取的交易进行期中测试时，注册会计师发现的误差可能足以使其得出结论：即使在发生于期中测试以后的交易中未发现任何误差，控制也不能支持计划评估的重大错报风险水平。在这种情况下，注册会计师可能决定不将样本扩展至期中测试以后发生的交易，而是相应地修正计划的重大错报风险评估水平和实质性程序。

（2）不将测试扩展至在剩余期间发生的交易。在这种情况下，总体只包括从年初到期中测试为止的交易，测试结果也只能针对这个期间进行推断，注册会计师可以使用替代方法测试剩余期间的控制有效性。

在确定是否需要针对剩余期间获取额外证据以及获取哪些证据时，注册会计师通常考虑下列因素：①所涉及的认定的重要性；②期中进行测试的特定控制；③自期中以来控制发生的任何变化；④控制改变实质性程序的程度；⑤期中实施控制测试的结果；⑥剩余期间的长短；⑦对剩余期间实施实质性程序所产生的，与控制的运行有关的证据。

注册会计师应当获取与控制在剩余期间发生的所有重大变化的性质和程度有关的证据，包括其人员的变化。如果发生了重大变化，注册会计师应修正其对内部控制的了解，并考虑对变化后的控制进行测试。或者，注册会计师也可以考虑对剩余期间实施实质性分析程序或细节测试。

二、选取样本阶段

选取样本阶段流程如图 7 – 2 所示。

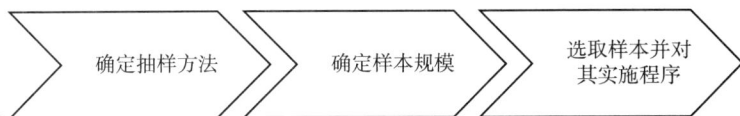

图 7 – 2 选取样本阶段流程

（一）确定抽样方法

选取样本时，只有从抽样总体中选出具有代表性的样本项目，注册会计师才能根据样本的测试结果推断有关总体的结论。因此，不管使用统计抽样还是非统计抽样，在选取样本项目时，注册会计师应当使总体中的每个抽样单元都有被选取的机会。在统计抽样中，注册会计师有必要使用适当的随机选样方法，如简单随机选样或系统随机选样。在非统计抽样中，注册会计师通常使用近似于随机选样的方法，如随意选样。计算机辅助审计技术（CAAT）可以提高选样的效率。选取样本的基本方法包括简单随机选样、系统选样、随意选样和整群选样。

7.7 视频：审计抽样的抽样方法

1. 简单随机选样

使用这种方法，相同数量的抽样单元组成的每种组合被选取的概率都相等。注册会计师可以使用计算机或随机数表获得所需的随机数，选取匹配的随机样本。

简单随机选样在统计抽样和非统计抽样中均适用。

在没有事先编号的情况下，注册会计师需按一定的方法进行编号。如由 40 页、每页 50 行组成的应收账款明细表，可采用四位数字编号，前两位由 01 到 40 的整数组成，表示该记录在明细表中的页数，后两位数字由 01 到 50 的整数组成，表示该记录的行次。这样，编号 0628 表示第 6 页第 28 行的记录。所需使用的随机数的位数一般由总体项目数或编号位数决定。如前例中可采用 4 位随机数表，也可

以使用 5 位随机数表的前 4 位数字或后 4 位数字。

例如，从前述应收账款明细表的 2 000 个记录中选择 10 个样本，总体编号规则如前所述，即前两位数字不能超过 40，后两位数字不能超过 50。如从表 7 - 2 第一行第一列开始，使用后四位随机数，逐行向右查找，则选中的样本为编号为 2044、2114、1034、3821、1642、1530、2438、1635、0209、1414 的 10 个记录。

表 7 - 2　　　　　　　　　　　　**随机数表举例**

行	列									
	1	2	3	4	5	6	7	8	9	10
1	32044	69037	29655	92114	81034	40582	01584	77184	85762	46505
2	23821	96070	82592	81642	08971	07411	09037	81530	56195	98425
3	82383	94987	66441	28677	95961	78346	37916	09416	42438	48432
4	68310	21729	71635	86069	38157	95620	96718	79554	50209	17705
5	94856	76940	22165	01414	01413	37231	05509	37489	56459	52983
6	95000	61958	83430	98250	70030	05436	71814	45978	09277	13827
7	20764	64638	11359	32556	89822	02713	81293	52970	25080	33555
8	71401	17964	50940	95753	34905	93566	36318	79530	51105	26952
9	38464	75707	16750	61371	01523	69205	32122	03436	01489	02086
10	59442	59247	74955	82835	98378	83513	47870	20795	01352	89906

2. 系统选样

系统选样也称等距选样，使用这种方法，注册会计师需要确定选样间隔，即用总体中抽样单元的总数量除以样本规模，得到样本间隔，然后在第一个间隔中确定一个随机起点，从这个随机起点开始，按照选样间隔，从总体中顺序选取样本。例如，如果销售发票的总体范围是 652 ~ 3151，设定的样本量是 125，那么选样间距为 20［（3 152 ~ 652）÷ 125］。注册会计师必须从第一个间隔（652 ~ 671）中随机选取一个样本项目，作为抽样起点。如果随机起点是 661，那么其余的 124 个项目分别是 681（661 + 20），701（681 + 20）……以此类推，直至第 3141 号。

使用系统选样方法，总体中的每一个抽样单元被选取的机会都相等，当从总体中人工选取样本时，这种方法尤为方便。但是，使用系统选样方法要求总体必须是随机排列的，如果抽样单元在总体内的分布具有某种规律性，则样本的代表性就可能较差，容易发生较大的偏差。例如，某建筑公司的员工工资清单按照项目组分类，每个项目组的工资均按照 1 个项目负责人和 9 个项目组成员的顺序排列，如果将员工工资清单作为总体，选样间隔为 10，随着随机起点的不同，选择的样本要么包括所有的项目负责人，要么 1 个项目负责人都不包括。样本无法同时包括项目负责人和项目组成员，自然不具代表性。

为克服系统选样法的这一缺点，可采用两种办法：一是增加随机起点的个数；二是在确定选样方法之前对总体特征的分布进行观察。如发现总体特征的分布呈随机分布，则采用系统选样法；否则，可考虑使用其他选样方法。

系统选样可以在非统计抽样中使用，在总体随机分布时也可适用于统计抽样。

3. 随意选样

使用这种方法并不意味着注册会计师可以漫不经心地选择样本，注册会计师要避免任何有意识的偏向或可预见性（如回避难以找到的项目，或总是选择或回避每页的第一个或最后一个项目），从而保证总体中的所有项目都有被选中的机会，使选择的样本具有代表性。

随意选样仅适用于非统计抽样。在使用统计抽样时，运用随意选样是不恰当的，因为注册会计师无法量化选取样本的概率。

4. 整群选样

使用这种方法，注册会计师从总体中选取一群（或多群）连续的项目。例如，总体为 20×1 年的所有付款单据，从中选取 2 月 3 日、5 月 17 日和 7 月 19 日这三天的所有付款单据作为样本。整群选样通常不能在审计抽样中使用，因为大部分总体的结构都使连续的项目之间可能具有相同的特征，但与总体中其他项目的特征不同。虽然在有些情况下注册会计师检查一群项目可能是适当的审计程序，但当注册会计师希望根据样本作出有关整个总体的有效推断时，极少将整群选样作为适当的选样方法。

（二）确定样本规模

样本规模是指从总体中选取样本项目的数量。在审计抽样中，如果样本规模过小，就不能反映出审计对象总体的特征，注册会计师就无法获取充分的审计证据，其审计结论的可靠性就会大打折扣，甚至可能得出错误的审计结论。因此，注册会计师应当确定足够的样本规模，以将抽样风险降至可接受的低水平。相反，如果样本规模过大，则会增加审计工作量，造成不必要的时间和人力上的浪费，加大审计成本，降低审计效率，就会失去审计抽样的意义。

1. 影响样本规模的因素

（1）可接受的信赖过度风险。在控制测试中，注册会计师主要关注信赖过度风险，因为它与审计效果直接相关。影响信赖过度风险的因素包括控制的重要性、控制环境、控制程序的有效性、审计证据的相关性、其他控制测试的证据、控制的复杂程度以及控制运行的观察和询问结果。信赖过度风险与样本规模呈反向关系：风险越低，样本规模越大。通常，可接受的信赖过度风险水平为 5%～10%，但在特别重要的测试中可能降至 5%。注册会计师会根据每个测试的重大错报风险和控制有效性来确定可容忍偏差率。

（2）可容忍偏差率。在控制测试中，可容忍偏差率是注册会计师设定的内部控制偏差比率，用于评估控制有效性。这个比率与样本规模呈反向关系：较低的偏差率需要更大的样本规模。如果控制有效性低，可容忍偏差率通常较高，样本规模较小。然而，如果预期控制有效，则需要实施控制测试，样本规模增大。实务中，注册会计师通常设定 3% 至 7% 的偏差率以表示较高的控制有效性，而 20% 的偏差率意味着控制可能无效，无须测试。表 7-3 列示了可容忍偏差率与计划评估的控制有效性之间的关系。

表 7-3　　可容忍偏差率和计划评估的控制有效性之间的关系

计划评估的控制有效性	可容忍偏差率（近似值，%）
高	3～7
中	6～12
低	11～12
最低	不进行控制测试

（3）预计总体偏差率。在控制测试中，注册会计师根据对控制的了解和少量样本的检查来评估预计总体偏差率。这个偏差率与样本规模同向变化：预计偏差率越高，需要的样本规模也越大。预计偏差率不应超过可容忍偏差率，如果过高则可能意味着控制无效，审计师可能选择不进行控制测试而进行更多的实质性审计。

（4）总体规模。总体规模通常对样本规模影响不大，除非总体非常小。超过 5 000 个抽样单元的总体被视为大规模，对样本规模影响很小。相比之下，小规模总体进行审计抽样可能效率较低。

（5）其他因素。其他影响因素包括控制运行期间的长度、控制程序的复杂性以及控制的类型。对于长期运行或复杂的控制，需要更多样本以获取足够的证据。人工控制比自动化控制更容易出错，因此可能需要更多样本测试。如果自动化控制有效，则可能仅需少量测试。如果控制包含人工参与，则可能需要更多样本来确保其有效性。

表 7-4 列示了控制测试中影响样本规模的主要因素，并分别说明了这些影响因素在控制测试中的表现形式。

表 7 - 4　　　　　　控制测试中影响样本规模的因素

影响因素	与样本规模的关系
可接受的信赖过度风险	反向变动
可容忍偏差率	反向变动
预计总体偏差率	同向变动
总体规模	影响很小

2. 针对运行频率较低的内部控制的考虑

对于不经常运行的重要内部控制，如年末结账流程，注册会计师可以根据表 7 - 5 确定样本规模，通常选择下限。若控制有变化或缺陷，样本规模可能增大。对于唯一控制，可能需要更多样本测试。

表 7 - 5　　　　　针对运行频率较低的内部控制的考虑

控制执行频率	控制运行总规模（次）	选取的样本数量
1 次/季度	4	2
1 次/月度	12	2 ~ 4
1 次/半月	24	3 ~ 8
1 次/每周	52	5 ~ 9

3. 确定样本量

在控制测试中，注册会计师可选择统计抽样或非统计抽样来确定样本规模。非统计抽样依赖定性估计和职业判断，而统计抽样需要量化因素和统计工具来确定样本量。例如，在 10% 的信赖过度风险下，如果可容忍偏差率为 5%，预计偏差率为 0，则样本规模为 45（见表 7 - 6）。

表 7 - 6　　　控制测试统计抽样样本规模——信赖过度风险 10%

预计总体偏差率	可容忍偏差率						
	2%	3%	4%	5%	6%	7%	8%
0	114（0）	76（0）	57（0）	45（0）	38（0）	32（0）	28（0）
0.25%	194（1）	129（1）	96（1）	77（1）	64（1）	55（1）	48（1）
0.50%	194（1）	129（1）	96（1）	77（1）	64（1）	55（1）	48（1）
0.75%	265（2）	129（1）	96（1）	77（1）	64（1）	55（1）	48（1）
1.00%	*	176（2）	96（1）	77（1）	64（1）	55（1）	48（1）
1.25%	*	221（3）	132（2）	77（1）	64（1）	55（1）	48（1）

续表

预计总体 偏差率	可容忍偏差率						
	2%	3%	4%	5%	6%	7%	8%
1.50%	*	*	132（2）	105（2）	64（1）	55（1）	48（1）
1.75%	*	*	166（3）	105（2）	88（2）	55（1）	48（1）
2.00%	*	*	198（4）	132（3）	88（2）	75（2）	48（1）

注：①括号内是可接受的偏差数。②＊表示样本规模太大，因而在大多数情况下不符合成本效益原则。③本表假设总体足够大。

（三）选取样本并对样本实施审计程序

在选取样本时，注册会计师可采用统计或非统计抽样，并选择合适的选样方法，如简单随机、系统或随意选样。他们应针对样本实施适当的审计程序，记录存在的控制偏差。可能出现的情况包括无效单据、未使用或不适用的单据、对总体估计错误、提前停止测试和无法检查选取的项目。在这些情况下，注册会计师需采取相应措施，如替换单据、调整抽样或评估样本项目。

三、评价样本结果阶段

在完成对样本的测试并汇总控制偏差之后，注册会计师应当评价样本结果，对总体得出结论，即样本结果是否支持计划评估的控制有效性，从而支持计划的重大错报风险评估水平。在此过程中，无论使用统计抽样方法还是非统计抽样方法，注册会计师都需要运用职业判断。

（一）计算偏差率

将样本中发现的偏差数量除以样本规模，就可以计算出样本偏差率。样本偏差率就是注册会计师对总体偏差率的最佳估计，因而在控制测试中无须另外推断总体偏差率，但注册会计师还必须考虑抽样风险。

实务中，多数样本可能不会出现控制偏差。因为注册会计师实施控制测试，通常意味着准备信赖内部控制，预期控制有效运行。如果在样本中发现偏差，注册会计师需要根据偏差率和偏差发生的原因，考虑控制偏差对审计工作的影响。

$$样本偏差率 = \frac{发现的样本偏差数}{样本规模}$$

（二）考虑抽样风险

如本章第一节所述，抽样风险是指注册会计师根据样本得出的结论，可能不同于如果对整个总体实施与样本相同的审计程序得出的结论的风险。在控制测试中评价样本结果时，注册会计师应当考虑抽样风险。也就是说，如果总体偏差率（即样本偏差率）低于可容忍偏差率，注册会计师还要考虑即使实际的总体偏差率大于可容忍偏差率时仍出现这种结果的风险。

1. 使用统计抽样方法

注册会计师在统计抽样中通常使用公式、表格或计算机程序直接计算在确定的信赖过度风险水平下可能发生的偏差率上限。

（1）使用统计公式评价样本结果。

$$总体偏差上限 = \frac{风险系数}{样本量}$$

表7-7列示了在控制测试中常用的风险系数。

表7-7 控制测试中常用的风险系数

样本中发现偏差的数量	信赖过度风险	
	5%	10%
0	3.0	2.3
1	4.8	3.9
2	6.3	5.3
3	7.8	6.7
4	9.2	8.0
5	10.5	9.3
6	11.9	10.6
7	13.2	11.8

（2）使用样本结果评价表。注册会计师也可以使用样本结果评价表评价统计抽样的结果。表7-8列示了可接受的信赖过度风险为10%时的总体偏差率上限。

表7-8 控制测试中统计抽样结果评价
——信赖过度风险10%时的偏差率上限

样本规模	实际发现的偏差数										
	0	1	2	3	4	5	6	7	8	9	10
20	10.9	18.1	*	*	*	*	*	*	*	*	*
25	8.8	14.7	19.9	*	*	*	*	*	*	*	*
30	7.4	12.4	16.8	*	*	*	*	*	*	*	*

续表

样本规模	实际发现的偏差数										
	0	1	2	3	4	5	6	7	8	9	10
35	6.4	10.7	14.5	18.1	*	*	*	*	*	*	*
40	5.6	9.4	12.8	16.0	19.0	*	*	*	*	*	*
45	5.0	8.4	11.4	14.3	17.0	19.7	*	*	*	*	*
50	4.6	7.6	10.3	12.9	15.4	17.8	*	*	*	*	*
55	4.1	6.9	9.4	11.8	14.1	16.3	18.4	*	*	*	*

注①＊表示超过20%。②本表以百分比表示偏差率上限，本表假设总体足够大。

计算出估计的总体偏差率上限后，注册会计师通常可以对总体进行如下判断：

（1）估计的总体偏差率上限低于可容忍偏差率，总体可以接受；

（2）估计的总体偏差率上限低于但接近可容忍偏差率，考虑是否接受总体，并考虑是否需要扩大测试范围；

（3）估计的总体偏差率上限大于或等于可容忍偏差率，总体不能接受，应当修正重大错报风险评估水平，并增加实质性程序的数量；或对影响重大错报风险评估水平的其他控制进行测试，以支持计划的重大错报风险评估水平。

假定一：

上例中，注册会计师对55个项目实施了既定的审计程序，且未发现偏差，注册会计师确定的总体最大偏差率为4.18%，注册会计师可得出如下结论：

（1）注册会计师认为总体实际偏差率超过4.18%的风险为10%。

（2）注册会计师有90%的把握保证总体实际偏差率不超过4.18%。

（3）由于注册会计师确定的可容忍偏差率为7%，因此可以得出结论，总体的实际偏差率超过可容忍偏差率的风险很小，总体可以接受。

（4）样本结果证实注册会计师对控制运行有效性的估计和评估的重大错报风险水平是适当的。

（5）按计划实施审计程序。

假定二：

上例中，注册会计师对55个项目实施了既定的审计程序，且发现2个偏差，注册会计师确定的总体最大偏差率为9.64%，注册会计师可得出如下结论：

（1）总体实际偏差率超过9.64%的风险为10%。

（2）在可容忍偏差率为 7% 的情况下，注册会计师可以得出结论。总体的实际偏差率超过可容忍偏差率的风险很大，因而不能接受总体。

2. 使用非统计抽样方法

在非统计抽样中，抽样风险无法直接计量。注册会计师通常将估计的总体偏差率（即样本偏差率）与可容忍偏差率相比较，以判断总体是否可以接受。

（1）样本偏差率大于可容忍偏差率，总体不能接受；

（2）样本偏差率大大低于可容忍偏差率，总体可以接受；

（3）样本偏差率低于但接近可容忍偏差率，总体不可接受；

（4）样本偏差率低于可容忍偏差率，其差额不大不小，考虑是否接受总体，考虑扩大样本规模或实施其他测试，以进一步收集证据。

（三）考虑偏差的性质和原因

无论是统计抽样还是非统计抽样，对样本结果的定性评估和定量评估一样重要。

即使样本的评价结果在可接受的范围内，注册会计师也应对样本中的所有控制偏差进行定性分析，并评价其对审计程序的目的和审计的其他方面可能产生的影响。

如果对控制偏差的分析表明是故意违背了既定的内部控制政策或程序，注册会计师应考虑存在重大舞弊的可能性。

（四）得出总体结论

在计算偏差率、考虑抽样风险、分析控制偏差的性质和原因之后，注册会计师需要运用职业判断得出总体结论。

1. 内控有效

如果样本结果及其他相关审计证据支持计划评估的控制有效性，从而支持计划的重大错报风险评估水平，注册会计师可能不需要修改计划的实质性程序。

如果样本未出现控制偏差，注册会计师通常认为控制能有效运行，拟信赖内部控制。

2. 内控无效

如果样本结果不支持计划的控制运行有效性和重大错报风险的评估水平，注册会计师通常有两种选择：

（1）进一步测试其他控制（如补偿性控制），以支持计划的控制运行有效性和重大错报风险的评估水平；

（2）提高重大错报风险评估水平，并相应修改计划的实质性程序的性质、时间安排和范围。

（五）统计抽样示例

假设注册会计师准备使用统计抽样方法，测试现金支付授权控制运行的有效性。注册会计师作出下列判断：（1）为发现未得到授权的现金支付，注册会计师将所有已支付现金的项目作为总体；（2）定义的抽样单元为现金支付单据上的每一行；（3）偏差被定义为没有授权人签字的发票和验收报告等证明文件的现金支付；（4）可接受信赖过度风险为10%；（5）可容忍偏差率为7%；（6）根据上年测试结果和对控制的初步了解，预计总体的偏差率为1.75%；（7）由于现金支付业务数量很大，总体规模对样本规模的影响可以忽略。

在表7-6中，信赖过度风险为10%时，7%可容忍偏差率与1.75%预计总体偏差率的交叉处为55，即所需的样本规模为55。注册会计师使用简单随机选样法选择了55个样本项目，并对其实施了既定的审计程序。

（1）假设在这55个项目中未发现偏差，注册会计师利用统计公式，在表7-7中查得风险系数为2.3，并据此计算出总体最大偏差率为4.18%（也可以选择表7-8，估计出总体的偏差率上限为4.1%，与利用公式计算的结果接近）。这意味着，如果样本量为55且无一例偏差，总体实际偏差率超过4.18%的风险为10%，即有90%的把握保证总体实际偏差率不超过4.18%。由于注册会计师确定的可容忍偏差率为7%，因此可以得出结论，总体的实际偏差率超过可容忍偏差率的风险很小，总体可以接受。也就是说，样本结果证实注册会计师对控制运行有效性的估计和评估的重大错报风险水平是适当的。

（2）假设在这55个样本中发现两个偏差，注册会计师利用统计公式，计算出总体最大偏差率为9.64%（也可以选择样本结果评价表，估计出总体的偏差率上限为9.4%，与利用公式计算的结果接近）。这意味着，如果样本数量为55且有两个偏差，总体实际偏差率超过9.64%的风险为10%。在可容忍偏差率为7%的情况下，注册会计师可以得出结论。总体的实际偏差率超过可容忍偏差率的风险很大，因而不能接受总体。

四、记录抽样程序

注册会计师应记录审计抽样过程，包括控制描述、目标、总体和抽样单元定义、偏差条件、风险水平、样本规模确定、选样方法、样本项目、抽样程序实施和样本评价。评价应涉及偏差数量、推断的偏差率、抽样风险考量以及样本结果对重大错报风险评估的支持程度。

工作底稿还应记录偏差的性质和影响。

第三节 审计抽样在细节测试中的运用

一、样本设计阶段

（一）确定测试目标

细节测试的目的是识别财务报表中各类交易、账户余额和披露中存在的重大错报。在细节测试中，审计抽样通常用来测试有关财务报表金额的一项或多项认定（如应收账款的存在）的合理性。如果该金额是合理正确的，注册会计师将接受与之相关的认定，认为财务报表金额不存在重大错报。

7.8 案例分析：GHI 公司的内部控制审计

7.9 视频：审计抽样在细节测试中的应用

（二）定义总体

在实施审计抽样之前，注册会计师必须仔细定义总体。确定抽样总体的范围，确保总体的适当性和完整性。

1. 适当性

注册会计师需确保抽样总体适合审计目标。例如，为发现被隐瞒项目的错报，应从相关来源抽样。不同性质的交易可能产生不同类型的账户余额，需根据风险和审计目标区分对待，如应收账款中的借方和贷方余额，分别测试以有效实现审计目标。

2. 完整性

确保抽样实物完整代表总体，如现金支付单据反映所有现金支付。细节测试需区分重大项目，进行100%检查，不纳入抽样总体。销售收入和成本应视为独立总体，合并毛利率抽样可能掩盖收入舞弊。

（三）定义抽样单元

在细节测试中，注册会计师根据审计目标和程序性质定义抽样单元，如账户余额、交易或记录。选择标准是效率和效果。定义单元时，也考虑审计程序的难易程度。例如，将单元定义为每笔交易可提高审计抽样的效率。

（四）界定错报

在细节测试中，注册会计师界定错报以符合审计目标。例如，应

收账款函证中的款项支付和收款不构成错报。即使客户间账目误登，只要不影响总账余额，也不视为错报。同样，已发现并更正的错报也不应计入。

二、选取样本阶段

（一）确定抽样方法

在细节测试中，审计抽样可采用统计方法或非统计方法，其中统计方法包括货币单元抽样和传统变量抽样。传统变量抽样基于正态分布，能以较小样本规模应对账面与审定金额的较大差异，适合关注总体低估的情况，且易于扩大样本规模，无须特别考虑零余额项目。但其计算复杂，需要计算机辅助，样本规模估计困难，可能受异常项目影响，且在几乎无错报时无效。

传统变量抽样运用正态分布理论，根据样本结果推断总体的特征。在细节测试中运用传统变量抽样时，常见的方法有以下三种。

1. 均值法

使用这种方法时，注册会计师先计算样本中所有项目审定金额的平均值，然后用这个样本平均值乘以总体规模，得出总体金额的估计值。总体估计金额和总体账面金额之间的差额就是推断的总体错报。均值法的计算公式如下：

（1）计算样本平均价值（每一笔业务的平均金额）。

$$样本平均金额 = \frac{样本审定金额}{样本规模}$$

（2）估计总体金额。

$$估计的总体金额 = 样本平均金额 \times 总体规模$$

（3）估计总体错报。

$$估计的总体错报金额 = 估计的总体金额 - 总体的账面金额$$

例如，注册会计师从总体规模为 1 000、账面金额为 1 000 000 元的存货项目中随机选择了 200 个项目作为样本。在确定了正确的采购价格并重新计算了价格与数量的乘积之后，注册会计师将 200 个样本项目的审定金额加总后除以 200，确定样本项目的平均审定金额为 980 元。然后计算估计的总体金额为 980 000 元（980 × 1 000），推断的总体错报就是 20 000 元（1 000 000 - 980 000）。

2. 差额法

使用这种方法时，注册会计师先计算样本审定金额与账面金额之间的平均差额，再以这个平均差额乘以总体规模，从而求出总体的审定金额与账面金额的差额（即总体错报）。差额法的计算公式如下：

（1）计算样本平均错报（每一笔业务的错报）。

$$样本平均错报 = \frac{样本审定金额 - 样本账面金额}{样本规模}$$

（2）估计总体错报。

$$估计的总体错报金额 = 样本平均错报 \times 总体规模$$

例如，注册会计师从总体规模为 1 000、账面金额为 1 040 000 元的存货项目中选取了 200 个项目进行检查。注册会计师逐一比较 200 个样本项目的审定金额和账面金额，并将账面金额（208 000 元）和审定金额（196 000 元）之间的差异加总，得出差异总额为 12 000 元，再用这个差额除以样本项目个数 200，得到样本平均错报 60 元（12 000 ÷ 200）。然后注册会计师用这个平均错报乘以总体规模，计算出总体错报为 60 000 元（60 × 1 000），因为样本的账面金额大于审定金额，估计的总体金额为 980 000 元（1040 000 - 60 000）。

3. 比率法

使用这种方法时，注册会计师先计算样本的审定金额与账面金额之间的比率，再以这个比率去乘总体的账面金额，从而求出估计的总体金额。比率法的计算公式如下：

（1）计算样本比率（每一元账面金额的实际金额是多少）。

$$比率 = \frac{样本审定金额}{样本账面金额}$$

（2）估计总体金额。

$$估计的总体金额 = 总体账面金额 \times 比率$$

（3）估计总体错报。

$$估计的总体错报金额 = 估计的总体金额 - 总体的账面金额$$

沿用差额法举例中用到的数据，如果注册会计师使用比率法，样本审定金额与样本账面金额的比率为 0.94（196 000 ÷ 208 000）。注册会计师用总体的账面金额乘以该比例，得到估计的总体金额为 977 600 元（104 000 × 0.94），推断的总体错报则为 62 400 元（1 040 000 - 977 600）。

如果未对总体进行分层，注册会计师通常不使用均值法，因为此时所需的样本规模可能太大，不符合成本效益原则。比率法和差额法都要求样本项目存在错报，如果样本项目的审定金额和账面金额之间没有差异，这两种方法使用的公式所隐含的机理就会导致错误的结论。注册会计师在评价样本结果时常常用到比率法和差额法，如果发现错报金额与项目的金额紧密相关，注册会计师通常会选择比率法；如果发现错报金额与项目的数量紧密相关，注册会计师通常会选择差额法。不过，如果注册会计师决定使用统计抽样，且预计没有差异或只有少量差异，就不应使用比率法和差额法，而考虑使用其他的替代方法，如均值法或货币单元抽样。

（二）确定样本规模

1. 影响样本规模的因素

（1）可接受的抽样风险。

细节测试中的抽样风险涉及误受风险（未发现实际存在的重大错报）和误拒风险（错误识别不存在的重大错报）。误受风险与审计效果相关，误拒风险与审计效率相关。注册会计师需权衡审计风险、重大错报风险和检查风险来设定可接受的误受风险水平，与样本规模反向变动。同样，误拒风险与样本规模反向变动，注册会计师需在审计效率与效果间平衡，尤其在预期错报小或被审计单位拟更正时，可适当放宽对误拒风险的关注。

（2）可容忍错报。

可容忍错报是注册会计师设定的最大可接受错报金额。它反映实际执行的重要性，用于降低未发现错报的风险。注册会计师根据预期错报金额、被审计单位态度、估计金额账户数量等因素确定可容忍错报，可能低于或等于实际执行的重要性。可容忍错报与样本规模反向相关，降低可容忍错报会增加所需的样本规模。

（3）预计总体错报。

在确定细节测试样本规模时，注册会计师需考虑预计错报金额和频率，不应超过可容忍错报。预计错报越小，样本规模越小；反之，则越大。若预期错报高，100%检查或大样本规模可能更合适。判断预计错报时，需考虑被审计单位的经营状况、历史测试结果、初始样本结果、实质性程序和控制测试结果等因素。

（4）总体规模。

总体中的项目数量在细节测试中对样本规模的影响很小。因此，按总体的固定百分比确定样本规模通常缺乏效率。

（5）总体的变异性。

总体变异性指项目间某一特征（如金额）的差异程度，衡量标准是标准差。非统计抽样中，注册会计师用定性指标估计变异性，低变异性通常需要小样本。若总体高度变异，可进行分层以降低每层变异性，减小样本规模。分层依据可能包括金额、控制性质或错报风险特征。分层后，每层独立选取样本，注册会计师需综合考虑每层的错报推断。

例如，为了函证应收账款，注册会计师可以将应收账款账户按其金额大小分为三层：即账户金额在 100 000 元以上的；账户金额为 5 000 ~ 100 000 元的；账户金额在 5 000 元以下的。然后，根据各层的重要性分别采取不同的处理方法。对于金额在 100 000 元以上的应收账款账户，应进行全部函证；对于金额在 5 000 ~ 100 000 元以及 5 000 元以下的应收账款账户，则可采用适当的选样方法选取进行函证的样本。

表 7 – 9 列示了细节测试中影响样本规模的因素，并分别说明了这些影响因素在细节测试中的表现形式。

表 7 – 9   细节测试中影响样本规模的因素

影响因素	与样本规模的关系
可接受的误受风险	反向变动
可容忍错报	反向变动
预计总体错报	同向变动
总体变异性	同向变动
总体规模	影响很小

2. 确定样本量

实施细节测试时，注册会计师需综合考虑各种因素，运用职业判断确定样本规模。无论统计抽样还是非统计抽样，样本规模通常可比。必要时，非统计抽样计划可调整以提高效果，熟悉统计理论有助于更有效地运用职业判断。

（1）利用样本规模确定表。

注册会计师可参考表 7 – 10 并结合各种因素确定样本规模。例如，注册会计师确定的误受风险为 10%，可容忍错报与总体账面金额之比为 5%，预计总体错报与可容忍错报之比为 0.20，根据表 7 – 10，注册会计师确定样本规模为 69。

表 7 – 10   细节测试中货币单元抽样样本规模（误受风险 10%）

预计总体错报与可容忍错报之比	可容忍错报与总体账面金额之比							
	50%	30%	10%	8%	5%	4%	3%	2%
—	5	8	24	29	47	58	77	116
0.2	7	12	35	43	69	86	114	171
0.3	9	15	44	55	87	109	145	217
0.4	12	20	58	72	115	143	191	286
0.5	16	27	80	100	160	200	267	400

（2）注册会计师还可以使用下列公式确定样本规模：

$$样本规模 = \frac{总体账面金额}{可容忍错报} \times 保证系数$$

注册会计师可以从表 7 - 11 中选择适当的保证系数，再运用公式法确定样本规模。沿用上例的数据，如果注册会计师确定的误受风险为 10%，预计总体错报与可容忍错报之比为 0.20，根据表 7 - 11，保证系数为 3.41，由于可容忍错报与总体账面金额之比为 5%，注册会计师确定的样本规模为 69（3.41 ÷ 5% = 68.2，出于谨慎考虑，将样本规模确定为 69），这与根据表 7 - 10 得出的样本规模相同。

表 7 - 11　　　　　　　抽样确定样本规模时的保证系数

预计总体错报与可容忍错报之比	误受风险								
	5%	10%	15%	20%	25%	30%	35%	37%	50%
0.00	3.00	2.31	1.90	1.61	1.39	1.21	1.05	1.00	0.70
0.05	3.31	2.52	2.06	1.74	1.49	1.29	1.12	1.06	0.73
0.10	3.68	2.77	2.25	1.89	1.61	1.39	1.20	1.13	0.77
0.15	4.11	3.07	2.47	2.06	1.74	1.49	1.28	1.21	0.82
0.20	4.63	3.41	2.73	2.26	1.90	1.62	1.38	1.30	0.87
0.25	5.24	3.83	3.04	2.49	2.09	1.76	1.50	1.41	0.92
0.30	6.00	4.33	3.41	2.77	2.30	1.93	1.63	1.53	0.99

（三）选 取 样 本 并 对 其 实 施 审 计 程 序

注册会计师应当仔细选取样本，以使样本能够代表抽样总体的特征。注册会计师可以根据具体情况，从简单随机选样、系统选样或随意选样中挑选适当的选样方法选取样本，也可以使用计算机辅助审计技术提高选样的效果。

在选取样本之前，注册会计师通常先识别单个重大项目。然后，从剩余项目中选取样本，或者对剩余项目分层，并将样本规模相应分配给各层。例如，排除需要 100% 检查的单个重大项目之后，注册会计师可以按照金额大小将其分成三层：第一层包含账面金额 5 万元以上的 5 个大额项目，该层账面金额小计为 500 000 元，全部选为样本。第二层包含账面金额 0.5 万 ~ 5 万元的 250 个项目，该层账面金额小计为 2 500 000 元。选取样本 58 个。第三层包含账面金额 0.5 万元以下的 650 个项目，该层账面金额小计为 1 250 000 元。选取样本 28 个。注册会计师从每一层中选取样本，但选取的方法应当能使样本具有代表性。总体分层如表 7 - 12 所示。

表 7-12   对总体进行分层

级别	金额构成	总金额	账户数	样本量
1	5 万元以上	500 000	5	5
2	0.5 万~5 万元	2 500 000	250	58
3	0.5 万元以下	1 250 000	650	28

注册会计师应执行适合具体审计目标的审计程序。若无法检查项目，需考虑其对样本评价的影响，并实施替代程序获取所需证据。考虑无法检查的原因对重大错报或舞弊风险评估的影响，样本可能包含未使用或无效项目，如总体包含所有支票，包括空白支票，注册会计师可能增加样本规模以应对这种可能性。

三、评价样本结果阶段

评价样本结果阶段分为推断总体的错报、考虑抽样风险、分析错报的性质与原因、得出总体结论。

（一）推断总体的错报

注册会计师可以使用比率法、差异法等，将样本中发现的错报金额用来估计总体的错报金额。

1. 比率法

$$总体错报金额 = \frac{样本错报金额}{样本账面金额} \times 总体账面金额$$

适用范围：在错报金额与抽样单元金额相关时最为适用。

2. 差异法

$$总体错报金额 = \frac{样本错报金额}{样本规模} \times 总体规模$$

适用范围：错报金额与抽样单元相关时最为适用。

（二）考虑抽样风险

（1）在统计抽样中，注册会计师利用推断的总体错报再结合抽样风险，计算出总体错报上限并与可容忍错报进行比较来评价抽样结果。当推断的总体错误上限大于或等于可容忍错误时，结果为"总体不能接受"。相反，当推断的总体错误上限低于可容忍错误时，结果为"总体可以接受"。

（2）在非统计抽样中，注册会计师将推断的总体错报和可容忍错报进行比较，运用职业判断和经验考虑抽样风险。如果推断的总体错误低于但接近、等于或超过可容忍错误，结果为"不接受"。如果推断的总体错误低于可容忍错误但差距既不很小又不大，结果为"考虑是否接受"。如果推断的总体错误远远低于可容忍错误，结果为"接受"。

在细节测试时，总体可以接受，表明所测试的交易或账户余额不存在重大错报；当总体不能接受时，表明所测试的交易或账户余额存在重大错报。注册会计师应建议被审计单位对错报进行调查，且在必要时调整账面记录。

（三）考虑错报的性质和原因

注册会计师评价错报时，除考虑金额和频率外，还应分析错报的性质和原因，以及其与审计工作其他阶段的关系。这些因素包括错报对法律法规、债务契约、会计政策选择、盈利趋势、财务指标、分部信息、管理层薪酬、沟通影响、特定当事人、信息遗漏、其他披露信息、账户分类错误、错报抵销、未来影响、更正成本、额外错报风险、错报环境影响、使用者需求影响、错报特征和动机。

（四）得出总体结论

（1）如果注册会计师认为账面金额可能存在错报（含推断的错报），通常会建议被审计单位对错报进行调查，并在必要时进行调整（先提请管理层修改）。

（2）依据被审计单位的调整，注册会计师应当将该类交易或账户余额中未更正的错报与其他交易或账户余额中的未更正错报累计起来，以评价总体错报是否对财务报表整体产生重大影响。无论错报总额是否超过可容忍错报，注册会计师都应当要求被审计单位的管理层记录已发现的事实错报（除非明显微小）。

（3）如果样本结果表明注册会计师在作出抽样计划时依据的假设（风险评估）有误，注册会计师应当采取追加样本或修改实质性程序等适当的行动。

7.10 非统计抽样示例

7.11 统计抽样示例

四、记录抽样程序

在细节测试中使用审计抽样时，注册会计师须记录测试目标、影响账户、总体定义、错报定义、风险水平、错报估计、抽样方法、样本规模确定、选样、样本项目、抽样程序实施、样本评价、总体结论和重要性质因素。

【本 章 小 结】

审计抽样是审计过程中的一个重要环节，其目的是通过对样本的检查，对总体进行合理的推断。本章主要介绍了审计抽样的概念、种类、步骤和方法，以及如何对样本结果进行评价。

首先，审计抽样可以分为统计抽样和非统计抽样两种。统计抽样是利用概率方法来评价抽样风险，而非统计抽样则是依靠审计师的职业判断来评价抽样风险。无论是统计抽样还是非统计抽样，都需要审计师具备专业的判断能力。

其次，审计抽样主要包括以下几个步骤：确定测试目的、确定样本规模、选取样本项目、实施样本检查和评价样本结果。在确定样本规模时，需要考虑审计目标、审计对象总体及抽样单位、抽样风险和非抽样风险、可信赖程度、可容忍误差、预期总体误差等因素。

最后，对样本结果的评估是审计抽样的关键环节。审计师需要根据样本检查的结果，对总体进行合理的推断，并考虑抽样风险和非抽样风险对审计结论的影响。

总的来说，审计抽样是审计过程中的一个重要工具，可以帮助审计师有效地获取审计证据，提高审计效率，降低审计风险。然而，审计抽样也需要审计师具备专业的判断能力和丰富的实践经验，才能有效地运用。

【本章重要术语】

1. 审计抽样　　　　　　2. 属性抽样

3. 样本规模　　　　　　4. 抽样风险

5. 误拒风险　　　　　　6. 信赖不足风险

7. 随机选样　　　　　　8. 偏差

9. 非抽样风险

7.12　专业术语解释

【复习与思考】

1. 审计抽样的目的是什么？它与全面审计有什么不同？

2. 统计抽样和非统计抽样有什么区别？在什么情况下，审计师可能会选择使用非统计抽样？

3. 如何确定样本规模？样本规模的决定因素有哪些？

4. 抽样风险和非抽样风险有何不同？审计师如何控制这些风险？

5. 什么是误拒风险和信赖不足风险？它们对审计结论有什么影响？

7.13　复习与思考答案

6. 随机选样是如何进行的？它为什么能够提高样本的代表性和可靠性？

7. 在审计过程中，审计师如何识别和处理偏差？偏差对审计结论有什么影响？

第八章
审 计 计 划

【学 习 目 标】

1. 理解和掌握审计计划的概念。
2. 理解接收业务委托前需要了解客户的哪些方面。
3. 了解业务约定书包含的内容。
4. 了解和掌握总体审计策略和具体审计计划及其具体内容。
5. 结合思政案例理解计划在复杂工作中的重要意义，明确审计计划对于审计工作的必要性，培养在工作中重视规划、践行科学计划的意识和能力。

【本章知识逻辑结构图】

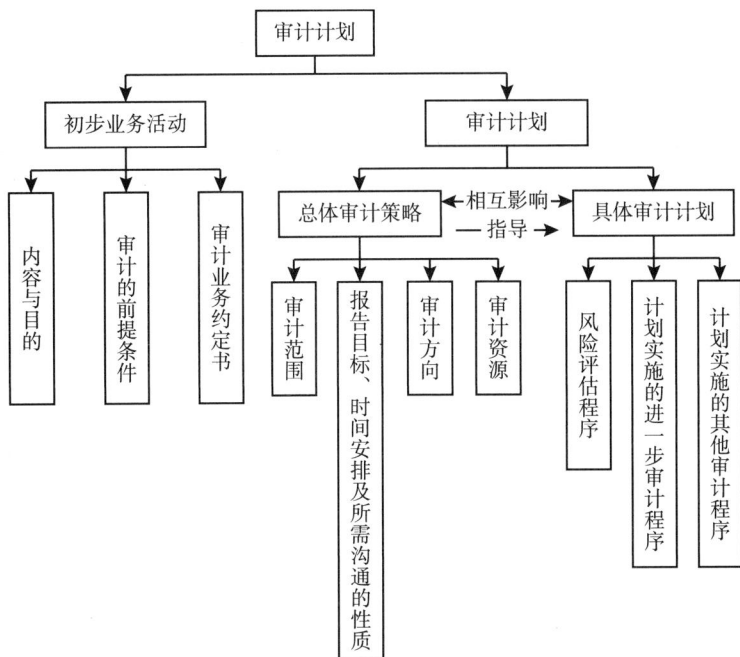

```
                        审计计划
            ┌──────────────┴──────────────┐
        初步业务活动                      审计计划
    ┌───────┼───────┐          ┌───────────┼───────────┐
  内容   审计的   审计业务    总体审计策略 ←相互影响→ 具体审计计划
  与目   前提条   约定书                  ─指导→
  的     件
              ┌────┬────┬────┬────┐    ┌────┬────┬────┐
            审计  报告  审计  审计   风险  计划  计划
            范围  目标  方向  资源   评估  实施  实施
                  、时                程序  的进  的其
                  间安                      一步  他审
                  排及                      审计  计程
                  所需                      程序  序
                  沟通
                  的性
                  质
```

【引 导 案 例】

联区金融集团租赁公司审计风波——审计计划失误的警示

　　美国联区金融集团租赁公司自创立以来一直是金融服务领域里的一颗耀眼明星，它的业务遍布美国，雇员人数超过四万，在美国各地拥有十个分支机构。它帮助无数企业通过融资租赁的方式获得了所需的设备和资产，而其未收回的应收租赁款接近 4 亿美元，占到公司合并总资产的 35%。然而，到了 1981 年底，市场开始发生变化。联区金融集团租赁公司采取的进攻性市场策略开始显现出它的弊端，随着债务拖欠率的上升，公司发现自己陷入了一个棘手的财务困境。

　　美国证券交易委员会（SEC）注意到了联区金融的财务报表，并对其提出了质疑：公司在其财务报表中对应收租赁款计提的坏账准备金似乎远远不够。尽管公司逐年提高了坏账准备率，从 1981 年以前的 1.5% 增至 1981 年的 2%，再到 1982 年的 3%，但这样的固定比率似乎太小，无法覆盖实际的风险。到了 1982 年 9 月，超过欠款期限的应收账款金额高达 20% 以上，这意味着公司财务报表中的该账户金额可能被严重低估。SEC 对塔奇·罗斯会计师事务所在联区金融 1981 年度审计中的表现表示不满，指责该年度的审计大部分是以前年度审计计划的直接延续，"没有进行充分的计划和监督"，具体表现为：

　　（1）对超期应收租赁款的忽视：审计团队未能充分探究公司内部会计控制系统是否能精准追踪每笔应收租赁款的到期时间。这导致了一个问题：他们无法验证从客户那里获得的超期账款汇总表的准确性。

　　（2）审计样本的局限性：审计计划仅仅涵盖了一小部分（8%）未收回的应收租赁款，而且审计人员主要关注的是那些金额较大、拖欠期超过 120 天的账款。这种做法让审计人员忽视了大量可能无法收回的款项。

　　（3）坏账核销政策检查的不尽责：尽管审计计划中提到了对客户坏账核销政策的复核，但审计人员并没有亲自确认这些政策是否得到了实际执行。事实上，联区金融集团租赁公司在处理无法收回的租赁款时，似乎采取了一种灵活的核销方法，这与他们公开的政策并不一致。

　　（4）审计专长短板：面对联区金融集团租赁公司复杂的业务和高风险性，审计团队似乎缺乏必要的行业经验和对客户业务的深入了解。公司会计主管后来证实，事务所指派的审计人员中，有许多人对租赁行业知之甚少。

　　最后，美国证券交易委员会决定对该会计师事务所进行惩罚，要求其承担出具虚假会计报告带来的损失。

问题：

1. 请问该案例中塔奇·罗斯会计师事务所制订的审计计划存在哪些问题？

2. 针对上述审计计划中的问题，你认为该会计师事务所应该如何改进？

资料来源：改编自李若山，陈朝晖．联区金融集团租赁公司审计案例［J］．注册会计师通讯，1998（4）：42－48．

第一节　初步业务活动

一、初步业务活动的内容与目的

初步业务活动是指注册会计师在本期审计业务开始时开展的有利于计划和执行审计工作，实现审计目标的活动总称。《中国注册会计师审计准则第1201号——计划审计工作》第六条规定，注册会计师应当在本期审计业务开始时开展初步业务活动。

初步业务活动的内容主要包括以下三个方面。

（一）针对保持客户关系和具体审计业务实施对应的质量管理程序

按照《中国注册会计师审计准则第1121号——对财务报表审计实施的质量管理》的规定，注册会计师针对保持客户关系和具体审计业务，实施相应的质量管理程序。注册会计师主要对被审计单位的主要股东、关键管理人员和治理层是否诚信进行评价，认为其诚信度是可以接受的。

（二）评价遵守职业道德规范的情况

按照《中国注册会计师审计准则第1121号——对财务报表审计实施的质量管理》的规定，注册会计师评价遵守相关职业道德要求（包括评价遵守独立性要求）的情况。主要对会计师事务所和签字注册会计师的独立性、胜任能力和时间精力进行评价，认为独立性、专业胜任能力等都符合职业道德要求。该项确认工作应该在安排其他审计工作之前完成，以确保注册会计师已经具备执行所需业务的独立性和专业胜任能力，且不存在因为诚信问题而影响注册会计师保持该项业务的意愿等情况。在连续审计业务中，这些初步业务活动通常是在上期审计工作结束后布局或将要结束时就已经开始了。

8.1 延伸阅读：《中国注册会计师审计准则第1201号——计划审计工作》（2022年1月5日修订）

8.2 延伸阅读：《中国注册会计师审计准则第1121号——对财务报表审计实施的质量管理》（2020年11月19日修订）

8.3 延伸阅读：《中国注册会计师审计准则第1111号——就审计业务约定条款达成一致意见》（2022年1月5日修订）

（三）及时签订或修改审计业务约定书

按照《中国注册会计师审计准则第1111号——就审计业务约定条款达成一致意见》的规定，注册会计师与被审计单位就审计业务约定条款达成一致意见。在作出接受或保持客户关系及具体审计业务决策后，注册会计师应当按照准则要求，在具体审计业务开始前，与被审计单位就业务约定条款达成一致意见，签订或修改审计业务约定书，以避免双方对审计业务的理解产生分歧。

注册会计师开展初步业务活动，有以下三个目的：

（1）确保注册会计师已具备执行业务需要的独立性和专业胜任能力。

（2）确保不存在因管理层诚信问题而影响注册会计师保持该项业务意愿的情况。

（3）确保与被审计单位不存在对业务约定条款的误解。

二、审计的前提条件

8.4 视频：初步业务活动

按照《中国注册会计师审计准则第1111号——就审计业务约定条款达成一致意见》的规定，审计的前提条件是指管理层在编制财务报表时采用可接受的财务报告编制基础，以及管理层对注册会计师执行审计工作的前提的认同。

为了确定审计的前提条件是否存在，注册会计师应当注意以下问题：

（1）确定管理层在编制财务报表时采用的财务报告编制基础是否为可接受的，具体可考虑：

①被审计单位的性质（如是否为营利组织）。

②财务报表的目的（如是否为通用目的编制基础）。

③财务报表的性质（如单一还是整套财务报表）。

④法律法规是否规定了适用的财务报告编制基础。

（2）就管理层认可并理解其责任与管理层达成一致意见。

8.5 延伸阅读：《中国注册会计师审计准则第1341号——书面声明》（2022年12月22日修订）

按照《中国注册会计师审计准则第1341号——书面声明》的规定，注册会计师应当要求管理层就其已履行的某些责任提供书面声明。因此，注册会计师需要获取针对管理层责任的书面声明、其他审计准则要求的书面声明以及在必要时需要获取用于支持其他审计证据（用以支持财务报表或者一项或多项具体认定）的书面声明。注册会计师需要使管理层意识到这一点。

如果管理层不认可其责任或不同意提供书面声明，注册会计师将有可能不能获取充分、适当的审计证据。在这种情况下，注册会计师承接此类审计业务是不恰当的，除非法律法规另有规定。如果法律法规要求承接此类审计业务，注册会计师可能需要向管理层解释这种情况的重要性及其对审计报告的影响。

三、审计业务约定书

审计业务约定书是指会计师事务所与被审计单位签订的，用以记录和确定审计业务的委托与受托关系、审计目标和范围、双方的责任以及报告的格式等事项的书面协议。审计业务约定书具有经济合同的性质，一经约定双方签字认可，即具有法律约束力。签署审计业务约定书的目的是约定双方的责任和义务，促使双方遵守约定事项并加强合作，以保护会计师事务所与被审计单位的利益。从审计工作本身来看，当委托和受托目标全部实现后，即审计工作全部完成后，注册会计师应将审计业务约定书妥善保管，作为一项重要的审计工作底稿资料，纳入审计档案管理。

8.6　视频：审计业务约定书

（一）审计业务约定书的基本内容

（1）财务报表审计的目标与范围。

（2）注册会计师的责任。

（3）管理层的责任。

（4）适用的财务报告编制基础。

（5）审计报告的预期形式和内容，以及对在特定情况下出具的审计报告可能不同于预期形式和内容的说明。

（二）审计业务约定书的履行程序

（1）如果首次接受业务委托，应实施下列程序：

①与委托人面谈，讨论下列事项：审计的目标；审计报告的用途；管理层对财务报表的责任；审计范围；执行审计工作的安排，包括出具审计报告的时间要求；审计报告格式和对审计结果的其他沟通形式；管理层提供必要的工作条件和协助；注册会计师不受限制地接触任何与审计有关的记录、文件和所需要的其他信息；与审计涉及的客户内部审计人员和其他员工工作上的协调（必要时）；审计收费，包括收费的计算基础和收费安排。

②初步了解客户及其环境，进行初步业务风险评估并予以记录。

③征得客户书面同意后，与前任注册会计师沟通。

（2）如果是连续审计，实施下列程序：

①了解审计的目标、审计报告的用途、审计范围和时间安排等是否发生变化。

②查阅以前年度审计工作底稿，重点关注非标准审计报告、管理建议书和重大事项概要等。

③初步了解客户及其环境发生的重大变化，进行初步业务风险评估并予以记录。

④考虑是否需要修改业务约定条款，是否需要提醒客户注意现有的业务约定条款。

（三）审计业务约定书的特殊考虑

（1）对于组成部分的审计，如果母公司的注册会计师同时也是组成部分注册会计师，需要决定是否向组成部分单独致送审计业务约定书。

（2）对于连续审计，注册会计师可以决定不在每期都致送新的审计业务约定书或其他书面协议，除非出现以下可能导致注册会计师修改审计业务约定条款或提醒被审计单位注意现有的业务约定条款的因素：

①有迹象表明被审计单位误解了审计目标和范围；
②需要修改约定条款或增加特别条款；
③被审计单位高级管理人员近期发生变动；
④被审计单位所有权发生重大变动；
⑤被审计单位业务的性质或规模发生重大变化；
⑥法律法规的规定发生变化；
⑦编制财务报表采用的财务报告编制基础发生变更；
⑧其他报告要求发生变化。

（3）审计业务约定条款的变更。

审计业务变更是指将已经承接的审计业务变更为保证程度较低的业务，如图 8 - 1 所示。

8.7 延伸阅读：是否向组成部分单独致送审计业务约定书考虑哪些因素呢？

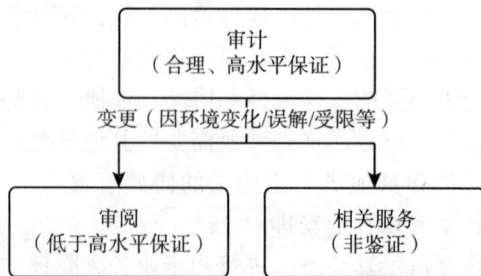

图 8 - 1 审计业务约定条款的变更情况

如图 8 - 1 所示，被审计单位可能由于下列事项要求注册会计师变更审计业务约定条款：

①环境变化对审计服务的需求产生影响；

②对原来要求的审计业务的性质存在误解；

③无论是管理层施加的还是其他情况引起的审计范围受到限制。

注册会计师应当考虑要求变更审计业务约定条款的理由是否合理，特别是审计范围存在限制的影响。上述第①项和第②项通常被认为是变更业务的合理理由。

如果有迹象表明变更审计业务约定条款的要求与错误的、不完整的或不能令人满意的信息有关，该变更不能认为是合理的。例如，如果注册会计师不能就应收款项获取充分、适当的审计证据，而被审计单位要求将审计业务变更为审阅业务，以避免注册会计师发表保留意见或无法表示意见，则该变更是不合理的。

如果注册会计师认为将审计业务变更为审阅业务或相关服务业务具有合理理由，具体来说：

①截至变更日已执行的审计工作与变更后的审阅业务相关，在出具审阅报告时，注册会计师在审阅报告中不提及原审计业务的任何情况。

②为避免引起报告使用者的误解，注册会计师对相关服务出具的报告中不应提及下列事项：

一是原审计业务。

二是在原审计业务中已执行的程序。

（4）只有将审计业务变更为执行商定程序业务，注册会计师才可以在报告中提及已执行的程序。

第二节　总体审计策略和具体审计计划

8.8　延伸阅读：审计业务约定书示例 1——参考格式（合同式）

8.9　延伸阅读：审计业务约定书示例 2——参考格式（信函式）

8.10　课程思政：脱贫攻坚——计划之光引领胜利之路，审计之鉴彰显规划之力

根据《中国注册会计师审计准则第 1201 号——计划审计工作》的规定，注册会计师应当做好计划审计工作，使审计业务以有效的方式得到执行。计划审计工作包括针对审计业务制定总体审计策略和制订具体审计计划，以将审计风险降低至可接受的低水平。项目负责人和项目组其他关键成员应当参与计划审计工作，提高计划审计工作的效率和效果。

审计计划包含两个层次：总体审计策略和具体审计计划。注册会计师应当针对总体审计策略中识别的不同事项，制订具体审计计划，并考虑通过利用审计资源实现审计目标。总体审计策略的制定在具体审计计划之前，但是两项计划活动并不是孤立、不连续的过程，而是内在紧密联系的，对其中一项的决定可能会影响甚至改变对另外一项

的决定。对此，注册会计师会在具体审计计划中制定相应的审计程序，并相应调整总体审计策略的内容，作出是否利用专家工作的决定。审计计划的层次如图8-2所示。

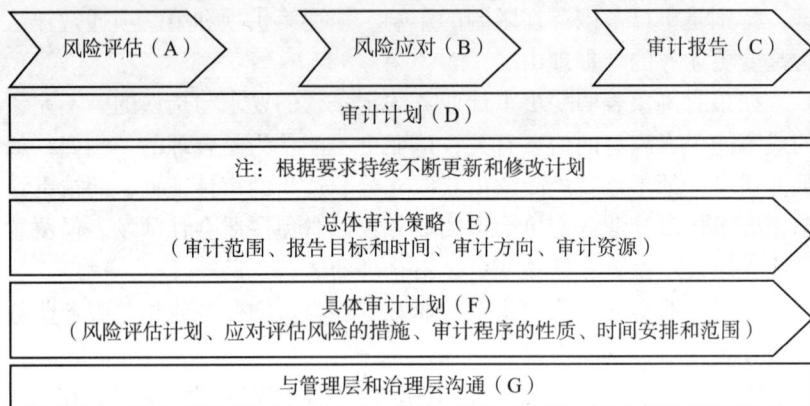

图8-2　审计计划的层次

审计计划工作贯穿在整个审计过程中，并随着审计过程的展开需要不断修订。整个审计过程可划分为三大环节，即风险评估（图8-2中的英文字母A，下同）、风险应对（B）与审计报告（C），审计计划工作贯穿于这三大环节。

审计计划分为两个层次，即总体审计策略（E）和具体审计计划（F）。总体审计策略（E）主要确定审计范围、审计报告目标和时间安排、审计方向和审计资源，并且指导具体审计计划（F）的制定。具体审计计划（F）包括计划实施的风险评估程序，根据评估的重大错报风险领域设计拟实施的进一步审计程序及计划其他审计程序的性质、时间安排和范围。

根据《中国注册会计师审计准则第1101号——注册会计师的总体目标和审计工作的基本要求》的规定，注册会计师审计总体目标不仅需要对财务报表出具审计报告，而且应当将审计结果与管理层和治理层沟通（G），如审计意见类型、审计过程中不同环节识别的舞弊嫌疑或舞弊指控以及舞弊事实、与财务报表相关的内部控制重大缺陷等。

一、总体审计策略

总体审计策略用以确定审计范围、时间安排、审计方向以及审计资源，并指导具体审计计划的制定。

总体审计策略的制定应当包括如图8-3所示的四个方面内容。

8.11　视频：总体审计策略

8.12　延伸阅读：《中国注册会计师审计准则第1101号——注册会计师的总体目标和审计工作的基本要求》（2022年1月5日修订）

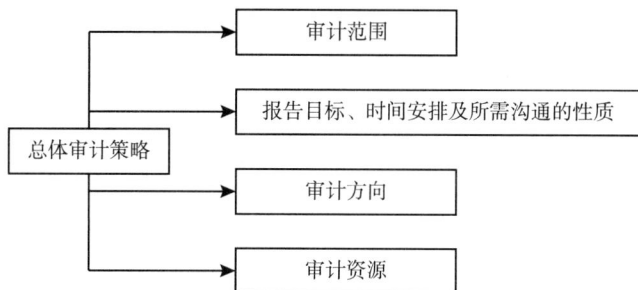

图 8 - 3 总体审计策略

（一）审计范围

确定审计范围时，注册会计师需要考虑下列三大类 14 项因素。

1. 通用考虑因素

（1）编制拟审计的财务信息所依据的财务报告编制基础，包括是否需要将财务信息调整至按照其他财务报告编制基础编制。

（2）特定行业的报告要求，如某些行业监管机构要求提交的报告。

（3）对利用在以前审计工作中获取的审计证据（如获取的与风险评估程序和控制测试相关的审计证据）的预期。

2. 集团审计因素

（1）预期审计工作涵盖的范围，包括应涵盖的组成部分的数量及所在地点。

（2）母公司和集团组成部分之间存在的控制关系的性质，以确定如何编制合并财务报表。

（3）由组成部分注册会计师审计组成部分的范围。

（4）拟审计的经营分部的性质，包括是否需要具备专门知识。

（5）除为合并目的执行的审计工作之外，还有对个别财务报表进行法定审计的需求。

3. 工作环境因素

（1）外币折算，包括外币交易的会计处理、外币财务报表的折算和相关信息的披露。

（2）内部审计工作的可获得性及注册会计师拟信赖内部审计工作的程度。

（3）被审计单位使用服务机构的情况以及注册会计师如何取得有关服务机构内部控制设计和运行有效性的证据。

（4）信息技术对审计程序的影响，包括数据的可获得性和对使用计算机辅助审计技术的预期。

（5）协调审计工作与中期财务信息审阅预期涵盖范围和时间安

排以及中期审阅所获取的信息对审计工作的影响。

（6）与被审计单位人员的时间协调和相关数据的可获得性。

（二）报告目标、时间安排及所需沟通的性质

注册会计师需要考虑以下 7 项因素：

（1）被审计单位对外报告的时间表（终点），包括中间阶段和最终阶段。

（2）与管理层和治理层举行会谈，讨论审计工作的性质、时间安排和范围（管理层和治理层）。

（3）与管理层和治理层讨论注册会计师拟出具的报告的类型和时间安排以及沟通的其他事项（口头或书面沟通），包括审计报告、管理建议书和向治理层通报的其他事项。

（4）与管理层讨论预期就整个审计业务中对审计工作的进展进行的沟通。

（5）与组成部分注册会计师沟通拟出具的报告的类型和时间安排以及与组成部分审计相关的其他事项。

（6）项目组成员之间沟通的预期性质和时间安排，包括项目组会议的性质和时间安排以及复核已执行工作的时间安排。

（7）预期是否需要和第三方进行其他沟通，包括与审计相关的法定或约定的报告责任。

（三）审计方向

审计方向一共有 15 项考虑因素，可分为三大类。

1. 初步风险识别

（1）重要性方面（包括组成部分的重要性）。

（2）重大错报风险较高的审计领域。

（3）评估的财务报表层次的重大错报对指导、监督及复核的影响。

（4）项目组人员的选择和工作分工，包括向重大错报风险较高的审计领域分派具备适当经验的人员。

（5）项目预算，包括考虑为重大错报风险可能较高的审计领域分配适当的工作时间。

（6）如何向项目组成员强调在收集和评价审计证据过程中保持职业怀疑的必要性。

2. 考虑内部控制

（1）以往审计中对内部控制运行有效性评价的结果，包括所识别的控制缺陷的性质及应对措施。

（2）管理层重视设计和实施健全的内部控制的相关证据，包括

这些内部控制得以适当记录的证据。

（3）基于交易规模、审计效率确定是否依赖内部控制。

（4）对内部控制重要性的重视程度。

（5）管理层用于识别和编制适用的财务报告编制基础所要求的披露的流程。

3. 考虑重大变化

（1）影响被审计单位经营的重大发展变化，包括信息技术、业务流程、关键管理人员变化以及收购、兼并和分立。

（2）重大行业发展情况，如行业法规变化和新的报告规定。

（3）会计准则及会计制度的变化。

（4）其他重大变化，如影响被审计单位的法律环境的变化。

（四）审计资源

审计资源主要包括以下四项具体内容：

（1）向具体审计领域调配的资源，包括向高风险领域分派有适当经验的项目组成员，就复杂的问题利用专家工作等。

（2）向具体审计领域分配资源的多少，包括分派到重要地点监盘存货的项目组成员的人数。在集团审计中复核组成部分注册会计师工作的范围，向高风险领域分配的审计时间预算等。

（3）何时调配这些资源，包括是在期中审计阶段还是在关键的截止日期调配资源等。

（4）如何管理、指导、监督这些资源，包括预期何时召开项目组预备会和总结会，预期项目合伙人和经理如何进行复核，是否需要实施项目质量管理复核等。

8.13 延伸阅读：总体审计策略计划书范例

二、具体审计计划

具体审计计划比总体审计策略更加详细，其内容包括为获取充分、适当的审计证据以将审计风险降至可接受的低水平，项目组成员拟实施的审计程序的性质、时间和范围。具体审计计划应当包括风险评估程序、计划实施的进一步审计程序和计划实施的其他审计程序。

（一）风险评估程序

按照《中国注册会计师审计准则第 1211 号——通过了解被审计单位及其环境识别和评估重大错报风险》的要求，具体审计计划应该包括为了足够识别和评估财务报表重大错报风险，注册会计师计划实施的风险评估程序的性质、时间安排和范围。

8.14 延伸阅读：《中国注册会计师审计准则第 1211 号——通过了解被审计单位及其环境识别和评估重大错报风险》（2022 年 12 月 22 日修订）

（二）计划实施的进一步审计程序

按照《中国注册会计师审计准则第 1231 号——针对评估的重大错报风险采取的应对措施》的规定，针对评估的认定层次的重大错报风险，注册会计师计划实施的进一步审计程序的性质、时间安排和范围，即控制测试和实质性程序。计划这些审计程序会随着具体审计计划的制定逐步深入，并贯穿于审计的整个过程。

进一步审计程序的总体方案是指注册会计师针对各类交易、账户余额和列报决定采用的总体方案（包括实质性方案或综合性方案）。具体审计程序通常包括控制测试和实质性程序的性质、时间和范围。

（三）计划实施的其他审计程序

审计计划应当包括根据审计准则的规定，注册会计师对审计业务需要实施的其他审计程序。计划的其他审计程序可以包括进一步程序中没有涵盖的、根据其他审计准则要求注册会计师应当执行的既定程序。

三、审计过程中对计划的更改

俗语说："计划永远赶不上变化。"计划审计工作并非审计业务的一个孤立阶段，而是一个持续的、不断修正的过程，贯穿于整个审计业务的始终。由于未预期事项、条件的变化或在实施审计程序中获取的审计证据等原因，注册会计师应当在审计过程中对总体审计策略和具体审计计划作出必要的更新和修改。

通常来讲，这些更新和修改涉及比较重要的事项。例如，对重要性水平的修改，对某类交易、账户余额和列报的重大错报风险的评估和进一步审计程序（包括总体方案和拟实施的具体审计程序）的更新和修改等。一旦计划被更新和修改，审计工作也就应当进行相应修正。如果注册会计师在审计过程中对总体审计策略或具体审计计划作出重大修改，其应当在审计工作底稿中记录作出的重大修改及修改理由。

四、指导、监督与复核

注册会计师应当就对项目组成员工作的指导、监督与复核的性质、时间和范围制订计划。对项目组成员工作的指导、监督与复核的性质、时间和范围主要取决于以下因素：
（1）被审计单位的规模和复杂程度。
（2）审计领域。

8.15 延伸阅读：《中国注册会计师审计准则第 1231 号——针对评估的重大错报风险采取的应对措施》（2022 年 12 月 22 日修订）

（3）重大错报风险。

（4）执行审计工作的项目组成员的素质和专业胜任能力。

五、首次接受审计委托的补充考虑

在首次接受审计委托前，注册会计师应当执行下列程序：

（1）针对建立客户关系和承接具体审计业务实施相应的质量管理程序。

（2）如果被审计单位变更了会计师事务所，按照职业道德规范和审计准则的规定，与前任注册会计师沟通。

对于首次接受审计委托的，在制定总体审计策略和制订具体审计计划时，注册会计师还应当考虑下列事项：

（1）与前任注册会计师沟通作出安排，包括查阅前任注册会计师的审计工作底稿等。

（2）与管理层讨论的有关首次接受审计委托的重大问题，就这些重大问题与治理层沟通的情况以及这些重大问题是如何影响总体审计策略和具体审计计划的。

（3）针对期初余额获取充分、适当的审计证据而计划实施的审计程序。

（4）针对预见到的特别风险，分派具有相应素质和专业胜任能力的人员。

（5）根据会计师事务所关于首次接受审计委托的质量管理制度实施的其他程序。

【本 章 小 结】

审计计划是审计工作的核心指引，凡事预则立，初步业务活动为审计奠基。从客户诚信评估、职业道德遵循到审计业务约定书的处理，确保审计独立性、胜任力和无误解，是审计顺利开展的前提。审计业务约定书明确双方责任和业务细节，规范审计工作流程和沟通内容。

总体审计策略和具体审计计划相互关联，前者确定审计范围、方向、时间和资源等宏观方向，后者细化为具体程序。二者在审计中持续优化，以应对变化。同时，指导、监督与复核贯穿始终，保障工作质量。这些内容构成完整的审计计划体系，如同脱贫攻坚计划一样，指引审计在复杂经济环境中精准履行监督职能，揭示经济活动真相。

【本章重要术语】

1. 初步业务活动　　　　2. 审计范围受到限制

3. 审计的前提条件　　　4. 审计业务约定书

8.16 专业术语
解释

5. 组成部分审计　　　　　6. 审计业务约定条款的变更

7. 总体审计策略　　　　　8. 具体审计计划

9. 风险评估程序　　　　　10. 进一步审计程序

11. 其他审计程序　　　　　12. 指导、监督与复核

【复习与思考】

1. 在评价客户诚信度时，除了文中提到的对主要股东、关键管理人员和治理层的评价，还可以从哪些方面入手？这些方面对审计业务的开展有何作用？

2. 签订审计业务约定书的作用是什么？

3. 结合时代背景，当被审计单位使用了复杂的信息技术系统，在制定总体审计策略的审计方向部分，应如何考虑信息技术对审计程序的影响？请从初步风险识别、内部控制和重大变化等角度分别阐述。

4. 计划实施的进一步审计程序中，控制测试和实质性程序如何相互配合？在什么情况下更倾向于采用实质性方案？

5. 举例说明在审计过程中，重要性水平的修改如何影响进一步的审计程序？

8.17 复习与思
考答案

第九章

风 险 评 估

【学 习 目 标】

1. 掌握风险导向型审计的思路和风险评估的思路。

2. 理解通过各种途径与角度了解被审计单位及其环境的内容与意义。

3. 理解基于对被审计单位各方面的了解，以识别和评估财务报表的重大错报风险的思路与方法。

4. 掌握企业内部控制、重大错报风险评估等知识点。

5. 结合真实审计事件，感悟审计监督在维护国家经济秩序与依法治国理念落实中的重要作用。

【本章知识逻辑结构图】

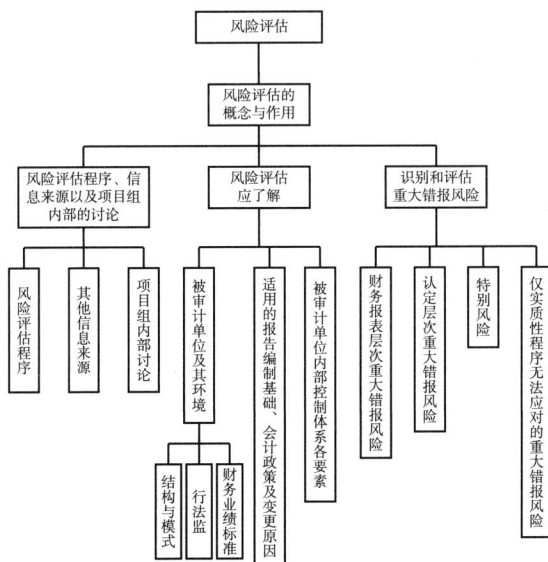

【引 导 案 例】

ABC 公司是一家生产和销售电子设备的中型企业，已经在行业内经营了 10 年。该公司主要的产品包括智能手机、平板电脑等。在过去的几年里，ABC 公司一直保持着稳定的增长，其产品在市场上也有一定的竞争力。审计团队接受委托对 ABC 公司进行年度财务报表审计。

在审计初期，审计小组并未进行全面深入的风险评估。审计人员小李按照常规审计程序，开始对财务报表中的各个项目进行检查。他关注到公司的营业收入，发现其在过去一年增长了 30%，远高于行业平均水平 15%。小李初步认为这是公司经营良好的表现，继续对其他项目进行审计。

然而，随着审计的推进，问题逐渐浮现。在检查销售记录时，小李发现大量的销售订单来自几家新成立的小型经销商，而且这些经销商的信用额度都很高。进一步调查后，他发现这些经销商与 ABC 公司的销售总监有亲属关系，存在通过关联交易虚增收入的可能性。

同时，在对存货进行盘点时，小李发现部分产品的库存积压严重，与销售增长的数据不匹配。原来，ABC 公司为了完成业绩目标，将大量产品发货给关联经销商，但这些产品并未真正实现销售，导致存货积压。而且，公司的内部控制在销售信用审批环节存在严重漏洞，销售总监利用职权绕过了正常的审批程序。

思考问题：

1. 在这个案例中，你认为审计人员小李一开始的审计方法存在哪些问题？他忽略了哪些可能对审计产生重大影响的信息？

2. 从 ABC 公司的情况来看，公司的行业特点、内部管理等因素与审计中发现的问题有什么关联？这些因素如何影响审计工作？

3. 如果在审计开始阶段有一个专门的步骤来分析类似案例中的这些情况，你觉得会对整个审计过程产生什么积极作用？这个步骤应该重点关注哪些方面？

资料来源：笔者自编。

第八章的审计计划为我们的审计工作绘制了蓝图，而风险评估则是在这张蓝图上精准标注潜在风险点的关键步骤。风险评估是注册会计师基于对被审计单位及其环境的全面了解，识别和评估财务报表重大错报风险的过程。这一过程要求我们以严谨的态度，运用专业知识和技能，系统地分析被审计单位所处的行业状况、法律环境、自身性质、会计政策选择以及内部控制等多方面因素。它不仅为后续审计程序的性质、时间安排和范围确定提供依据，更是保障审计质量、合理分配审计资源的核心环节。通过有效的风险评估，我们能够在复杂的审计环境中，敏锐地发现可能影响财务报表真实性和公允性的因素，为审计工作的顺利开展和审计结论的准确性奠定坚实基础。接下来，我们将详细阐述风险评估这一关键审计阶段的具体内容。

第一节 风险识别和评估概述

一、风险识别和评估的概念

在风险导向审计模式的框架下，注册会计师将重大错报风险的识别、评估与应对作为审计工作的核心主线，以此为路径将审计风险有效控制在可接受的低水平范围内。而风险识别和评估作为审计风险控制流程的起始环节，具有至关重要的意义。

具体而言，风险识别和评估是指注册会计师运用风险评估程序，对财务报表层次和认定层次可能存在的重大错报风险进行识别与评估。其中，风险识别侧重于发现财务报表层次和认定层次中存在的重大错报风险隐患；风险评估则着重于对已识别出的重大错报风险发生的可能性及其后果的严重程度展开评价，为后续审计工作的精准实施提供关键依据。

二、风险识别和评估的作用

根据《中国注册会计师审计准则第 1211 号——通过了解被审计单位及其环境识别和评估重大错报风险》的要求，注册会计师应当对被审计单位及其环境进行深入了解，以此全面识别和评估财务报表重大错报风险，进而为设计和实施进一步审计程序奠定基础。

因此，了解被审计单位及其环境是必要程序，在下列关键环节中为注册会计师作出职业判断提供了重要基础：

（1）确定重要性水平，并随着审计工作的进程评估对重要性水平的判断是否仍然适当；

（2）考虑会计政策的选择和运用是否恰当，以及财务报表的列报（包括披露，下同）是否适当；

（3）识别需要特别考虑的领域，包括关联方交易、管理层运用持续经营假设的合理性，或交易是否具有合理的商业目的等；

（4）确定在实施分析程序时所使用的预期值；

9.1 视频：风险评估涵义及风险评估程序

9.2 延伸阅读：
如何理解风险识
别与评估在各个
审计环节中的这
些作用？

9.3 延伸阅读：
如何判断对被审
计单位及其环境
了解的程度是否
恰当？

（5）设计和实施进一步审计程序，以将审计风险降至可接受的
低水平；

（6）评价所获取审计证据的充分性和适当性。

了解被审计单位及其环境是一个连续和动态的收集、更新与分析
信息的过程，贯穿于整个审计过程的始终。这意味着注册会计师需要
不断地对被审计单位的情况进行了解和评估，以确保审计工作的有效
性和准确性。

第二节　风险评估程序、信息来源以及项目组内部的讨论

一、风险评估程序的概念

根据《中国注册会计师审计准则第 1211 号——通过了解被审计
单位及其环境识别和评估重大错报风险》的表述，风险评估程序是
指注册会计师为了解被审计单位及其环境（包括内部控制），以识别
和评估财务报表层次和认定层次的重大错报风险（无论该错报是由
于舞弊还是错误导致）而实施的审计程序。

值得注意的是，注册会计师在规划和执行风险评估程序的过程
中，应避免仅寻求佐证性审计证据的倾向，还要注意不应忽视与预期
不符的审计证据。以中立的态度设计和实施风险评估程序，有助于揭
示潜在的不一致信息，并促进注册会计师在识别和评估重大错报风险
时保持职业怀疑。

二、风险评估程序和信息来源

在风险评估中，注册会计师对被审计单位及其环境获取了解的
整个过程时，注册会计师应当实施所有风险评估程序：（1）询问；
（2）分析程序；（3）观察和检查。但是，在了解被审计单位及其环
境的每一方面时，无须实施上述所有程序。例如，在了解内部控制时
通常不使用分析程序。

（一）询问

询问管理层和被审计单位内部其他人员是注册会计师了解被审计
单位及其环境的一个重要信息来源。必要时，也可询问其他外部人

员，例如，询问被审计单位聘请的外部法律顾问、专业评估师、投资顾问和财务顾问等。

注册会计师可以考虑向管理层和财务负责人询问下列事项：

（1）管理层所关注的主要问题。如新的竞争对手、主要客户和供应商的流失、新的税收法规的实施以及经营目标或战略的变化等。

（2）被审计单位最近的财务状况、经营成果和现金流量。

（3）可能影响财务报告的交易和事项，或者目前发生的重大会计处理问题，如重大的购并事宜等。

（4）被审计单位发生的其他重要变化。如所有权结构、组织结构的变化，以及内部控制的变化等。

注册会计师通过询问获取的大部分信息来自管理层和负责财务报告的人员。注册会计师也可以通过询问被审计单位内部的其他不同层级的人员获取信息，或为识别重大错报风险提供不同的视角。例如：

（1）直接询问治理层，可能有助于注册会计师了解治理层对管理层编制财务报表的监督程度；

（2）直接询问负责生成、处理或记录复杂或异常交易的员工，可能有助于注册会计师评价被审计单位选择和运用某项会计政策的恰当性；

（3）直接询问内部法律顾问，可能有助于注册会计师了解如诉讼、遵守法律法规的情况、影响被审计单位的舞弊或舞弊嫌疑、产品保证、售后责任、与业务合作伙伴的安排（如合营企业）以及合同条款的含义等事项的有关信息；

（4）直接询问营销人员，可能有助于注册会计师了解被审计单位营销策略的变化、销售趋势或与客户的合同安排等；

（5）直接询问风险管理职能部门或人员，可能有助于注册会计师了解可能影响财务报告的经营和监管风险；

（6）直接询问信息技术人员，可能有助于注册会计师了解系统变更、系统或控制失效的情况，或与信息技术相关的其他风险；

（7）直接询问适当的内部审计人员（如有），可能有助于注册会计师在识别和评估风险时了解被审计单位及其环境以及内部控制体系。

（二）分析程序

如第五章所述，分析程序是指注册会计师通过研究不同财务数据之间以及财务数据与非财务数据之间的内在关系，对财务信息作出评价。使用分析程序作为风险评估程序能帮助注册会计师高效地识别到异常的交易与事项，以及可能对审计产生影响的金额、比率和趋势，从而让注册会计师识别相应的重大错报风险，尤其是舞弊因素导致的重大错报风险。

注册会计师在将分析程序用作风险评估程序时，可以考虑：

（1）同时使用财务信息和非财务信息，如分析销售额（财务信息）与卖场的面积（非财务信息）或已出售商品数量（非财务信息）之间的关系；

（2）使用高度汇总的数据。

因此，实施分析程序的结果可能大体上初步显示发生重大错报的可能性。例如，在对许多被审计单位（包括业务模式、流程和信息系统较不复杂的被审计单位）进行审计时，注册会计师可以对相关信息进行简单的比较，如中期账户余额或月度账户余额与以前期间的余额相比发生的变化，以发现潜在的较高风险领域。

（三）观察和检查

1. 观察和检查程序的作用

观察和检查程序不但能提供被审计单位及其环境的相关信息，还能与对管理层和其他相关人员的询问结果进行对比佐证。

2. 注册会计师应当实施的观察和检查程序

（1）观察被审计单位经营活动。

例如，观察被审计单位人员正在进行的生产活动和内部控制活动，以了解被审计单位人员开展生产经营活动以及实施内部控制的方式。

（2）检查文件、记录和内部控制手册。

例如，检查被审计单位的经营计划、策略、章程，与其他单位签订的合同、协议，各业务流程操作指引和内部控制手册等，以此了解被审计单位组织结构以及内部控制制度的建立和健全情况。

（3）阅读由管理层和治理层编制的报告。

例如，阅读被审计单位年度和中期财务报告，股东大会、董事会会议、高级管理层会议的会议记录或纪要，管理层的讨论和分析资料，对重要经营环节和外部因素的评价，被审计单位内部管理报告以及其他特殊目的的报告（如企业战略转型规划报告、重大资产重组方案报告）等，从而了解自上一期审计结束到本期审计期间被审计单位发生的重大事项。

（4）实地察看被审计单位的生产经营场所和厂房设备。

为了了解被审计单位的性质及其经营活动，注册会计师可以进行现场访问和实地察看被审计单位的生产经营场所和厂房设备。在实地察看过程中，注册会计师有机会与被审计单位管理层和其他处于不同岗位的员工交流，进而增强对被审计单位经营活动及其重大影响因素的了解。

（5）追踪交易在财务报告信息系统中的处理过程（穿行测试）。

该程序是注册会计师了解被审计单位业务流程及其相关控制常用的审计程序。通过追踪某一笔或某几笔交易在业务流程中如何生成、记录、处理和报告，以及相关控制如何执行，注册会计师可以较为系统地确定被审计单位的交易流程和相关控制是否与之前通过其他程序所获得的了解一致，并且确定相关控制是否得到执行。

（6）检查外部来源的信息。

阅读外部信息有助于注册会计师了解被审计单位及其环境，识别和评估财务报表的重大错报风险。同时，注册会计师应当运用职业判断，确定从外部获取信息的具体内容和范围，以满足审计的需要。

9.4 延伸阅读：有哪些外部来源信息来辅助注册会计师了解被审计单位及其环境？

三、其他信息来源

除了采用上述程序获取信息以外，注册会计师应当考虑在评价客户关系和审计业务的接受或保持过程中获取的信息是否与识别重大错报风险相关。通常，对新的审计业务，注册会计师应在业务承接阶段对被审计单位及其环境等方面情况有一个初步的了解，以确定是否承接该业务。而对连续审计业务，也应在每年的续约过程中对上年审计作总体评价，并更新对被审计单位的了解和风险评估结果，以确定是否续约。注册会计师还应当考虑向被审计单位提供其他服务（如执行中期财务报表审阅业务）所获得的经验是否有助于识别重大错报风险。

对于连续审计业务：如果拟利用以往与被审计单位交往的经验和以前审计中实施审计程序获取的信息，注册会计师应当确定被审计单位及其环境等方面情况自以前审计后是否已发生变化，并评价这些经验和信息是否依然相关和可靠。例如，通过前期审计获取的有关被审计单位组织结构、生产经营活动和内部控制的审计证据，以及有关以往的错报和错报是否得到及时更正的信息，可以帮助注册会计师评估本期财务报表的重大错报风险。但值得注意的是，被审计单位及其环境等方面情况的变化可能导致此类信息在本期审计中已不具有相关性。例如，注册会计师前期已经了解了内部控制的设计和执行情况，但被审计单位及其环境等方面的情况可能在本期发生变化，导致内部控制也发生相应变化。在这种情况下，注册会计师需要实施询问和其他适当的审计程序（如穿行测试），以确定该变化是否可能影响此类信息在本期审计中的相关性。

四、项目组内部讨论

《中国注册会计师审计准则第 1211 号——通过了解被审计单位及

其环境识别和评估重大错报风险》要求项目合伙人和项目组其他关键成员应当讨论被审计单位财务报表存在重大错报的可能性，以及如何根据被审计单位的具体情况运用适用的财务报告编制基础。项目组内部的讨论在所有业务阶段都非常必要，可以保证所有事项得到恰当的考虑。

（一）项目组通过讨论可以达到以下目的

（1）为项目组成员提供交流信息和分享见解的机会。

（2）使成员更好地了解在各自负责的领域中，由于舞弊或错误导致财务报表重大错报的可能性。

（3）了解各自实施审计程序的结果如何影响审计的其他方面，包括对确定进一步审计程序的性质、时间安排和范围的影响。

（二）项目组应当讨论的内容主要包括

（1）被审计单位面临的经营风险。

（2）财务报表容易发生错报的领域以及发生错报的方式。

（3）特别是由于舞弊导致的重大错报的可能性。

具体讨论的内容和范围受项目组成员的职位、经验和所需要的信息的影响。表9-1列示了讨论的三个主要领域和可能涉及的信息。

表9-1 项目组讨论内容示例

讨论的目的	讨论的内容
分享了解的信息	1. 被审计单位的性质、管理层对内部控制的态度、从以往审计业务中获得的经验、重大经营风险因素。 2. 已了解的影响被审计单位的外部和内部舞弊因素，可能为管理层或其他人员实施下列行为提供动机或压力： （1）实施舞弊； （2）为实施构成犯罪的舞弊提供机会； （3）利用企业文化或环境，寻找使舞弊行为合理化的理由； （4）侵占资产（考虑管理层对接触现金或其他易被侵占资产的员工实施监督的情况）。 3. 确定财务报表哪些项目易于发生重大错报，表明管理层倾向于高估或低估收入的迹象
分享审计思路和方法	1. 管理层可能如何编报和隐藏虚假财务报告，例如管理层凌驾于内部控制之上。根据对识别的舞弊风险因素的评估，设想可能的舞弊场景对审计很有帮助。例如，销售经理可能通过高估收入实现达到奖励水平的目的。这可能通过修改收入确认政策或进行不恰当的收入截止来实现。 2. 出于个人目的侵占或挪用被审计单位的资产行为如何发生。 3. 考虑： （1）管理层进行高估/低估账目的方法，包括对准备和估计进行操纵以及变更会计政策等； （2）用于应对评估风险可能的审计程序/方法

续表

讨论的目的	讨论的内容
为项目组指明审计方向	1. 强调在审计过程中保持职业怀疑态度的重要性。不应将管理层当成完全诚实，也不应将其作为罪犯对待。 2. 列示表明可能存在舞弊可能性的迹象。例如： （1）识别警示信号（红旗），并予以追踪； （2）一个不重要的金额（例如增长的费用）可能表明存在很大的问题，例如管理层诚信问题。 3. 决定如何增加拟实施审计程序的性质、时间安排和范围的不可预见性。 4. 总体考虑：每个项目组成员拟执行的审计工作部分、需要的审计方法、特殊考虑、时间、记录要求，如果出现问题应联系的人员，审计工作底稿复核，以及其他预期事项。 5. 强调对表明管理层不诚实的迹象保持警觉的重要性

（三）参与讨论的人员

注册会计师应当运用职业判断确定项目组内部参与讨论的成员。项目组的关键成员应当参与讨论，如果项目组需要拥有信息技术或其他特殊技能的专家，这些专家也应参与讨论。参与讨论人员的范围受项目组成员的职责经验和信息需要的影响，例如，在跨地区审计中，每个重要地区项目组的关键成员都应该参加讨论，但不要求所有成员每次都参与项目组的讨论。

（四）讨论的时间和方式

项目组应当根据审计的具体情况，在整个审计过程中持续交换有关财务报表发生重大错报可能性的信息。

按照《中国注册会计师审计准则第 1101 号——注册会计师的总体目标和审计工作的基本要求》的规定，在计划和实施审计工作时，注册会计师应当保持职业怀疑，认识到可能存在导致财务报表发生重大错报的情形。项目组在讨论时应当强调在整个审计过程中保持职业怀疑，警惕可能发生重大错报的迹象，并对这些迹象进行严格追踪。通过讨论，项目组成员可以交流和分享在整个审计过程中获得的信息，包括可能对重大错报风险评估产生影响的信息或针对这些风险实施审计程序的信息。此外，项目组还可以根据实际情况讨论其他重要事项。

9.5 延伸阅读：《中国注册会计师审计准则第 1101 号——注册会计师的总体目标和审计工作的基本要求》（2022 年 1 月 5 日修订）

9.6 延伸阅读：审计风险评估中的项目组内部讨论案例

第三节　了解被审计单位及其环境和适用的财务报告编制基础

一、总体要求

注册会计师应当实施风险评估程序，以了解下列三个方面。

1. 被审计单位及其环境

被审计单位及其环境包括以下五点。

（1）组织结构、所有权和治理结构、业务模式（包括该业务模式利用信息技术的程度）；

（2）行业形势、法律环境、监管环境和其他外部因素；

（3）财务业绩的衡量标准，包括内部和外部使用的衡量标准。

2. 适用的财务报告编制基础、会计政策以及变更会计政策的原因

基于对上述第（1）项和第（2）项的了解，被审计单位在按照适用的财务报告编制基础编制财务报表时，固有风险因素怎样影响各项认定易于发生错报的可能性以及影响的程度。

3. 被审计单位内部控制体系各要素

上述了解的第 1 项中第（2）点是被审计单位的外部环境，第 1 项中第（1）点、第 2 项、第 3 项是被审计单位的内部因素，第 1 项中第（3）点则既有外部因素也有内部因素，各信息的关系如图 9 - 1 所示。

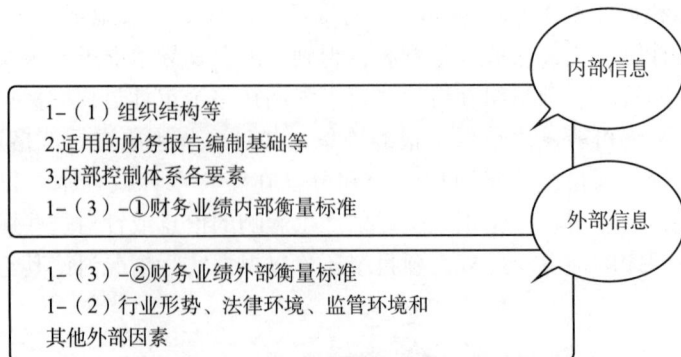

図 9 - 1　实施风险评估程序应了解的内容

内部信息

1-（1）组织结构等
2.适用的财务报告编制基础等
3.内部控制体系各要素
1-（3）-①财务业绩内部衡量标准

外部信息

1-（3）-②财务业绩外部衡量标准
1-（2）行业形势、法律环境、监管环境和其他外部因素

值得注意的是，上述了解的各个方面可能会互相影响。例如，被

审计单位的行业形势、法律环境、企业环境和其他外部因素可能影响到被审计单位的目标、战略以及相关经营风险，而被审计单位的性质、目标、战略以及相关经营风险可能影响到被审计单位对会计政策的选择和运用，以及内部控制的设计和执行。因此，注册会计师在对上述各个方面进行了解和评价时，应当考虑各因素之间的关联性。

9.7 视频：了解被审计单位及其环境（不包括内部控制）

二、组织结构、所有权结构和治理结构、业务模式

（一）实施的风险评估程序

风险评估审计程序如表9-2所示。

表9-2　　　　　　　　　　风险评估审计程序

风险评估程序	执行人	执行时间	索引号
向董事长等高管人员询问被审计单位所有权结构、治理结构、组织结构、近期主要投资、筹资情况			
向销售人员询问相关市场信息，如主要客户和合同、付款条件、主要竞争者、定价政策、营销策略等			
查阅组织结构图、治理结构图、公司章程、主要销售、采购、投资、债务合同等			
实地察看被审计单位主要生产经营场所			
……			

（二）了解的具体内容与其相应的风险

1. 组织结构

复杂的组织结构通常更有可能导致某些特定的重大错报风险。故注册会计师应当了解被审计单位的组织结构，考虑复杂组织结构可能导致的重大错报风险，包括财务报表合并、商誉以及长期股权投资核算等问题，以及财务报表是否已对这些问题作了充分披露。

2. 所有权结构

注册会计师应当了解所有权结构以及所有者与其他人员或实体之间的关系，包括关联方。考虑关联方关系是否已经得到识别，以及关联方交易是否得到恰当会计处理。此外，注册会计师还应当注意所有者、治理层、管理层之间的区别。

3. 治理结构

良好的治理结构可以对被审计单位的经营和财务运作以及财务报

告实施有效的监督，从而降低财务报表发生重大错报的风险。注册会计师可以通过以下事项了解被审计单位的治理结构：

（1）治理层人员是否参与对被审计单位的管理；

（2）董事会中的非执行人员（如有）是否与负责执行的管理层相分离；

（3）治理层人员是否在被审计单位法律上的组织结构下的组成部分中任职，例如担任董事；

（4）治理层是否下设专门机构（如审计委员会）以及该专门机构的责任；

（5）治理层监督财务报告的责任，包括批准财务报表（其能否独立客观作出判断）。

4. 业务模式

了解业务模式主要是为了了解和评价被审计单位经营风险可能对财务报表重大错报风险产生的影响。

（1）业务模式、经营风险与重大错报风险的关系。

业务模式指的是企业为了实现其商业目标而采取的一系列业务活动和策略的组合。经营风险是指可能对被审计单位实现目标和实施战略的能力产生不利影响的重要状况、事项、情况、作为（或不作为）所导致的风险，或由于制定不恰当的目标和战略而导致的风险。

如图9-2所示，业务模式会影响经营风险，经营风险可能导致重大错报风险。了解被审计单位的目标、战略和业务模式有助于从战略层面和整体层面了解被审计单位，并了解被审计单位面临的经营风险。由于多数经营风险最终都会导致财务后果，从而影响财务报表，因此，了解影响财务报表的经营风险有助于注册会计师识别重大错报风险。

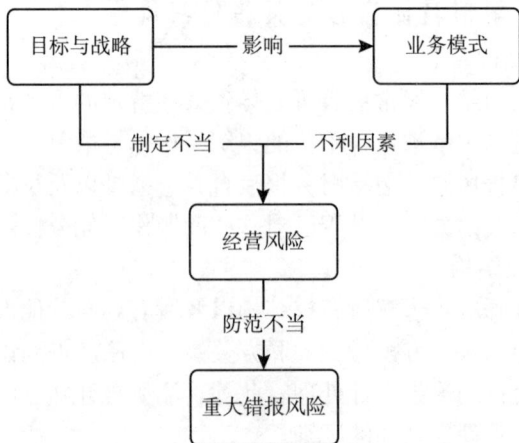

图9-2　目标、战略、业务模式及经营风险和重大错报风险的关系

例如，不同业务模式的被审计单位可能以不同方式依赖对信息技术的使用。例如，被审计单位 ABC 公司由最初的实体店销售模式转变为在线销售模式后，其所有销售交易均在信息技术环境中处理，包括通过网站发起交易。这导致其增加了信息系统稳定、数据安全、网络营销流量获取以及物流配送等相关经营风险。而这些风险又可能会引起重大错报风险。例如，线上销售后续的配送准确性存在隐患，一旦包裹丢失或错发可能导致公司需要承担赔偿责任，这会增加营业外支出。如果没有正确记录这些赔偿支出，可能会导致费用被低估。同时，包裹丢失可能会使相关的销售收入无法确认，影响应收账款和销售收入的准确性。

经营风险比财务报表重大错报风险范围更广，注册会计师没有责任了解或识别所有的经营风险，因为尽管多数经营风险最终都会导致财务后果，从而影响财务报表，但并非所有的经营风险都会导致重大错报风险。

（2）了解业务模式时涉及的活动。

注册会计师在了解被审计单位业务模式时，包括了解以下三类活动：经营活动、投资活动、筹资活动。

①经营活动。（见表9－3）

表9－3　　　　　　　　了解经营活动的内容与意义

意义	内容
有助于注册会计师识别预期在财务报表中反映的主要交易类别、重要账户余额和披露； 同时，有助于了解影响财务报告的重要会计政策、交易或事项	包括： （1）收入来源、产品或服务以及市场的性质； （2）业务的开展情况、联盟合营情况与外包情况； （3）地区分布与行业细分； （4）生产设施、仓库和办公室的地理位置，存货存放地点和数量； （5）关键客户及重要供应商； （6）研究与开发活动及其支出； （7）关联方交易

②投资活动。（见表9－4）

表9－4　　　　　　　　了解投资活动的内容与意义

意义	内容
有助于注册会计师关注被审计单位在经营策略和方向上的重大变化	包括： （1）计划实施或近期已实施的并购或资产处置； （2）证券与贷款的投资和处置； （3）资本性投资活动； （4）对未纳入合并范围的实体的投资

③筹资活动。（见表 9 – 5）

表 9 – 5　　　　　　　　　　了解筹资活动的内容与意义

意义	内容
有助于注册会计师评估被审计单位在融资方面的压力，并进一步考虑被审计单位在可预见未来的持续经营能力	包括： （1）主要子公司和联营企业的所有权结构； （2）债务结构和相关条款； （3）实际受益方及关联方； （4）衍生金融工具的使用

（3）经营风险的来源。

首先，目标或战略不恰当，未能有效实施战略，环境的变化或经营的复杂性；其次，未能认识到变革的必要性也可能导致经营风险。例如：

①开发新产品或服务可能失败；

②即使成功开拓了市场，也不足以支撑产品或服务；

③产品或服务存在瑕疵，可能导致法律责任及声誉方面的风险。

最后，对管理层的激励和压力措施也可能导致有意或无意的管理层偏向，并因此影响重大假设以及管理层或治理层预期的合理性。

9.8　延伸阅读：识别被审计单位经营风险时要考虑哪些因素？

三、行业状况、法律环境和监管环境及其他外部因素

（一）实施的风险评估程序

了解行业状况等外部因素的审计程序如表 9 – 6 所示。

表 9 – 6　　　　　　了解行业状况等外部因素的审计程序

风险评估程序	执行人	执行时间	索引号
向被审计单位销售总监询问其主要产品、行业发展状况等信息			
查询券商编写的关于被审计单位及其所处行业的研究报告			
将被审计单位的关键业绩指标（销售毛利率、市场占有率等）与同行业中规模相近的企业进行比较分析			
……			

（二）了解的内容和评估出的风险

1. 行业状况

注册会计师应当了解被审计单位的行业状况，主要包括：（1）所处行业的市场与竞争，包括市场需求、生产能力和价格竞争；（2）生产经营的季节性和周期性；（3）与被审计单位产品相关的生产技术；（4）能源供应与成本；（5）行业的关键指标和统计数据。

2. 法律环境与监管环境

了解法律环境与监管环境的主要原因在于：（1）某些法律法规或监管要求可能对被审计单位经营活动有重大影响，如不遵守将导致停业等严重后果；（2）某些法律法规或监管要求（如环保法规等）规定了被审计单位某些方面的责任和义务；（3）某些法律法规或监管要求决定了被审计单位需要遵循的行业惯例和核算要求。

注册会计师应当了解被审计单位所处的法律环境与监管环境，主要包括：（1）会计原则和行业特定惯例；（2）受管制行业的法规框架；（3）对被审计单位经营活动产生重大影响的法律法规，包括直接的监管活动；（4）税收政策（关于企业所得税和其他税种的政策）；（5）目前对被审计单位开展经营活动产生影响的政府政策，如货币政策（包括外汇管制）、财政政策、财政刺激措施（如政府援助项目）、关税或贸易限制政策等；（6）影响行业和被审计单位经营活动的环保要求。

3. 其他外部因素

注册会计师应当了解影响被审计单位经营的其他外部因素，主要包括总体经济情况、利率、融资的可获得性、通货膨胀水平或币值变动等。

具体而言，注册会计师可能需要了解以下情况：当前的宏观经济状况以及未来的发展趋势如何？目前国内或本地区的经济状况（如增长率、通货膨胀率、失业率、利率等）怎样影响被审计单位的经营活动？被审计单位的经营活动是否受到汇率波动或全球市场力量的影响？

9.9 课程思政：从獐子岛审计看"法之利剑"：守护经济安全

（三）了解的重点和程度

注册会计师对行业状况、法律环境与监管环境以及其他外部因素了解的范围和程度会因被审计单位所处行业、规模以及其他因素（如在市场中的地位）的不同而不同。例如，对从事计算机硬件制造的被审计单位，注册会计师可能更关心市场和竞争以及技术进步的情况；对金融机构，注册会计师可能更关心宏观经济走势以及货币、财政等方面的宏观经济政策；对化工等产生污染的行业，注册会计师可

能更关心相关环保法规。注册会计师考虑将了解的重点放在对被审计单位的经营活动可能产生重要影响的关键外部因素以及与前期相比发生的重大变化上。

注册会计师应当考虑被审计单位所在行业的业务性质或监管程度是否可能导致特定的重大错报风险,考虑项目组是否配备了具有相关知识和经验的成员。

例如,建筑行业长期合同涉及收入和成本的重大估计,可能导致重大错报风险;银行监管机构对商业银行的资本充足率有专门规定,不能满足这一监管要求的商业银行可能有操纵财务报表的动机和压力。

四、被审计单位财务业绩的衡量标准

被审计单位管理层和外部机构会衡量和评价企业多种财务业绩指标,注册会计师了解这些衡量标准,有助于考虑内部或外部标准是否使管理层面临业绩压力,从而增加易于发生由管理层偏向或舞弊导致的错报的可能性,如管理层为达业绩目标可能采取不当措施。

注册会计师应当了解的主要方面包括:

(1)关键业绩指标(财务的或非财务的)、关键比率、趋势和经营统计数据;

(2)同期财务业绩比较分析;

(3)预算、预测、差异分析,分部信息与分部、部门或其他不同层次的业绩报告;

(4)员工业绩考核与激励性报酬政策;

(5)被审计单位与竞争对手的业绩比较。

注册会计师关注内部财务业绩衡量结果时,若显示异常趋势,可能与错报风险相关。若利用内部信息生成指标,注册会计师需判断信息可靠性及能否实现审计目标。如果被审计单位规模不大、缺少正式的财务业绩衡量和评价程序,注册会计师可以了解管理层关注的关键指标来分析判断其是否面临业绩压力。

在评价管理层是否存在歪曲财务报表的动机和压力时,注册会计师还可以考虑可能存在的其他情形。例如,企业或企业的一个主要组成部分是否有可能被出售;管理层是否希望维持或提升企业的股价或盈利走势,而热衷于采用过度激进的会计方法。

9.10 延伸阅读:哪些外部机构或人员出于什么目的,会关心被审计单位的哪些财务业绩关键指标呢?

五、适用的财务报告编制基础、会计政策及变更会计政策的原因

注册会计师应了解适用的财务报告编制基础、会计政策及变更原

因，评价会计政策是否适当、与编制基础是否一致。

注册会计师需考虑被审计单位财务报告实务相关事项，如会计政策和行业特定惯例、收入确认、金融工具会计处理、外币业务、异常交易会计处理等；以及会计政策选择和运用相关事项，如重大和异常交易处理方法、缺乏标准领域会计政策影响、会计政策变更原因和处理、新准则法规采用情况等。了解被审计单位及其环境有助于预期财务报告变化，如企业合并可能导致相关交易、账户余额和披露变化。

了解被审计单位及其环境，可能有助于注册会计师考虑被审计单位财务报告预期发生变化（相较于以前期间）的领域。例如，如果被审计单位在本期发生重大企业合并，则注册会计师可以预期与该企业合并相关的各类交易、账户余额和披露发生变化。但不同的是，了解财务报告编制基础在本期期末是否发生重大变化，有助于注册会计师确认上期获取的了解仍然适用。

第四节　被审计单位内部控制体系各要素

一、内部控制的概念和要素

（一）概念界定

内部控制是被审计单位为实现控制目标制定的政策和程序，政策是规定应当或不应当采取的措施，程序是执行政策的行动。

内部控制体系由治理层、管理层和其他人员设计、执行和维护，旨在合理保证财务报告可靠性、经营效率效果和法律法规遵守。该体系包含内部环境、风险评估、信息与沟通、控制活动、内部监督五个相互关联的要素（基于COSO发布的内部控制框架）。

（二）内部控制体系要素

1. 控制环境

控制环境包括治理职能和管理职能，以及治理层和管理层对内部控制及其重要性的态度、认识和措施。良好的控制环境是实施有效内部控制的基础。早在审计业务承接阶段，注册会计师就需要对内部环境作出初步了解和评价。

控制环境包括以下内容：

（1）对诚信和道德价值观念的沟通与落实。

9.11 视频：了解被审计单位内部控制

9.12 延伸阅读：内部控制一定能够保证企业实现三大内控目标吗？其有哪些局限性？

（2）对胜任能力的重视。

（3）治理层的参与程度。

（4）管理层的理念和经营风格（对内部控制的态度和重视程度）。

（5）组织结构及职权与责任的分配。

（6）人力资源政策与实务。

在评价控制环境各个要素时，注册会计师应当考虑控制环境的各个要素是否得到执行；在确定构成控制环境的要素是否得到执行时，注册会计师应当考虑将询问与其他风险评估程序相结合以获取审计证据。

控制环境对重大错报风险的评估具有广泛影响（财务报表层次的重大错报风险）。虽然令人满意的控制环境并不能绝对防止舞弊，控制环境本身并不能防止、发现和纠正重大错报，但却有助于降低发生舞弊的风险。注册会计师在评估重大错报风险时，存在令人满意的控制环境是一个积极因素。

在小型被审计单位，可能无法获取以文件形式存在的有关控制环境要素的审计证据，特别是在管理层与其他人员的沟通不够正式但却有效的情况下。例如，小型被审计单位可能没有书面的行为守则，但却通过口头沟通和管理层的示范作用形成了强调诚信和道德行为重要性的文化。因此，管理层或业主兼经理的态度、认识和措施对注册会计师了解小型被审计单位的控制环境非常重要。

2. 被审计单位的风险评估过程

任何经济组织在经营活动中都会面临各种各样的风险，风险对其生存和竞争能力产生影响。很多风险并不为经济组织所控制，但管理层应当确定可以承受的风险水平，识别这些风险并采取一定的应对措施。被审计单位的风险评估过程包括识别与财务报告相关的经营风险，以及被审计单位针对这些风险所采取的措施。注册会计师应当了解被审计单位的风险评估过程和结果。

注册会计师在对被审计单位整体层面的风险评估过程进行了解和评估时，考虑的主要因素可能包括：

（1）被审计单位是否已建立并沟通其整体目标，并辅以具体策略和业务流程层面的计划；

（2）被审计单位是否已建立风险评估过程，包括识别风险、估计风险的重大性、评估风险发生的可能性以及确定需要采取的应对措施；

（3）被审计单位是否已建立某种机制，识别和应对可能对被审计单位产生重大且普遍影响的变化，如在金融机构中建立资产负债管理委员会，在制造型企业中建立期货交易风险管理组等；

（4）会计部门是否建立了某种流程，以识别会计准则的重大变化；

（5）当被审计单位业务操作发生变化并影响交易记录的流程时，是否存在沟通渠道以通知会计部门；

（6）风险管理部门是否建立了某种流程，以识别经营环境包括监管环境发生的重大变化。

在审计过程中，如果发现与财务报表有关的风险因素，注册会计师可通过向管理层询问和检查有关文件确定被审计单位的风险评估过程是否也发现了该风险；如果识别出管理层未能识别的重大错报风险，注册会计师应当考虑被审计单位的风险评估过程为何没有识别出这些风险，以及评估过程是否适合于具体环境。

小型被审计单位可能没有正式的风险评估过程。在这种情况下，管理层很可能通过亲自参与经营来识别风险。无论情况如何，注册会计师询问识别出的风险以及管理层如何应对这些风险，仍是必要的。

3. 与财务报告相关的信息系统和沟通

与财务报告相关的信息系统，包括用以生成、记录、处理和报告交易、事项和情况，对相关资产、负债和所有者权益履行经营管理责任的程序和记录。与财务报告相关的信息系统所生成信息的质量，对管理层能否作出恰当的经营管理决策以及编制可靠的财务报告具有重大影响。注册会计师应注意自动化程序和控制可能降低了发生无意错误的风险，但是并没有消除个人凌驾于控制之上的风险，如某些高级管理人员可能篡改自动过入总分类账和财务报告系统的数据金额。当被审计单位运用信息技术进行数据的传递时，发生篡改可能不会留下痕迹或证据。

与财务报告相关的沟通包括使员工了解各自在与财务报告有关的内部控制方面的角色和职责，员工之间的工作联系，以及向适当级别的管理层报告例外事项的方式。注册会计师应当了解被审计单位内部如何对财务报告的岗位职责以及与财务报告相关的重大事项进行沟通。注册会计师还应当了解管理层与治理层（特别是审计委员会）之间的沟通，以及被审计单位与外部（包括与监管部门）的沟通。

在小型被审计单位，与财务报告相关的信息系统和沟通可能不如大型被审计单位正式和复杂。管理层可能会更多地参与日常经营管理活动和财务报告活动，不需要很多书面的政策和程序指引，也没有复杂的信息系统和会计流程。由于小型被审计单位的规模较小、报告层次较少，因此，小型被审计单位可能比大型被审计单位更容易实现有效的沟通。注册会计师应当考虑这些特征对评估重大错报风险的影响。

4. 控制活动

控制活动是指有助于确保管理层的指令得以执行的政策和程序。具体包括：授权、业绩评价、信息处理、实物控制以及职责分离。

在了解控制活动时，注册会计师应当重点考虑一项控制活动单独或连同其他控制活动，是否能够以及如何防止或发现并纠正各类交易、账户余额和披露存在的重大错报。注册会计师的工作重点是识别和了解针对重大错报可能发生的领域的控制活动。如果多项控制活动能够实现同一目标，注册会计师不必了解与该目标相关的每项控制活动。

小型被审计单位控制活动依据的理念与较大型被审计单位可能相似，但是它们运行的正式程度可能不同。如小型被审计单位通常难以实施适当的职责分离，注册会计师应当考虑小型被审计单位采取的控制活动（特别是职责分离）能否有效实现控制目标。

5. 对控制的监督

对控制的监督，指被审计单位评价内部控制在一段时间内运行有效性的过程。对控制的监督涉及及时评估控制的有效性并采取必要的补救措施。

通常，管理层通过持续的监督活动、单独的评价活动或两者相结合实现对控制的监督。持续的监督活动通常贯穿于被审计单位日常重复的活动中，包括常规管理和监督工作。

被审计单位可能使用内部审计人员或具有类似职能的人员对内部控制的设计和执行进行专门的评价，以找出内部控制的优点和不足，并提出改进建议。被审计单位也可能利用与外部有关各方沟通或交流所获取的信息监督相关的控制活动。

值得注意的是，上述用于监督活动的很多信息都由被审计单位的信息系统产生，这些信息可能会存在错报，从而导致管理层从监督活动中得出错误的结论。因此，注册会计师应当了解与被审计单位监督活动相关的信息来源，以及管理层认为信息具有可靠性的依据。如果拟利用被审计单位监督活动使用的信息（包括内部审计报告），注册会计师应当考虑该信息是否具有可靠的基础，是否足以实现审计目标。

小型被审计单位通常没有正式的持续监督活动，且持续的监督活动与日常管理工作难以明确区分。企业主往往通过其对经营活动的密切参与来识别财务数据中的重大差异和错报，并对控制活动采取纠正措施。注册会计师应当考虑企业主对经营活动的密切参与能否有效实现其对控制的监督目标。

二、控制的类型

（一）直接控制与间接控制

与审计相关的控制分为直接控制和间接控制两种。

1. 直接控制

直接控制如同精准武器，能够精准地防止、发现或纠正认定层次的错报，对交易、账户余额和披露的准确性、完整性和合法性提供直接保障。例如，在销售业务中，销售订单的审批流程严格规定了审批权限和标准，只有经过授权的人员才能批准销售订单，这一控制能够直接防止未经授权的销售交易发生，确保销售收入的真实性和准确性，属于直接控制。

2. 间接控制

间接控制犹如坚实后盾，虽不能直接作用于认定层次错报的防止、发现或纠正，但却为其他控制的有效运行提供不可或缺的支持，间接影响及时发现或防止错报的可能性。例如，良好的企业文化和道德价值观（内部环境要素）虽不能直接防止具体的财务错报，但它营造了诚实守信的氛围，促使员工自觉遵守内部控制制度，从而间接支持了其他控制活动的有效实施。

准确区分直接控制和间接控制对注册会计师意义重大，有助于其在审计过程中精准识别和评估财务报表层次以及认定层次的重大错报风险，合理分配审计资源，制定有针对性的审计策略，提高审计效率和效果。

（二）人工控制和自动化控制

在当今时代，信息技术在被审计单位中广泛应用，但内部控制往往同时包含人工和自动化成分。不同单位依据自身规模、经营复杂程度等因素，人工控制和自动化控制的占比有所差异。在小型、生产经营相对简单的单位，人工控制可能占据主导地位；而在大型、信息化程度较高的单位，自动化控制则可能发挥更为重要的作用。内部控制采用人工或自动化系统，对交易的生成、记录、处理和报告方式产生显著影响。例如，在自动化系统中，交易数据的记录和处理高度依赖预设程序，具有高效、准确且一致性强的特点，但一旦程序出现错误或被非法篡改，可能导致系统性风险；而人工控制虽然灵活性较高，但容易受到人为因素干扰，如疲劳、疏忽或故意舞弊等，从而影响控制的有效性。

注册会计师在风险评估及设计和实施进一步审计程序时，必须充分考虑内部控制的人工和自动化特征及其影响。针对不同控制方式的特点制定相应的审计策略，以确保审计工作的有效性和准确性。

（三）整体层面和业务流程层面的内部控制

内部控制的某些要素（如控制环境）更多地对被审计单位整体层面产生影响，而其他要素（如信息系统与沟通、控制活动）则可能更多地与特定业务流程相关。整体层面的控制（包括对管理层凌驾于内部控制之上的控制）和信息技术一般控制通常在所有业务活动中普遍存在。业务流程层面控制主要是对工薪、销售和采购等具体业务活动的控制。因此，在实务中，注册会计师应当从被审计单位整体层面和业务流程层面分别了解和评价被审计单位的内部控制。

（四）预防性控制与检查性控制

业务流程中的控制通常可以分为预防性控制与检查性控制两种。

预防性控制是指为了防止错误和舞弊的发生而实施的控制。它是在交易或事项发生前就开始发挥作用，旨在避免错误进入会计系统。例如，计算机程序自动生成收货报告的同时更新采购档案。

检查性控制是指在交易或事项发生后，通过检查、核对、复核等手段来发现已经发生的错误和舞弊的控制。它主要是对已经处理的数据或已完成的交易进行审查。例如，每月复核应收账款贷方余额并查明原因。

三、了解内部控制的性质

注册会计师了解内部控制旨在评价控制设计的有效性以及控制是否得到切实执行。对内部控制体系各要素的了解，能帮助注册会计师初步洞察被审计单位识别与应对经营风险的策略，进而影响对重大错报风险的识别与评估，为设计和实施进一步审计程序提供关键依据。例如，通过了解内部环境要素，注册会计师可以判断管理层对内部控制的重视程度、治理层的监督有效性等，从而评估财务报表层次的重大错报风险；通过了解控制活动要素，注册会计师可以识别与各类交易、账户余额和披露相关的控制措施，评估认定层次的重大错报风险。

注册会计师了解内部控制时，可使用不同的框架或分类方式。其审计重点应放在控制能否防止或发现并纠正重大错报上，但了解通常应涵盖上述要素各方面。其中小型被审计单位内部控制可能非正式简单，注册会计师需综合考虑其内部控制要素能否实现目标。

四、了解内部控制的广度与深度

（一）了解内部控制的广度

在财务报表审计中，注册会计师的核心关注点是与财务报表审计紧密相关的内部控制部分，而非被审计单位的全部内部控制体系。这是因为审计资源和时间有限，注册会计师需精准定位对审计目标实现具有关键影响的内部控制要素，从而确保审计工作的高效性和有效性。

确定一项控制（单独或连同其他控制）是否与审计相关，高度依赖于注册会计师的专业职业判断。虽大部分与审计相关的控制与财务报告相关，但并非所有与财务报告相关控制都与审计相关（如财务报告相关材料的归档程序）。与经营和合规目标相关的内部控制，既可能与审计有关，也可能与审计无关。若与经营和合规目标相关的控制与注册会计师实施审计程序时评价或使用的数据存在关联，那么这些控制可能具有审计相关性。例如，企业为遵守环保法规而建立的污染物排放监测控制，虽主要服务于合规目标，但如果该控制的数据影响到企业的环境成本核算（进而影响财务报表），注册会计师就需考虑其审计相关性。

准确识别与审计相关的控制是评估重大错报风险和设计有效审计程序的关键前提，注册会计师应综合多方面因素谨慎判断。

（二）了解内部控制的深度

了解内部控制的深度应涵盖评价控制设计的有效性与确定控制是否得到执行。在评估控制设计有效性时，需考量控制单独或与其他控制协同作用时，能否有效防范或及时察觉并纠正重大错报。而控制得到执行意味着该项控制真实存在且被审计单位正在实际运用。

需要注意的是，了解内部控制不同于控制测试（第十章 风险应对）。控制测试的目的是测试控制运行的有效性即控制是否得到"一贯执行"，这与了解内控中所述的"得到执行"是不同的概念。除非存在某些可以使控制得到一贯运行的自动化控制，否则，注册会计师对控制的了解并不足以测试控制运行的有效性。

注册会计师通常实施下列风险评估程序，以获取有关控制设计的有效性和控制是否得到执行的审计证据：

（1）询问被审计单位人员；
（2）观察特定控制的运用；
（3）检查文件和报告；
（4）穿行测试（追踪交易在财务报告信息系统中的处理过程）。

只有全面综合运用这些程序，注册会计师才能对内部控制有较为准确和深入的了解，为后续审计工作奠定坚实基础。

9.13 延伸阅读：了解销售与收款循环内部控制的穿行测试的执行案例

第五节　识别和评估重大错报风险

评估重大错报风险是风险评估阶段的最后一步。在实施风险评估程序过程中所获取的有关风险因素以及控制对相关风险的抵消信息，通常会被全方位运用于对财务报表层次以及各类交易、账户余额和披露认定层次重大错报风险的评估之中。而此评估结果，将成为明确进一步审计程序的性质、范畴和时间安排的重要基石，以此来获取充分、适当的审计证据，将审计风险控制在可接受的低水平。

一、识别和评估重大错报风险的步骤

9.14　视频：评估重大风险错报

（一）利用实施风险评估程序所了解的信息

如上节所讲，通过实施风险评估程序（如询问、分析、观察、检查和穿行测试）收集的信息，可作为识别和评估重大错报风险的审计证据基础。同时，注册会计师还需考虑利用执行客户关系和具体业务接受与保持程序、以前审计及其他途径获取的与本期财务报表错报相关的信息。这些证据有助于注册会计师按照相关准则规定，采取总体应对措施应对财务报表层次重大错报风险，以及设计和实施进一步审计程序应对认定层次重大错报风险。

（二）识别并评估两个层次的重大错报风险

如表9-7所示，注册会计师应依据了解获得的信息，判断风险因素与财务报表整体的联系。

表9-7　　　　　　　风险评估时考虑的部分风险因素

1. 已识别的风险是什么？	
财务报表层次	（1）源于薄弱的被审计单位整体层面内部控制或信息技术一般控制； （2）与财务报表整体广泛相关的特别风险； （3）与管理层凌驾和舞弊相关的风险因素； （4）管理层愿意接受的风险，例如小企业因缺乏职责分离导致的风险
认定层次	（1）与完整性、准确性、存在或计价相关的特定风险： ①收入、费用和其他交易； ②账户余额； ③财务报表披露。 （2）可能产生多重错报的风险

续表

1. 已识别的风险是什么？	
相关内部控制程序	（1）特别风险； （2）用于预防、发现或减轻已识别风险的恰当设计并执行的内部控制程序； （3）仅通过执行控制测试应对的风险
2. 错报（金额影响）可能发生的规模有多大？	
财务报表层次	什么事项可能导致财务报表重大错报？ 考虑管理层凌驾、舞弊、未预期事件和以往经验
认定层次	考虑：（1）交易、账户余额或披露的固有性质；（2）日常和例外事件；（3）以往经验
3. 事件（风险）发生的可能性有多大？	
财务报表层次	考虑：（1）来自高层的基调；（2）管理层风险管理的方法；（3）采用的政策和程序；（4）以往经验
认定层次	考虑：（1）相关的内部控制活动；（2）以往经验
相关内部控制程序	识别对于降低事件发生可能性非常关键的管理层风险应对要素

1. 识别和评估财务报表层次重大错报风险

（1）识别。

若某风险因素与财务报表整体存在广泛联系，可能影响多项认定，则识别为财务报表层次重大错报风险，如经济不稳定地区开展业务、资产流动性问题、重要客户流失、融资能力受限、管理层缺乏诚信等情况。

（2）评估。

对于财务报表层次重大错报风险，注册会计师需评价其对财务报表整体的影响，以及对认定层次风险评估结果的影响。

2. 识别和评估认定层次重大错报风险

（1）识别。

若某风险因素与财务报表整体不存在广泛联系，则识别为认定层次重大错报风险，如存在复杂联营或合资、重大关联方交易等事项。值得注意的是，注册会计师应当在考虑相关控制之前识别重大错报风险（即固有风险），并以对错报的初步考虑为基础，包括考虑错报的发生的可能性以及后果的严重性，以综合评判固有风险的等级。

（2）评估。

对于认定层次重大错报风险，由于重大错报风险是固有风险和控制风险共同作用的结果，注册会计师在评估时，需考虑相关控制的影响（即控制风险）。如果注册会计师拟测试控制运行有效性，其应当评估控制风险；如果拟不测试控制运行的有效性，则应当将固有风险的评估结果作为重大错报风险的评估结果。

评估时，注册会计师应分别评估固有风险和控制风险。这样有利于注册会计师把认定层次重大错报风险的评估工作做细做实（可为设计和实施进一步审计程序提供适当依据），进而倒逼其按照审计准则要求把实施风险评估程序获取有关了解的基础工作做细做实，避免在认定层次将固有风险和控制风险简单混合起来作出粗略的、不适当的风险评估。

3. 两个层次间相互影响的处理

在评估识别的认定层次重大错报风险时，注册会计师可能认为某些重大错报风险与财务报表整体存在广泛联系，可能影响多项认定。在这种情况下，注册会计师可能更新对财务报表层次重大错报风险的识别。

如果重大错报风险由于广泛影响多项认定而被识别为财务报表层次重大错报风险，并可以识别出受影响的特定认定，注册会计师应当在评估认定层次重大错报风险的固有风险时考虑这些风险。

注册会计师应当考虑对识别出的各类交易、账户余额和披露认定层次的重大错报风险予以汇总和评估，以便确定进一步审计程序的性质、时间安排和范围。

（三）评价审计证据的适当性

注册会计师要对实施风险评估程序获取的审计证据进行评价，判断其能否为识别和评估重大错报风险提供适当依据。若不能，应实施追加的风险评估程序，直至获取足够依据。在识别和评估过程中，注册会计师需考虑所有通过风险评估程序获取的审计证据，无论其是佐证性的还是相矛盾的，都应保持职业怀疑态度，审慎评价审计证据。

（四）修正识别或评估的结果

随着审计推进，若注册会计师获取新信息（如控制测试或实质性程序后的信息）与之前识别或评估重大错报风险所依据的证据不一致，应修正之前的识别或评估结果，并考虑对风险应对的影响。例如，注册会计师对重大错报风险的识别或评估可能基于预期控制运行有效这一判断，即相关控制可以防止或发现并纠正认定层次的重大错报。但在测试控制运行的有效性时，注册会计师获取的证据可能表明相关控制在被审计期间并未得到有效运行。同样，在实施实质性程序后，注册会计师可能发现错报的金额和频率比在风险识别或评估时预计的金额和频率要高。因此，如果通过实施进一步审计程序获取的审计证据与初始识别或评估获取的审计证据相矛盾，注册会计师应当修正风险识别或评估结果，并相应修改原计划实施的进一步审计程序。

识别或评估重大错报风险是连续动态的过程，贯穿审计始终，需不断收集、更新和分析信息，以确保风险评估的准确性。

二、需要特别考虑的重大错报风险

（一）特别风险的含义

特别风险，是指注册会计师识别出的具有特定特征的重大错报风险，即固有风险评估为达到或接近最高级，或根据其他审计准则应作为特别风险。

（二）确定特别风险时考虑的事项

在判断哪些风险是特别风险时，以下事项可能导致注册会计师评估认为重大错报风险具有较高的固有风险等级，进而将其确定为特别风险：

（1）交易具有多种可接受的会计处理，因此涉及主观性；

（2）会计估计具有高度不确定性或模型复杂；

（3）支持账户余额的数据收集和处理较为复杂；

（4）账户余额或定量披露涉及复杂的计算；

（5）对会计政策存在不同的理解；

（6）被审计单位业务的变化涉及会计处理发生变化，如合并和收购。

注意，在判断哪些风险是特别风险时，注册会计师不应考虑识别出的控制对相关风险的抵消效果。

（三）非常规交易和判断事项导致的特别风险

日常的、不复杂的、经正规处理的交易不太可能产生特别风险。特别风险通常与重大的非常规交易和判断事项有关。

非常规交易是指由于金额或性质异常而不经常发生的交易。例如，企业购并、债务重组、重大或有事项等。由于非常规交易具有下列特征，与重大非常规交易相关的特别风险可能导致更高的重大错报风险：（1）管理层更多地干预会计处理；（2）数据收集和处理进行更多的人工干预；（3）复杂的计算或会计处理方法；（4）非常规交易的性质可能使被审计单位难以对由此产生的特别风险实施有效控制。

判断事项通常包括作出的会计估计（具有计量的重大不确定

性）。如资产减值准备金额的估计、需要运用复杂估值技术确定的公允价值计量等。由于下列原因，与重大判断事项相关的特别风险可能导致更高的重大错报风险：（1）对涉及会计估计、收入确认等方面的会计原则存在不同的理解；（2）所要求的判断可能是主观和复杂的，或需要对未来事项作出假设。

（四）考虑与特别风险相关的控制

了解与特别风险相关的控制，有助于注册会计师制定有效的审计方案予以应对。对特别风险，注册会计师应当评价相关控制的设计情况，并确定其是否已经得到执行。由于与重大非常规交易或判断事项相关的风险很少受到日常控制的约束，注册会计师应当了解被审计单位是否针对该特别风险设计和实施了控制。

例如，作出会计估计所依据的假设是否由管理层或专家进行复核，是否建立作出会计估计的正规程序，重大会计估计结果是否由治理层批准等。再如，管理层在收到重大诉讼事项的通知时采取的措施，包括这类事项是否提交适当的专家（如内部或外部的法律顾问）处理、是否对该事项的潜在影响作出评估、是否确定该事项在财务报表中的披露问题以及如何确定等。

如果管理层未能实施控制以恰当应对特别风险，注册会计师应当认为内部控制存在重大缺陷，并考虑其对风险评估的影响。在此情况下，注册会计师应当就此类事项与管理层沟通。

三、仅通过实质性程序无法应对的重大错报风险

在风险评估环节，若注册会计师判断仅依靠实质性程序所获取的审计证据，无法有效应对认定层次的重大错报风险时，就需要对被审计单位针对此类风险所设计的控制进行评价，并确定这些控制的执行情况。

当被审计单位对日常交易进行高度自动化处理时，审计证据往往仅以电子形式存在。在此情形下，审计证据的充分性和适当性通常取决于自动化信息系统相关控制的有效性。注册会计师必须考虑仅通过实施实质性程序不能获取充分、适当审计证据的可能性。

例如，存在某企业通过高度自动化的系统来确定采购品种和数量，进而生成采购订购单，并依据系统中设定的收货确认和付款条件完成付款操作。该企业除了系统中的相关信息外，不存在其他有关订购单和收货的记录。在这种场景下，如果注册会计师认为仅仅实施实质性程序无法获取充分且适当的审计证据，那么就应当着重考虑所依赖的相关控制的有效性，并对这些控制进行全面的了解、评估和测

试。实务中，注册会计师可通过表9-8汇总识别的重大错报风险。

表9-8 识别的重大错报风险汇总

识别的重大错报风险	索引号	属于财务报表层次还是认定层次	是否属于特别风险（是/否）	是否属于仅通过实质性程序无法应对的重大错报风险（是/否）	受影响的交易类别	账户余额（元）	列报认定
管理层凌驾控制之上的风险		财务报表层次	是	是			
存在对赌协议的营收业绩压力，收入舞弊风险		认定层次	是	是	营业收入	156 234 570.00	存在
……							

【本 章 小 结】

风险评估在审计中犹如医生诊断病情，是审计风险控制的起点，也是当今主流审计方法的核心环节，决定着后续审计工作的方向与成效。风险评估程序包括询问、分析程序、观察和检查等，注册会计师需综合运用这些程序，全面了解被审计单位及其环境、适用的财务报告编制基础和内部控制体系各要素。这些方面相互关联、相互影响，其中任何一个环节出现问题都可能引发重大错报风险。注册会计师依据实施风险评估程序获取的信息，识别重大错报风险存在的层次，即财务报表层次或认定层次。对于认定层次风险，要分别评估固有风险和控制风险，确定特别风险，考虑仅实施实质性程序无法应对的风险等情况。通过本章学习，大家可以感受到风险评估工作烦琐且责任重大，需要注册会计师严谨细致、认真负责。每一个环节都关乎审计质量，任何疏忽都可能导致严重后果，高度的责任感和敬业精神是审计人员的必备素养。

【本章重要术语】

1. 风险导向审计
2. 重大错报风险
3. 风险识别
4. 风险评估

5. 风险评估程序

6. 内部控制

7. 内部环境（内部控制要素之一）

8. 风险评估要素（内部控制要素之一）

9. 信息与沟通（内部控制要素之一）

10. 控制活动（内部控制要素之一）

11. 内部监督（内部控制要素之一）

12. 直接控制

13. 间接控制

14. 固有风险因素

15. 特别风险

16. 审计工作底稿

17. 职业怀疑

18. 经营风险

19. 适用的财务报告编制基础

20. 认定层次

21. 财务报表层次

22. 穿行测试

23. 预防性控制

24. 检查性控制

25. 控制风险

9.15 专业术语解释

【复习与思考】

1. 什么是风险导向审计？风险评估的意义是什么？

2. 在风险评估中，注册会计师需要收集哪些信息？想想这些信息对于审计工作的意义？

3. 风险评估程序包括哪些具体方法？

4. 举例说明固有风险因素如何影响认定易于发生错报的可能性。

5. 如何理解风险识别与风险评估之间的关系？

6. 穿行测试的目的和意义是什么？

7. 内部控制的目标是什么？如何确定一项内控是否与审计相关？

8. 为什么注册会计师在评估重大错报风险时需要考虑财务报表层次和认定层次？

9.16 复习与思考答案

第十章
风 险 应 对

【学 习 目 标】

1. 理解并能运用财务报表层次重大错报风险的总体应对措施。

2. 掌握增加审计程序不可预见性的方法，如调整审计时间、改变抽样及选取地点等。

3. 理解审计程序不可预见性的重要意义，培养创新和灵活应变思维，树立主动防范风险的价值观。

4. 明确总体应对措施对总体审计方案的影响，能根据风险评估选择合适的总体审计方案（实质性或综合性）。

5. 深入理解认定层次重大错报风险的进一步审计程序，包括概念、程序性质、时间和范围的确定。

【本章知识逻辑结构图】

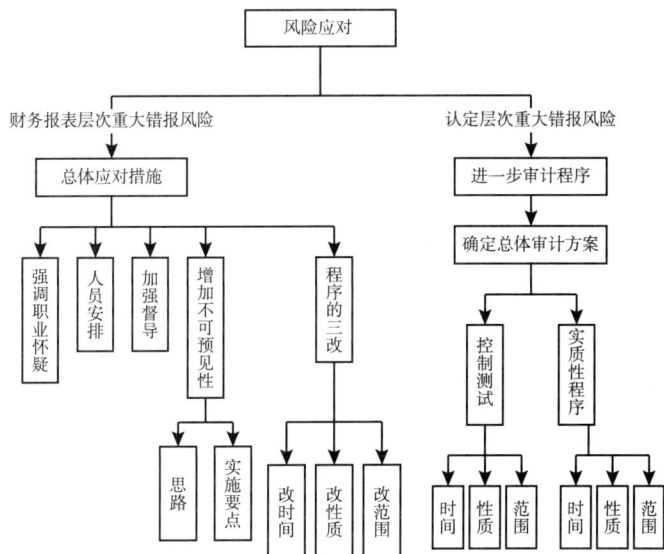

【引 导 案 例】

阳光公司是一家从事服装生产与销售的企业，在过去几年中业绩稳步增长。然而，近期外部市场环境发生了变化，原材料价格波动频繁，同行业竞争加剧，消费者对服装款式和品质的要求也日益多样化。同时，公司内部进行了部分管理架构调整，一些关键岗位人员有所变动，且新上线了一套库存管理系统。

在进行 2024 年度财务报表审计时，审计人员对阳光公司进行了初步风险评估，发现以下情况：

1. 财务数据显示，存货周转率有所下降，库存积压现象较为明显，但公司管理层对存货跌价准备的计提政策并未进行相应调整。

2. 由于市场竞争激烈，公司为了吸引客户，放宽了信用政策，导致应收账款余额显著增加，且账龄结构发生了变化。

3. 新上线的库存管理系统在运行初期出现了一些数据传输不稳定的问题，部分数据的准确性和完整性有待验证。

请思考以下问题：

1. 针对阳光公司财务报表层次可能存在的重大错报风险，审计人员应采取哪些总体应对措施？

2. 在对阳光公司认定层次重大错报风险进行进一步审计程序设计时，对于存货和应收账款等账户，应重点考虑哪些因素？如何确定审计程序的性质、时间和范围？

3. 考虑到阳光公司新上线的库存管理系统存在问题，审计人员在进行控制测试和实质性程序时，应如何应对？如果发现内部控制存在缺陷，怎样调整审计策略以确保审计质量？

4. 审计人员如何将自身职业道德素养与专业判断相结合，去有效应对内外部复杂环境带来的审计风险，以维护资本市场的公平与诚信，保障利益相关者的合法权益？

资料来源：笔者自编。

在第九章中，我们深入学习了风险评估的相关知识，了解到注册会计师需要通过多种方法对被审计单位的重大错报风险进行识别和评估。这一过程犹如构建大厦的基石，为后续的审计工作奠定了坚实的基础。而在整个审计体系中，风险应对则是关键的攻坚环节，直接关系到能否将审计风险降低至可接受的低水平，从而为财务报表的真实性和公允性提供合理保证。

第一节 针对财务报表层次重大错报风险的总体应对措施

一、总体应对措施的具体内容

针对风险评估中发现的财务报表层次的重大错报风险，注册会计师应当确定下列总体应对措施：

（一）向项目组强调保持职业怀疑的必要性

职业怀疑是审计人员应具备的重要素质。在整个审计过程中，项目组成员必须时刻保持警觉，对所获取的审计证据进行审慎评价，不轻易相信表面现象。例如，在审查企业的财务报表时，对于异常的交易记录、大幅波动的财务指标或管理层提供的解释，不能盲目接受，而应深入探究其背后的原因。

（二）指派更有经验或具有特殊技能的审计人员，或借助专家的力量

根据被审计单位的行业特点、业务复杂程度以及所涉及的特殊领域，合理安排审计团队成员或借助外部专家的力量。如果企业处于高新技术行业，涉及复杂的研发项目和无形资产核算，就需要指派具有相关行业经验和专业知识的审计人员，或者聘请无形资产评估专家对企业的研发投入资本化、无形资产摊销等事项进行评估。例如，某生物制药企业正在研发一种新型抗癌药物，研发过程复杂且涉及大量专业知识，审计人员可能不具备相关专业技能，此时就需要邀请药物研发专家对研发项目的进展、成本核算以及未来市场前景等进行评估，以确保审计工作的准确性和可靠性。

（三）对指导和监督项目组成员并复核其工作的性质、时间安排和范围作出调整

对于财务报表层次重大错报风险较高的审计项目，项目合伙人或高级审计人员应加大对项目组成员的指导、监督力度以及质量控制复核，确保他们理解审计目标、程序和风险点并有效应对。

10.1 视频：针对财务报表层次重大错报风险的总体应对措施

（四）在选择拟实施的进一步审计程序时融入更多的不可预见的因素

为避免被审计单位管理层预见审计程序而采取应对措施，从而影响审计效果，注册会计师应在设计审计程序时增加不可预见性。例如，对存货监盘的地点和时间进行突然安排，不提前通知被审计单位，防止其提前准备或转移存货，以获取更真实的存货状况。

（五）对总体审计策略或对拟实施的审计程序作出调整

1. 在期末而非期中实施更多的审计程序

如果控制环境存在缺陷，如管理层诚信度较低、内部控制制度不完善等，期中获取的审计证据可能在期末时已失去可靠性。因此，在这种情况下，应将更多的审计程序安排在期末进行，以获取更能反映期末财务状况和经营成果的审计证据。

2. 通过实施实质性程序获取更广泛的审计证据

当财务报表层次重大错报风险较高时，内部控制可能无法有效防止或发现错报，注册会计师应更多地依赖实质性程序来获取审计证据。

3. 增加拟纳入审计范围的经营地点的数量

如果被审计单位拥有多个经营地点，且存在财务报表层次重大错报风险，如不同经营地点之间的财务数据汇总和合并可能存在错误，或者某些经营地点存在潜在的违规操作风险，注册会计师应考虑增加纳入审计范围的经营地点数量。

二、增加审计程序不可预见性的方法

（一）增加审计程序不可预见性的思路

注册会计师可以通过以下方法提高审计程序的不可预见性，例如：

（1）对某些以前未测试的，低于设定的重要性水平或风险较小的账户余额和认定实施实质性程序。

（2）调整实施审计程序的时间，使其超出被审计单位的预期。比如：从常规习惯测试 12 月的项目调整到测试 9 月、10 月或 11 月的项目。

（3）采取不同的审计抽样方法，使当年抽取的测试样本与以前有所不同。

（4）选取不同的地点实施审计程序，或预先不告知被审计单位所选定的测试地点。

（二）增加审计程序不可预见性的实施要点及注意事项

（1）注册会计师需要与被审计单位的高层管理人员事先沟通，要求实施具有不可预见性的审计程序，但不能告知其具体内容。注册会计师可以在签订审计业务约定书时明确提出这一要求。

（2）虽然对于不可预见性程度没有量化的规定，但审计项目组可根据对舞弊风险的评估等确定具有不可预见性的审计程序。审计项目组可以汇总那些具有不可预见性的审计程序，并记录在审计工作底稿中。

（3）项目合伙人需要安排项目组成员有效地实施具有不可预见性的审计程序，但同时要避免使项目组成员处于困难境地。

（4）审计准则要求的常规程序无法增加不可预见性。

表10-1列举说明了一些具有不可预见性的审计程序。

表 10-1　一些可能适用的具有不可预见性的审计程序

审计领域	程序
存货	1. 向以前审计过程中接触不多的被审计单位员工询问，例如采购、销售、生产人员等
	2. 在不事先通知被审计单位的情况下，选择一些以前未曾到过的盘点地点进行存货监盘
销售和应收账款	1. 向以前审计过程中接触不多或未曾接触过的被审计单位员工询问，例如负责处理大客户账户的销售部人员
	2. 改变实施实质性分析程序的对象，例如对收入按细类进行分析
	3. 针对销售和销售退回，延长截止测试期间
	4. 实施以前未曾考虑过的审计程序。 （1）函证确认销售条款或者选定销售额较不重要、以前未曾关注的销售交易，例如对出口销售实施实质性程序。 （2）测试以前未曾函证过的账户余额，例如，金额为负或是零的账户，或者余额低于以前设定的重要性水平的账户
采购和应付账款	1. 如果以前未曾对应付账款余额普遍进行函证，可考虑直接向供应商函证确认余额；如果经常采用函证方式，可考虑改变函证的范围或者时间
	2. 对以前由于低于设定的重要性水平而未曾测试过的采购项目，进行细节测试
	3. 使用计算机辅助审计技术审阅采购和付款账户，以发现一些特殊项，例如是否有不同的供应商使用相同的银行账户
现金和银行存款	1. 多选几个月的银行存款余额调节表进行测试
	2. 对有大量银行账户的，考虑改变抽样方法
固定资产	对以前由于低于设定的重要性水平而未曾测试过的固定资产进行测试，例如考虑实地盘查一些价值较低的固定资产，如汽车和其他设备等
集团审计项目	修改组成部分审计工作的范围或者区域（如增加某些不重要的组成部分的审计工作量，或实地去组成部分开展审计工作）

10.2　课程思政：未增加审计程序的不可预见性酿成的审计失败

三、总体应对措施对拟实施进一步审计程序的总体审计方案的影响

财务报表层次重大错报风险具有广泛影响性，它不会局限于特定的交易、账户余额和披露，而是可能对财务报表的众多认定产生影响，这使得注册会计师在认定层次重大错报风险评估时面临更大挑战。

注册会计师对财务报表层次重大错报风险的评估结果以及采取的总体应对措施，是决定拟实施进一步审计程序总体审计方案的关键因素。总体审计方案分为实质性方案和综合性方案。实质性方案意味着注册会计师在进一步审计程序中主要依赖实质性程序，通过直接检查交易、账户余额和披露的细节来发现重大错报。综合性方案则是将控制测试与实质性程序相结合，先评估内部控制的有效性，再根据控制测试结果确定实质性程序的性质、时间和范围。

当评估的财务报表层次重大错报风险处于高风险水平时，注册会计师通常会采取更强调审计程序不可预见性、更注重调整审计程序性质、时间安排和范围等总体应对措施。此时，拟实施进一步审计程序的总体方案更倾向于实质性方案。这是因为高风险环境下，内部控制可能无法有效防止或发现重大错报，注册会计师需要更多地依靠实质性程序获取更直接、更可靠的审计证据，以降低审计风险，确保审计目标的实现。

第二节　针对认定层次重大错报风险的进一步审计程序

进一步审计程序是注册会计师在风险评估程序基础上，针对评估出的认定层次重大错报风险所实施的审计程序。它犹如一把精准的手术刀，直接切入被审计单位财务报表中可能存在错报的关键部位。其核心目标是将审计风险降至可接受的低水平，为财务报表使用者提供合理保证。进一步审计程序包括控制测试和实质性程序。

一、进一步审计程序的总体要求

注册会计师设计和实施的进一步审计程序的性质、时间和范围，应当与评估的认定层次重大错报风险具备明确的对应关系。其中，进

10.3　视频：针对认定层次重大错报风险的进一步审计程序

一步审计程序的性质是最重要的。进一步审计程序（包括控制测试、实质性程序）的性质、时间和范围的确定将在第三节控制测试、第四节实质性程序中具体介绍，本节不再赘述。

在设计进一步审计程序时，注册会计师应当考虑下列因素：

（1）风险的重要性。风险的后果越严重，就越需要注册会计师关注和重视，越需要精心设计有针对性的进一步审计程序。

（2）重大错报发生的可能性。

（3）涉及的各类交易、账户余额和披露的特征。

（4）被审计单位采用的特定控制的性质。不同性质的控制（尤其是人工控制或自动化控制）对注册会计师设计进一步审计程序具有重要影响。

（5）注册会计师是否拟实施控制测试。如果注册会计师在风险评估时预期内部控制运行有效，随后拟实施的进一步审计程序就必须包括控制测试，且实质性程序自然会受到之前控制测试结果的影响。

二、进一步审计程序的总体方案的选择

注册会计师在设计进一步审计程序时，需从综合性方案和实质性方案中作出选择。

综合性方案要求注册会计师将控制测试与实质性程序相结合。通常，基于成本效益的考量，若企业内部控制设计合理且预期有效运行，注册会计师会优先选择综合性方案。例如，在一家内部控制相对健全的制造企业中，对于原材料采购业务，注册会计师先测试采购申请、审批、合同签订以及验收等内部控制环节，若这些控制执行良好，可适当减少对采购交易的实质性测试范围，但仍需保持一定程度的实质性程序，以确保审计证据的充分性和可靠性。当仅通过实质性程序无法有效应对重大错报风险时，如在被审计单位对日常交易高度自动化处理的情况下，审计证据可能主要依赖于电子形式且与自动化信息系统相关控制紧密相关，此时注册会计师必须实施控制测试。

若注册会计师的风险评估程序未能识别出与认定相关的有效控制，或者认为实施综合性方案不符合成本效益原则，注册会计师可能会选择实质性方案，直接通过实质性程序获取审计证据。当评估的财务报表层次重大错报风险处于高风险水平时，注册会计师虽更倾向于实质性方案，但仍需综合考虑多种因素，并非绝对如此。例如，企业面临严重财务困境且管理层诚信存疑，此时虽倾向于实质性方案，但如果企业某些内部控制环节仍可信赖，注册会计师也可能进行一定的控制测试。

需要注意的是，注册会计师对重大错报风险的评估具有主观性，且内部控制存在固有局限性，尤其是存在管理层凌驾于内部控制之上的风险，所以无论选择何种方案，都应对所有重大类别的交易、账户余额和披露实施实质性程序，以增强审计结论的可靠性。

第三节　控制测试

一、控制测试的概念与目标

10.4　控制测试

（一）控制测试的概念

控制测试是注册会计师为评价内部控制在防止或发现并纠正认定层次重大错报方面运行有效性而实施的审计程序。

（二）控制测试的目标

控制测试的核心目标是为了验证内部控制是否如预期般有效运行，进而为评估控制风险提供依据。通过控制测试，如果发现内部控制运行有效，注册会计师可以合理减少实质性程序的工作量，提高审计效率。

为了实现该目标，注册会计师应当从下列方面获取关于控制是否有效运行的审计证据：

（1）控制在所审计期间的相关时点是如何运行的；

（2）控制是否得到一贯执行；

（3）控制由谁或以何种方式执行。

从上述要求中可以看出，控制运行有效性强调的是控制能够在各个不同时点按照既定设计得以一贯执行。其与了解内部控制有所不同，了解内部控制侧重于评价控制的设计以及确定控制是否得到执行，而控制测试旨在获取关于控制运行有效性的直接证据。在了解控制是否得到执行时，注册会计师只需抽取少量的交易进行检查或观察某几个时点。但在测试控制运行的有效性时，注册会计师需要抽取足够数量的交易进行检查或对多个不同时点进行观察。

10.5　延伸阅读：控制测试与了解内部控制在实务中的区分

二、控制测试的要求

作为进一步审计程序中的类型之一，控制测试并非在任何情况下都被要求强制执行，当存在下列情形之一时，应当实施控制测试：

（1）在评估认定层次重大错报风险时，预期控制的运行是有效的；

（2）仅实施实质性程序不足以提供认定层次充分、适当的审计证据（例如在被审计单位对日常交易采用高度自动化处理的情况下）。

如果审计中，注册会计师在风险评估时未发现与认定相关的任何控制；抑或是注册会计师判断综合性方案很可能不满足成本效益原则，则无须执行控制测试。

三、控制测试的性质

（一）控制测试性质的含义

控制测试的性质是指控制测试所使用的审计程序的类型及其组合。

计划从控制测试中获取的保证水平是决定控制测试性质的主要因素之一。注册会计师应当选择适当类型的审计程序以获取有关控制运行有效性的保证。在计划和实施控制测试时，对控制有效性的信赖程度越高，注册会计师应当获取越有说服力的审计证据。当拟实施的进一步审计程序主要以控制测试为主，尤其是仅实施实质性程序无法或不能获取充分、适当的审计证据时，注册会计师应当获取有关控制运行有效性的更高的保证水平。

控制测试中可以采用的审计程序有询问、观察、检查和重新执行。

（1）询问。注册会计师可向被审计单位的适当员工进行询问，以此获取内部控制运行情况的相关信息。不过，需要注意的是，仅依靠询问这一方式，无法为控制运行的有效性提供充足证据。所以，注册会计师通常需要对被询问者的答复进行印证，比如向其他人员询问相关情况，或者检查执行控制时所使用的报告、手册以及其他文件等。仅询问本身并不足以测试控制运行的有效性。

（2）观察。观察是测试不留下书面记录的控制（如职责分离）的运行情况的有效方法。例如，观察存货盘点控制的执行情况。观察也可运用于实物控制，如查看仓库门是否锁好，或空白支票是否妥善保管。通常情况下，注册会计师通过观察直接获取的证据比间接获取的证据更可靠。但是，注册会计师还要考虑其所观察到的控制在注册会计师不在场时可能未被执行的情况。

（3）检查。对运行情况留有书面证据的控制，检查非常适用。书面说明、复核时留下的记号，或其他记录在偏差报告中的标志，都可以被当作控制运行情况的证据。例如，检测销售发票是否有复核人员签字，检测销售发票是否附有客户订购单和出库单等。

（4）重新执行。重新执行是指注册会计师以独立的身份，按照被审计单位内部控制的规定流程和要求，重新操作一遍相关的业务活动或控制程序，以此来检查这些控制是否被正确地执行以及是否能够达到预期的控制效果。例如，在企业的财务报销流程中，规定每一笔报销都需要经过部门负责人审核签字、财务人员核对票据和金额等一系列控制环节。注册会计师在进行控制测试时，为了验证财务人员是否确实认真地核对了票据和金额，不会仅仅查看报销单上是否有财务人员的签字，而是会重新选取一些报销单据，按照企业规定的核对方法，亲自重新核对票据金额、报销范围等内容，这就是重新执行。

（二）确定控制测试性质时的要求

1. 考虑特定控制的性质

在确定控制测试的性质时，要充分考虑特定控制的性质。不同性质的控制需要采用不同的测试方法来有效评估其运行有效性。

例如，某些控制可能存在反映控制运行有效性的文件记录。在这种情况下，注册会计师可以检查这些文件记录以获取控制运行有效的审计证据；某些控制可能不存在文件记录（如一项自动化的控制活动），或文件记录与能否证实控制运行有效性不相关，注册会计师应当考虑实施检查以外的其他审计程序（如询问和观察）或借助计算机辅助审计技术，以获取有关控制运行有效性的审计证据。

2. 考虑测试与认定直接相关和间接相关的控制

注册会计师在确定控制测试性质时，不能仅仅局限于考虑与认定直接相关的控制，还应当把与认定间接相关的控制纳入考虑范围。

例如，在销售收入确认的认定中，直接相关的控制可能包括销售合同的审批流程，确保合同条款符合收入确认条件；员工培训与发展计划这一控制虽然看起来与销售收入确认没有直接关联，但如果员工没有接受足够的培训，可能会导致在销售业务处理过程中出现错误，从而影响收入确认的准确性。所以，注册会计师需要全面考虑这些直接和间接相关的控制，以更准确地评估控制风险。

3. 考虑信息处理控制

在面对自动化的信息处理控制时，由于信息技术处理过程具有内在一贯性的特点，注册会计师在确定控制测试性质时需要采用特殊的考虑方式。

例如，在企业的财务软件系统中，自动生成财务报表的功能是一项信息处理控制。因为系统在编程和设置后，会按照既定的逻辑和规则自动处理数据并生成报表，只要系统未发生改变，其处理过程就具有一贯性。注册会计师可以利用该项控制得以执行的审计证据和信息技术一般控制运行有效性的审计证据，作为支持该项控制在相关期间运行有效性的重要审计证据。

（三）实施控制测试时对双重目的的实现

控制测试和细节测试两者目的不同，但注册会计师可以考虑针对同一交易同时实施控制测试和细节测试，以实现双重目的。

（四）实施实质性程序的结果对控制测试结果的影响

在审计过程中，实质性程序和控制测试是相辅相成的环节，实施实质性程序所得到的结果会对控制测试结果产生重要影响。

一方面，当注册会计师实施实质性程序后，若未发现某项认定存在错报，此时不能简单地据此认定与该认定有关的控制是有效运行的。这是因为实质性程序未发现错报可能只是一种表象，也许是由于实质性程序本身的局限性，或者是抽样误差等其他原因导致，而不能确凿地证明相关控制发挥了应有的作用。

另一方面，如果在实施实质性程序时发现某项认定存在错报，那么注册会计师在评价相关控制的运行有效性时，必须对此情况予以充分考虑。在这种情况下，注册会计师需要深入分析，考虑这一错报对相关控制有效性评价的影响。例如，可能需要降低对相关控制的信赖程度，因为出现的错报表明控制可能没有有效防止或发现错误。同时，还可能需要调整实质性程序的性质，比如从分析程序为主转向细节测试为主，或者扩大实质性程序的范围，增加样本量或检查更多的交易事项，以便更深入地查找可能存在的其他错报。

尤其需要注意的是，如果实施实质性程序发现了被审计单位没有识别出的重大错报，这通常是一个强烈的信号，意味着内部控制很可能存在重大缺陷。这些缺陷可能使企业面临较高的风险，影响财务报表的准确性和可靠性。此时，注册会计师有责任就这些发现的内部控制重大缺陷与管理层和治理层进行沟通，使他们了解问题的严重性，以便采取相应的措施加以改进和完善，保障企业内部控制系统的有效性和财务信息的质量。

四、控制测试的时间

（一）控制测试时间的含义

控制测试的时间包含两层含义：

（1）何时实施控制测试；

10.6　延伸阅读：实施控制测试时如何实现双重目的？

（2）测试所针对的控制适用的时点或期间。

注册会计师需根据审计目标和实际情况确定控制测试的时间，以获取与拟信赖的相关控制的时点或期间最具相关性和可靠性的审计证据。如果需要获取控制在某一期间有效运行的审计证据，仅获取与时点相关的审计证据是不充分的，注册会计师应当辅以其他控制测试，包括测试被审计单位对控制的监督。而所谓的"其他控制测试"应当具备的功能是，能提供相关控制在所有相关时点都运行有效的审计证据。

（二）考虑期中实施的控制测试

前已述及，注册会计师可能在期中实施进一步审计程序。在期中实施控制测试具有一定积极作用，如可以分散工作负荷、提高审计效率，甚至获得更具相关性的审计证据。但如果拟利用期中获取的控制运行有效性证据，注册会计师需实施以下程序：

（1）获取控制在剩余期间发生重大变化的证据；

（2）确定针对剩余期间还需获取的补充审计证据。

例如，注册会计师在期中对企业的采购付款控制进行了测试，发现其在期中运行有效。但在剩余期间，企业可能由于业务调整或人员变动等原因导致该控制发生变化。注册会计师需要了解这些变化并评估其对期中审计证据的影响，同时确定是否需要获取更多补充证据以确保对整个期间控制有效性的准确判断。

上述两项审计程序中，第一项是针对期中已获取审计证据的控制，考察这些控制在剩余期间的变化情况（包括是否发生了变化以及如何变化）；如果这些控制在剩余期间没有发生变化，注册会计师可能决定信赖期中获取的审计证据；如果这些控制在剩余期间发生了变化（如信息系统、业务流程或人事管理等方面发生变动），注册会计师需要了解并测试控制的变化对期中审计证据的影响。

上述两项审计程序中，第二项是针对期中证据以外的、剩余期间的补充证据。如表 10 - 2 所示，在执行该项规定时，注册会计师应当考虑下列因素。

表 10 - 2　　各类因素对剩余期间需补充的审计证据量的关系

考虑因素	与获取剩余期间补充证据量的关系	说明
评估的认定层次重大错报风险的重大程度	同向	风险程度越高，越需要更多剩余期间的补充证据

续表

考虑因素	与获取剩余期间补充证据量的关系	说明
在期中测试的特定控制，以及自期中测试后发生的重大变动	—	对自动化运行的控制，更可能测试剩余期间信息系统一般控制的运行有效性
在期中对有关控制运行有效性获取的审计证据的程度	反向	期中获取证据越充分，剩余期间所需补充证据越少
剩余期间的长度	同向	剩余期间越长，需要的补充证据越多
在信赖控制的基础上拟减少进一步实质性程序的范围	同向	拟减少实质性程序范围越大，需要更多剩余期间补充证据
控制环境	同向	控制环境越薄弱，在总体拟信赖控制前提下，需要获取更多剩余期间补充证据

除了上述的测试剩余期间控制的运行有效性，测试被审计单位对控制的监督也能够作为一项有益的补充证据，以便更有把握地将控制在期中运行有效性的审计证据延伸至期末。被审计单位对控制的监督起到的是一种检验相关控制在所有相关时点是否都有效运行的作用。因此，通过测试剩余期间控制的运行有效性或测试被审计单位对控制的监督，注册会计师可以获取补充审计证据。

（三）如何考虑以前审计获取的审计证据

注册会计师考虑以前审计获取的有关控制运行有效性的审计证据，其意义在于：一方面，内部控制中的诸多要素对于被审计单位往往是相对稳定的（相对于具体的交易、账户余额和披露），因此，注册会计师在本期审计时还是可以适当考虑利用以前审计获取的有关控制运行有效性的审计证据；另一方面，内部控制在不同期间可能发生重大变化，注册会计师在利用以前审计获取的有关控制运行有效性的审计证据时需要格外慎重，充分考虑各种因素。

注册会计师需考虑拟信赖的以前审计中测试的控制在本期是否发生变化。其应当实施询问并结合观察或者检查程序，获取这些控制是否已经发生变化的审计证据。

（1）当控制在本期发生变化时，注册会计师应当考虑其变化程度，考虑以前审计获取的有关控制运行有效性的审计证据是否与本期审计相关。

（2）如果拟信赖的控制自上次测试后未发生变化，且不属于旨在减轻特别风险的控制，注册会计师应当运用职业判断确定是否在本期审计中测试其运行有效性，以及本次测试与上次测试的时间间隔。但需要注意的是每三年（即每隔两年）至少对控制测试一次。但注册会计师不应将所有拟信赖的控制都集中在单次审计中测试，而在之后的两次审计中不拟进行测试。

在确定利用以前审计获取的有关控制运行有效性的审计证据是否适当以及再次测试控制的时间间隔时，注册会计师应当考虑的因素或情况如表 10-3 所示。

表 10-3　各类因素对依赖以前控制运行有效性审计证据的影响

考虑因素或情况	对依赖以前审计证据的影响
内部控制其他要素的有效性（控制环境、对控制的监督、被审计单位风险评估过程）	若控制环境或对控制的监督薄弱，应缩短测试间隔年限或完全不信赖以前审计获取的审计证据
控制特征（人工/自动化控制）	人工控制稳定性较差，相较于自动化控制，可能需要在本期继续测试其运行有效性
信息技术一般控制的有效性	一般控制薄弱，可能减少对以前审计证据的依赖
影响内部控制的重大人事变动	发生重大人事变动，可能不依赖以前审计获取的证据
由于环境发生变化而特定控制缺乏相应变化（如法规政策调整、市场竞争格局变动等）而企业相关控制未及时更新	不应依赖以前审计获取的证据
重大错报风险和对控制的信赖程度	重大错报风险较大或对控制的信赖程度较高，应缩短测试间隔或不信赖以前审计获取的证据

（3）不得依赖以前审计所获取证据的情形。对于旨在减轻特别风险的控制，不论该控制在本期是否发生变化，注册会计师都不应依赖以前审计获取的证据。相应地，注册会计师如打算信赖内部控制，应当在每次审计中都测试这类控制。

图 10-1 展示了注册会计师是否需要在本期测试某项控制的决策思路。

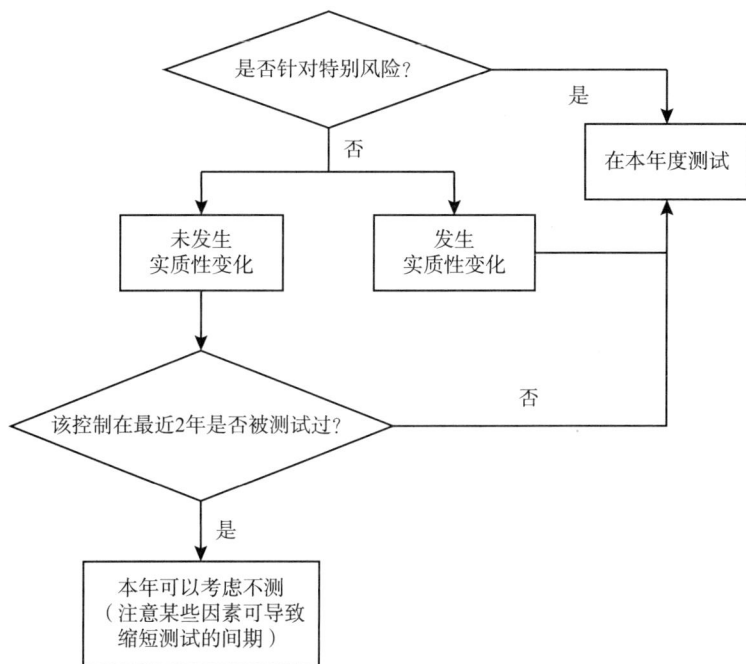

图 10－1　本审计期间是否测试某项控制的决策思路

五、控制测试的范围

控制测试范围主要指某项控制活动的测试次数，包括抽取的样本量、对某项控制活动的观察次数等。测试范围的确定直接影响注册会计师获取的审计证据的充分性和适当性，进而影响对内部控制运行有效性的评价。

（一）确定控制测试范围的考虑因素

当针对控制运行的有效性需要获取更具说服力的审计证据时，可能需要扩大控制测试的范围。在确定控制测试的范围时，除考虑对控制的信赖程度外，注册会计师还可能考虑的因素如表 10－4 所示。

表 10－4　　　　　确定控制测试范围的考虑因素

考虑因素	测试范围与其变动方向
1. 在整个拟信赖的期间，被审计单位执行控制的频率	同向
2. 在所审计期间，拟信赖控制运行有效性的时间长度	同向
3. 控制的预期偏差	同向/无效（若偏差过高）
4. 通过测试与认定相关的其他控制获取的审计证据的范围	反向

续表

考虑因素	测试范围与其变动方向
5. 拟获取有关认定层次控制运行有效性的审计证据的相关性和可靠性	反向
6. 对控制的信赖程度	同向

（二）测试控制的两个层次时应注意的问题

控制测试可用于被审计单位每个层次的内部控制。整体层次控制测试通常更加主观（如管理层对胜任能力的重视）。对整体层次控制进行测试，通常比业务流程层次控制（如检查付款是否得到授权）更难以记录。因此，整体层次控制和信息技术一般控制的评价通常记录的是文件备忘录和支持性证据。注册会计师最好在审计的早期测试整体层次控制。原因在于对这些控制测试的结果会影响其他计划审计程序的性质和范围。

10.7 实质性程序

第四节 实质性程序

一、实质性程序的含义和要求

实质性程序是审计过程中的核心环节，旨在直接发现认定层次的重大错报。根据《中国注册会计师审计准则第 1301 号——审计证据》的要求，实质性程序包括对各类交易、账户余额和披露的细节测试以及实质性分析程序。

由于注册会计师对重大错报风险的评估是一种判断，可能无法充分识别所有的重大错报风险，并且由于内部控制存在固有局限性，无论评估的重大错报风险结果如何，注册会计师都应当针对所有重大类别的交易、账户余额和披露实施实质性程序。

10.8 延伸阅读：《中国注册会计师审计准则第 1301 号——审计证据》（2022 年 12 月 22 日修订）

二、实质性程序的性质

（一）实质性程序的性质的概念

实质性程序的性质指的是实质性程序的类型及其组合。选择合适

的实质性程序性质是至关重要的，因为它决定了审计程序所能实现的目标和所能应对的风险。

实质性程序的两种基本类型包括细节测试和实质性分析程序。

细节测试是对各类交易、账户余额和披露的具体细节进行测试，目的在于直接识别财务报表认定是否存在错报及错报金额和原因。细节测试通常涉及检查支持文件，如发票、合同和银行对账单，以验证财务数据的准确性和完整性。细节测试常被用于获取与某些认定相关的审计证据，如存在、准确性、计价等。

实质性分析程序从技术特征上讲仍然是分析程序，主要是通过研究数据间关系评价信息，只是将该技术方法用作实质性程序。实质性分析程序更适用于在一段时间内存在可预期关系的大量交易。与细节测试相比，实质性分析程序更侧重于对数据趋势、比率和关联性的分析，而不是逐项检查。通常，在实施细节测试之前实施实质性分析程序，是符合成本效益原则的。

在审计风险应对中，如果注册会计师认为评估的认定层次重大错报风险是特别风险，其应当专门针对该风险实施实质性程序。如果针对特别风险仅实施实质性程序，注册会计师应当使用细节测试，或将细节测试和实质性分析程序结合使用，以获取充分、适当的审计证据。换言之，不能仅实施实质性分析程序。

（二）关于细节测试方向的考虑

对于细节测试，注册会计师应当针对评估的风险设计细节测试，获取充分、适当的审计证据，以达到认定层次所计划的保证水平。注册会计师在选择具体的审计程序的同时需要着重关注测试的方向，以选择合适的测试对象从而确保获取的审计证据是相关的（链接第五章：审计证据的适当性）。

前已述及，根据测试的流向，细节测试可以分为两个主要方向：顺查和逆查。如表 10 - 5 所示，展示了不同测试方向下可验证的认定情况。

表 10 - 5   测试方向与其可验证的认定

测试方向	顺查（Trace Testing）	逆查（Reverse Trace Testing）
含义	从原始凭证和支持文件出发，向上追溯至财务报表中的相应记录	从账簿记录出发，追踪至相关支持凭证和实物证据
可验证的相关认定	完整性	存在性/发生性
应对的风险	低估	高估

（三）设计实质性分析程序时应考虑的因素

注册会计师在设计实质性分析程序时应当考虑的因素包括：

（1）对特定认定使用实质性分析程序的适当性；

（2）对已记录的金额或比率作出预期时，所依据的内部或外部数据的可靠性；

（3）作出预期的准确程度是否足以在计划的保证水平上识别重大错报；

（4）已记录金额与预期值之间可接受的差异额。

考虑到数据及分析的可靠性，当实施实质性分析程序时，如果使用被审计单位编制的信息，注册会计师应当考虑测试与信息编制相关的控制，以及这些信息是否在本期或前期经过审计。

三、实质性程序的时间

实质性程序与控制测试在时间选择上既存在共通之处，又各具特色。两者都需考虑是否在期中实施审计程序获取审计证据以及是否利用以前的审计证据。但在控制测试中，由于控制具有一定的稳定性，期中实施并获取控制运行有效性的审计证据被视为一种较为常规的做法；相比之下，实质性程序旨在直接揭露重大错报，因此在期中实施时，需更加审慎地权衡其期中与延伸审计证据所消耗的审计资源总和是否显著小于完全在期末实施实质性程序所需消耗的审计资源。

（一）是否在期中实施实质性程序的考量

在审计过程中，注册会计师面临着一个关键决策：是否在会计期间的中期（期中）实施实质性程序。这一决策需要在考虑以下因素后作出：

1. 控制环境和其他相关控制

控制环境的强弱是决定是否在期中实施实质性程序的重要因素。如果控制环境薄弱，可能意味着内部控制不足以及时防止或发现错报。因此，注册会计师可能更倾向于在期末实施实质性程序，以确保获取更准确的审计证据。

2. 信息的可获得性

实施审计程序所需信息在期中之后的可获得性也是一个重要考量。如果期中之后关键信息难以获取，那么在期中实施实质性程序可能更为必要，以确保审计证据的完整性。

3. 实质性程序的目的

如果针对某项认定实施实质性程序的目的就包括获取该认定的期

中审计证据（从而与期末形成对比），注册会计师应在期中实施实质性程序。

4. 重大错报风险的评估

注册会计师评估的某项认定的重大错报风险越高，对相应认定所需获取的审计证据的相关性和可靠性的要求也越高，越应考虑在期末或接近期末实施实质性程序。

5. 特定交易类别、账户余额和披露认定的性质

某些交易或账户余额以及相关认定的特殊性质可能要求注册会计师在期末（或接近期末）实施实质性程序。例如，收入截止认定和未决诉讼等事项通常需要在期末进行评估。

6. 剩余期间存在未发现错报的风险

注册会计师需要评估在剩余期间通过实施实质性程序或将实质性程序与控制测试相结合，是否能以适当的成本有效降低期末存在未被发现错报的风险。如果可以，那么可以考虑在期中实施实质性程序。

如果在期中实施了实质性程序，注册会计师有两种选择：

（1）针对剩余期间实施进一步的实质性程序；

（2）将实质性程序和控制测试结合使用。

无论选择哪种方式，都是为了将期中审计证据合理延伸至期末。但需要注意的是，如果应对的是特别风险，则将期中结论延伸至期末。而实施的审计程序通常是无效的，应考虑在期末或者接近期末实施实质性程序。

（二）关于以前审计获取的审计证据的考量

在以前审计中实施实质性程序获取的审计证据，通常对本期只有很弱的证据效力或没有证据效力，不足以应对本期的重大错报风险。只有当以前获取的审计证据及其相关事项未发生重大变动时（例如，以前审计通过实质性程序测试过的某项诉讼在本期没有任何实质性进展），以前获取的审计证据才可能用作本期的有效审计证据。但即便如此，如果拟利用以前审计中实施实质性程序获取的审计证据，注册会计师应当在本期实施审计程序去确定这些审计证据是否具有持续相关性。

四、实质性程序的范围

实质性程序的范围是指注册会计师在实施实质性程序时所涉及的审计证据的数量和涵盖的领域。它对于确保审计工作能够发现认定层次的重大错报至关重要。

（一）实质性程序的范围的主要影响因素

确定实质性程序范围时需要考虑评估的认定层次重大错报风险和实施控制测试的结果。评估的认定层次重大错报风险越高，所需实施实质性程序的范围就越广。这是因为高风险意味着存在更大的可能性出现重大错报，需要更多的审计证据来进行验证和确认。其次，如果对控制测试结果不满意，即对控制运行的有效性存在疑虑，注册会计师可能需要扩大实质性程序的范围。这是因为内部控制的不可靠增加了重大错报未被及时发现和纠正的风险。

（二）在细节测试中对测试范围的考虑

1. 从样本量的角度考虑测试范围

样本量是构成测试范围的关键要素之一。一般来说，样本量越大，实质性程序的测试范围就越广。在本书的第七章审计抽样中已详细述及各类因素对样本规模的影响，如表 10 – 6 所示。

表 10 – 6　　　　　在细节测试中影响样本规模的因素

因素	变动关系
可接受的抽样风险	反向变动
可容忍错报	反向
预计总体错报	同向
总体规模	同向/影响很小（超大总体）
总体的变异性	同向
计划的保证水平	同向

2. 考虑选样方法的有效性等

除了样本量以外，注册会计师还应考虑选样方法的有效性等因素。例如，从总体中选取大额或异常项目，而不是进行代表性抽样或分层抽样，则测试范围仅为选中的特定测试对象。

（三）在实质性分析程序中对测试范围的考虑

在设计实质性分析程序时，注册会计师应当确定已记录金额与预期值之间可接受的差异额。可容忍或可接受的差异额越大，作为实质性分析程序一部分的进一步调查的范围越小。而在确定可接受的差异额时，注册会计师应当主要考虑各类交易、账户余额和披露认定的重要性和计划的保证水平。

【本章小结】

风险应对在审计过程中至关重要，是确保审计质量和财务报表可靠性的关键环节。

对于财务报表层次重大错报风险，注册会计师应采取一系列总体应对措施。包括强调职业怀疑，以确保项目组成员对获取的证据审慎评估；合理安排具有经验或特殊技能的人员参与审计；加强对项目组成员工作的指导、监督与复核；增加审计程序的不可预见性，避免被审计单位提前准备；以及依据情况对总体审计策略和程序进行调整；这些措施有助于从整体上降低财务报表层次的重大错报风险。针对认定层次重大错报风险，进一步审计程序分为控制测试和实质性程序。控制测试用于评估内部控制在防止或发现并纠正认定层次重大错报方面的运行有效性。实质性程序则直接针对认定层次的重大错报，包括细节测试和实质性分析程序。

总体而言，注册会计师需根据对风险的评估结果，灵活且合理地运用上述风险应对策略，确保审计工作能够有效发现和应对重大错报风险，保障财务报表的真实性和公允性，维护资本市场的正常秩序和投资者的利益。这是审计人员的职业使命，也是其对社会公平、公正和诚信的价值追求。通过科学严谨的风险应对，审计人员为经济社会的稳定发展作出贡献，体现了自身的专业价值和社会价值。

【本章重要术语】

1. 审计程序的不可预见性
2. 总体应对措施
3. 进一步审计程序
4. 控制测试
5. 实质性程序
6. 总体审计方案
7. 实质性方案
8. 综合性方案
9. 细节测试
10. 实质性分析程序

10.9 专业术语解释

【复习与思考】

1. 在财务报表层次重大错报风险应对中，有哪些总体应对措施？为什么强调职业怀疑是必要的？请结合具体审计场景进行阐述。

2. 列举三种增加审计程序不可预见性的方法。

3. 财务报表层次重大错报风险高时，总体审计方案为何倾向于实质性方案？

4. 进一步审计程序主要应对什么层面的重大错报风险？其可以细分为哪些程序？

10.10 复习与思考答案

5. 控制测试与了解内部控制有何区别？

6. 控制测试中如何判断是否需要在本期测试某项控制？

7. 如何判断是否要在期中执行实质性程序？

8. 设计进一步审计程序时针对特别风险有何要求？

第十一章
销售与收款循环审计

【学习目标】

1. 精确描述销售与收款循环的关键业务活动及内部控制要点。
2. 独立评估并识别销售与收款循环的重大错报风险。
3. 制定并执行销售与收款循环的审计目标和进一步审计程序。
4. 培养细致严谨的工作态度，确保审计过程中的准确性。
5. 维持职业道德，保持审计工作的独立性和客观性。

【本章知识逻辑结构图】

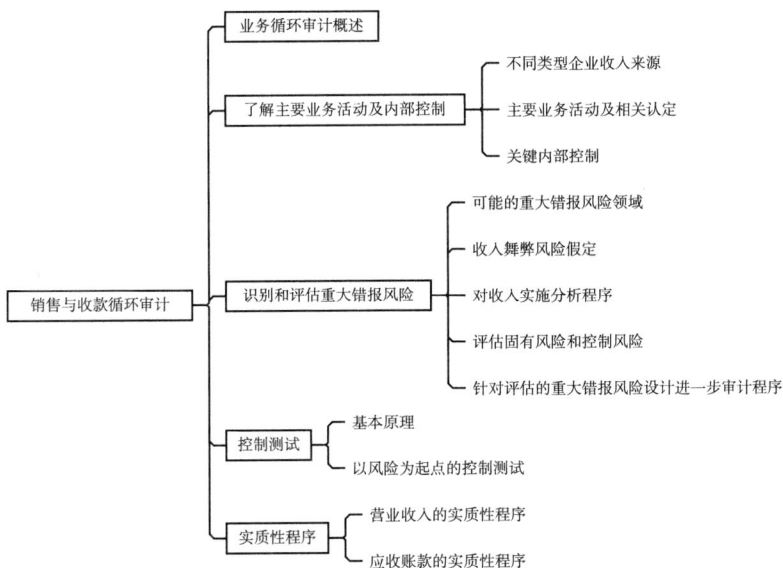

【引 导 案 例】

2020 年，瑞幸咖啡财务造假事件震惊业界，成为全球关注的焦点。这家曾经被誉为"中国咖啡第一股"的企业，在上市仅 13 个月后便因涉及 22 亿元人民币的财务造假而黯然退市。这起案例不仅给投资者造成了巨大损失，也严重损害了中国企业的国际形象。

瑞幸咖啡的造假手段主要包括夸大门店销售额、虚构交易、虚增收入等。浑水公司发布的做空报告揭露了其造假细节，例如通过跳号来夸大订单数量，以及通过虚构商品销售单价来虚增营业收入。

从销售与收款循环审计的视角来看，瑞幸咖啡的造假行为暴露了以下几个关键问题：

1. 内部控制失效：瑞幸咖啡的内部控制存在严重缺陷，例如缺乏有效的职责分离、授权审批程序形同虚设、缺乏有效的内部稽核机制等，导致造假行为得以轻易实施。

2. 管理层舞弊：瑞幸咖啡的造假行为并非偶然事件，而是管理层精心策划的结果。管理层为了追求业绩增长和股价上涨，不惜铤而走险，最终导致公司崩盘。

3. 审计监督缺失：瑞幸咖啡的审计机构未能及时发现其造假行为，也反映了审计监督的缺失和审计人员专业能力的不足。

资料来源：韩洪灵，刘思义，鲁威朝，等. 基于瑞幸事件的做空产业链分析——以信息披露为视角［J］. 财会月刊，2020（8）：3－8。

案例分析：

1. 总结归纳：在瑞幸咖啡财务造假案中，收入舞弊的迹象有哪些？收入舞弊的手段有哪些？

2. 高阶思考：如果你是注册会计师，你会如何识别收入舞弊并获取审计证据？

本章将围绕销售与收款循环审计中的风险评估和风险应对进行详细介绍。

第一节 业务循环审计概述

本章至第十四章，以按照企业会计准则编制的财务报表执行审计业务为例，介绍主要业务循环审计的具体内容，以及对这些业务循环中重要的财务报表项目如何进行审计测试。

一、财务报表审计的组织方式

账户法（account approach）：对财务报表的每个账户余额单独进行审计。

循环法（cycle approach）：将财务报表分成几个循环进行审计，即把紧密联系的各类交易和账户余额归入同一循环中，按业务循环组织实施审计。

一般而言，账户法与多数被审计单位账户设置体系及财务报表格式相吻合，具有操作方便的优点，但它将紧密联系的相关账户（如存货和营业成本）人为地予以分割，容易造成整个审计工作脱节和重复，不利于审计效率的提高。

循环法则更符合被审计单位的业务流程和内部控制设计的实际情况，不仅可加深审计人员对被审计单位经济业务的理解，而且由于将特定业务循环所涉及的财务报表项目分配给一个或数个审计人员，增强了审计人员分工的合理性，有助于提高审计工作的效率与效果。

二、循环法适用情形

控制测试是在了解被审计单位内部控制体系各要素的基础上进行的，与被审计单位的业务流程关系密切。因此，对控制测试通常采用循环法实施。

对交易和账户余额的实质性程序，既可采用账户法实施，也可采用循环法实施。但由于控制测试通常按循环法实施，为有利于实质性程序与控制测试的衔接，提倡采用循环法。

三、业务循环与主要财务报表项目对应关系

一般而言，在财务报表审计中可将被审计单位的所有交易和账户余额划分为多个业务循环。由于各被审计单位的业务性质和规模不同，其业务循环的划分也有所不同。即使是同一被审计单位，不同注册会计师也可能有不同的循环划分方法。在本教材中，我们将交易和账户余额划分为销售与收款循环、采购与付款循环、生产与存货循环、人力资源与工薪循环、投资与筹资循环，并举例阐述对各业务循环的审计。由于货币资金与上述多个业务循环均密切相关，并且货币资金的业务和内部控制又有着不同于其他业务循环和其他财务报表项目的鲜明特征，因此，将货币资金审计单独作为一个循环进行阐述。

按照各财务报表项目与业务循环的相关程度，基本可以建立起各

业务循环与其所涉及的主要财务报表项目（特殊行业的财务报表项目不涉及）之间的对应关系，如表11-1所示。

表11-1　　　　　业务循环与主要财务报表项目对照

业务循环	资产负债表项目	利润表项目
销售与收款循环	应收票据、应收账款、应收款项融资、合同资产、长期应收款、预收款项、应交税费、合同负债	营业收入、税金及附加
采购与付款循环	预付款项、持有待售资产、固定资产、在建工程、生产性生物资产、使用权资产、油气资产、无形资产、开发支出、长期待摊费用、应付票据、应付账款、持有待售负债、租赁负债、长期应付款	销售费用、管理费用、研发费用、其他收益
生产与存货循环	存货	营业成本
人力资源与工薪循环	应付职工薪酬	营业成本、销售费用、管理费用
投资与筹资循环	交易性金融资产、衍生金融资产、其他应收款、其他流动资产、债权投资、其他债权投资、长期股权投资、其他权益工具投资、其他非流动金融资产、投资性房地产、商誉、递延所得税资产、短期借款、交易性金融负债、衍生金融负债、其他应付款、长期借款、应付债券、预计负债、递延收益、递延所得税负债、实收资本（或股本）、其他权益工具、资本公积、其他综合收益专项储备、盈余公积、未分配利润	财务费用、资产减值损失、信用减值损失、投资收益、净敞口套期收益、公允价值变动收益、资产处置收益、营业外收入、营业外支出、所得税费用

第二节　了解销售与收款循环业务活动及内部控制

一、了解销售与收款循环的基本情况

（一）不同行业类型的收入来源

通过了解企业的基本情况及收入来源，间接了解企业的经营风险，如跨行业经营、不务正业等。

从表11-2中可见，一个企业所处的行业和经营性质决定了该企业的收入来源，以及为获取收入而相应产生的各项成本支出。注册会计师需要对被审计单位的经营性质和业务活动有比较全面的了解，才能因地制宜地执行被审计单位收入、成本的审计工作。

表 11-2　　　　　　　　　不同行业类型的主要收入来源

行业类型	收入来源
贸易业	作为零售商向普通大众（最终消费者）零售商品；作为批发商向零售商供应商品
一般制造业	通过采购原材料并将其用于生产产成品，销售给客户以取得收入
专业服务业	律师、注册会计师、商业咨询师等主要通过提供专业服务取得服务费收入；医疗服务机构通过提供医疗服务取得收入，包括向住院病人提供病房和医护设备，为病人提供精细护理、手术和药品等取得收入
金融服务业	向客户提供金融服务取得手续费收入；向客户发放贷款取得利息收入；通过协助客户对其资金进行投资而收取服务费用
建筑业	通过提供建筑服务，完成建筑合同以取得收入

（二）涉及的单据与会计记录

典型的销售与收款循环所涉及的主要单据与会计记录有：客户订购单；销售单；出库单；销售发票；商品价目表；贷项通知单；应收票据/应收款项融资/应收账款预期信用损失计算表；应收票据/应收款项融资/应收账款/合同资产明细账；主营业务收入明细账；可变对价相关会计记录；汇款通知书；现金日记账和银行存款日记账；坏账核销审批表；客户对账单；相关记账凭证。

二、了解主要业务活动和相关内部控制

（一）实施的具体审计程序

注册会计师需要在实施风险评估程序时了解该循环涉及的业务活动及相关的内部控制。注册会计师通常通过实施下列程序，了解销售和收款循环的业务活动和相关内部控制。

（1）询问——询问参与销售与收款流程各业务活动的被审计单位人员，通常包括销售部门、仓储部门和财务部门的员工和管理人员；

（2）观察——观察销售与收款流程中特定控制的运行，例如，观察仓储部门人员是否以及如何将装运的商品与销售单上的信息进行核对；

（3）检查——检查文件资料，例如，检查销售单、出库单、客

户对账单等；

检查——获取并阅读企业的相关业务流程图或内部控制手册等资料；

（4）穿行测试——实施穿行测试，即追踪销售交易从发生到最终被反映在财务报表中的整个处理过程。例如，选取一笔已收款的销售交易，追踪该笔交易从接受客户订购单直至收回货款的整个过程。

（二）销售与收款循环的主要业务活动

以一般制造业企业为例，销售与收款循环的主要业务活动如图 11-1 所示，其相关认定如表 11-3 所示。

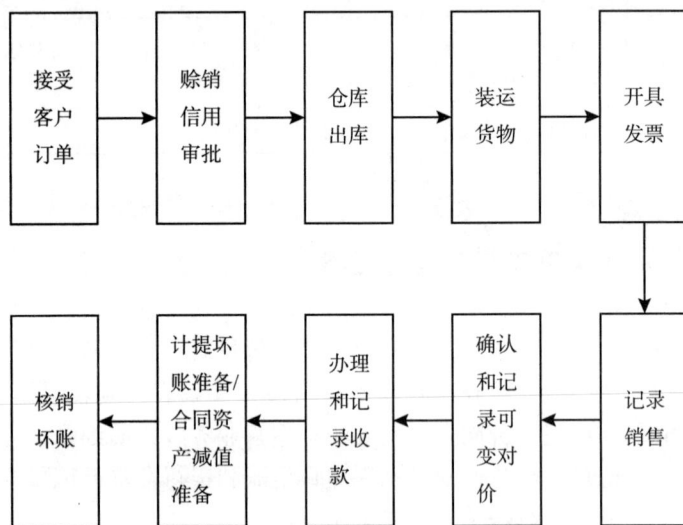

图 11-1　销售与收款循环主要业务活动

表 11-3　　　销售与收款循环的主要业务活动及相关认定

主要业务活动	具体内容	相关认定
接受客户订单（涉及主要单据：客户订购单、销售单）	1. 客户订购单一般由销售人员接受，销售经理授权审批。【通常仅接受符合企业管理层授权标准的订购单。】 2. 对于未列入已批准销售客户名单的客户，通常需要由销售部门主管审批。 3. 客户订购单属于外部证据，是整个销售与收款循环的起点。 4. 销售部门根据审批后的客户订购单，编制销售单。 5. 销售单是列示客户所定商品名称、规格、数量以及其他与客户订购单有关信息的内部凭证；一式多联，连续编号	客户订购单、销售单与销售交易、营业收入的"发生"认定相关

续表

主要业务活动	具体内容	相关认定
赊销信用审批（涉及主要单据：经批准的销售单）	1. 信用管理部门的员工在收到销售单后，应将销售单与该客户已被授权的赊销信用额度以及至今尚欠的账款余额加以比较。 2. 无论是否批准赊销，都要求被授权的信用管理部门人员在销售单上签署意见。 3. 信用管理部门与销售部门应当职责分离（避免销售人员为扩大销售而使企业承受不适当的信用风险）	信用批准控制的目的是降低信用损失风险，与应收票据/应收款项融资/应收账款/合同资产账面余额的"准确性、计价和分摊"认定相关
根据销售单编制出库单并发货（涉及主要单据：出库单【实物转移的重要标志】）	1. 商品仓库管理人员只有在收到经过批准的销售单后，才能编制出库单并安排发货（防止仓库管理人员在未经授权的情况下擅自发货）。 2. 信息技术应用程序可能在销售单得到发货批准后生成一式多联、连续编号的出库单。（一联留给客户，其余联由企业保留，通常其中有一联由客户在收到商品时签字确认并返还给企业，用作企业确认收入以及向客户收取货款的依据）	与销售交易的"发生""完整性"（连续编号）认定相关
按出库单装运货物（涉及主要单据：出库单、客户验货签收记录）	产品配送人员在发货时清点货物，确认与出库单一致后，在出库单上签字确认并进行货物运输	与销售交易的"发生"认定相关
向客户开具发票	1. 向客户开具发票相关问题有：（1）是否对所有发运的货物都开具了发票（"完整性"）；（2）是否只对实际发运的货物开具发票，有无重复开具发票或虚开发票（"发生"）；（3）是否按已授权批准的商品价目表所列价格计价并开具发票（"准确性"）。 2. 为了降低开具发票出现差错的风险，通常设立以下控制：（1）负责开发票的员工在开具每张销售发票之前，检查是否存在出库单和相应的经批准的销售单；（2）依据已授权批准的商品价目表开具销售发票；（3）将出库单上的发货数量与销售发票上的发货数量进行比较	与销售交易的"发生""准确性""完整性"认定相关
记录销售	1. 依据有效的出库单和销售单记录销售。 2. 使用事先连续编号的销售发票并对发票使用情况进行监控。 3. 独立检查已销售发票上的销售金额与会计记录金额的一致性。 4. 记录销售的职责应与处理销售交易的其他功能相分离。 5. 对记录过程中所涉及的有关记录的接触权限予以限制，以减少未经授权审批的记录发生。 6. 定期独立检查应收票据/应收款项融资/应收账款/合同资产的明细账与总账的一致性。 7. 由不负责现金出纳和销售及应收票据/应收款项融资/应收账款/合同资产记账的人员定期向客户寄发对账单，对不符事项进行调查，必要时调整会计记录，编制对账情况汇总报告并交管理层审核	与销售交易的"发生""完整性""准确性"及应收账款的"存在""完整性""准确性计价和分摊"认定相关

续表

主要业务活动	具体内容	相关认定
确认和记录可变对价的估计和结算情况	如果合同中存在可变对价，企业需要对计入交易价格的可变对价进行估计，并在每一资产负债表日重新估计应计入交易价格的可变对价金额，以如实反映报告期末存在的情况以及报告期内发生的情况变化	与销售交易的"准确性"认定相关
办理和记录现金、银行存款收入	（1）处理货币资金收入时要保证全部货币资金如数、及时地记入现金、银行存款日记账或应收票据/应收款项融资/应收账款/合同资产明细账，并如数、及时地将现金存入银行。（2）企业通过出纳与现金记账的职责分离、现金盘点、编制银行余额调节表、定期向客户发送对账单等控制来实现货币资金的安全	与货币资金的"完整性"相关
计提坏账准备/合同资产减值准备	企业一般定期对应收票据/应收款项融资/应收账款/合同资产的预期信用损失进行估计，根据估计结果确认信用减值损失/资产减值损失并计提坏账准备/合同资产减值准备，管理层对相关估计进行复核和批准	与应收账款/合同资产的"准确性、计价和分摊"认定相关
核销坏账	如有证据表明某项货款已无法收回，企业即通过适当的审批程序注销该笔应收账款/应收款项融资	与应收账款的"完整性"相关

（三）销售与收款循环的相关内部控制

综合上述业务活动中设计的内部控制，可以看出，在销售与收款循环中，企业通常从以下方面设计和执行内部控制。

1. 适当的职责分离

适当的职责分离有助于防止各种有意或无意的错误。

（1）主营业务收入账由记录应收账款账之外的职员独立登记，并由另一位不负责账簿记录的职员定期调节总账和明细账；

（2）负责主营业务收入和应收账款记账的职员不得经手货币资金；

（3）销售人员应当避免接触销货现款；

（4）赊销批准职能与销售职能的分离；

（5）企业应当分别设立办理销售、发货、收款三项业务的部门（或岗位）；

（6）销售合同订立前，应当指定专门人员就销售价格、信用政策、发货及收款方式等具体事项与客户进行谈判。谈判人员至少应有两人，并与订立合同的人员相分离；

（7）编制销售发票通知单的人员与开具销售发票的人员应相互分离；

（8）应收票据的取得和贴现必须经由保管票据以外的主管人员的书面批准。

2. 四个关键点的恰当授权审批

（1）在销售发生之前，赊销已经正确审批；

（2）非经正当审批，不得发出货物；

（3）销售价格、销售条件、运费、折扣等必须经过审批；

（4）审批人应当在授权范围内审批，不得超越审批权限。对于超范围的特殊销售交易，需要经过适当的授权。

3. 充分的凭证及其编号

充分的凭证和记录有助于企业执行各项控制以实现控制目标。

（1）企业在收到客户订购单后，编制一份预先编号的一式多联的销售单，分别用于批准赊销、审批发货、记录发货数量以及向客户开具发票等。在这种制度下，通过定期清点销售单和销售发票，可以避免漏开发票或漏记销售的情况。

（2）财务人员在记录销售之前，对相关的销售单、出库单和销售发票上的信息进行核对，以确保入账的营业收入是真实发生的、准确的。

4. 凭证预先编号

（1）对凭证预先进行编号，旨在防止销售以后遗漏向客户开具发票或登记入账，也可防止重复开具发票或重复记账。

（2）定期检查全部凭证的编号，并调查凭证缺号或重号的原因，是实施这项控制的关键点。

5. 按月寄出对账单

由不负责现金出纳和销售及应收账款记账的人员按月向客户寄发对账单。将账户余额中出现的不符账项，指定一位既不掌管货币资金也不记录主营业务收入和应收账款的主管人员处理，然后由独立人员按月编制对账情况汇总报告并交管理层审阅。

6. 内部核查程序

由内部审计人员或其他独立人员核查销售交易的处理和记录（见表11-4）。

表 11-4　　内部核查程序针对的内部控制及重点检查内容

内部控制	重点检查内容
销售与收款交易相关岗位及人员的设置	是否存在销售与收款交易不相容、职务混岗的现象
销售与收款交易授权批准制度的执行	授权批准手续是否健全，是否存在越权审批行为

233

续表

内部控制	重点检查内容
销售的管理	信用政策、销售政策的执行是否符合规定
收款的管理	销售收入是否及时入账，应收账款的催收是否有效，坏账核销和应收票据的管理是否符合规定
销售退回的管理	销售退回手续是否齐全，退回货物是否及时入库

第三节　识别评估销售与收款循环的重大错报风险

一、相关交易类别和账户余额存在的重大错报风险

以一般制造业的赊销为例，注册会计师识别出的重大错报风险通常包括：

（1）收入确认存在舞弊风险；

（2）收入的复杂性可能导致的错误；

（3）发生的收入交易未能得到准确记录；

（4）期末收入交易和收款交易可能未计入正确的期间，包括销售退回交易的截止时间的错误；

（5）收款未及时入账或计入不正确的账户，因而导致应收账款（或应收票据/银行存款）的错报；

（6）应收账款坏账准备的计提不准确。

二、收入舞弊风险假定

由于收入是企业的利润来源，直接关系到企业的财务状况和经营成果。有些企业往往为了达到粉饰财务报表的目的而采用虚增（"发生"认定）或隐瞒收入（"完整性"认定）等方式实施舞弊。在财务报表舞弊案件中，收入确认已成为注册会计师审计的高风险领域。

中国注册会计师审计准则要求注册会计师基于收入确认存在舞弊风险的假定，评价哪些类型的收入、收入交易或认定导致舞弊风险。

假定收入存在舞弊风险，并不意味着注册会计师应当将与收入确认相关的所有认定都假定为存在舞弊风险。注册会计师需要结合对被审计单位及其环境等方面情况的具体了解，考虑收入确认舞弊可能如何发生。

（一）识别与收入确认相关的舞弊风险

（1）在实施风险评估程序时，注册会计师通过了解被审计单位生产经营的基本情况、销售模式和业务流程、收入交易的特性、上下游行业的景气度、被审计单位的业绩衡量等，有助于其考虑发生舞弊的方式和领域，以及管理层可能采取的舞弊手段，从而更有效地识别与收入确认相关的舞弊风险，并设计恰当的审计程序以应对此类风险。

（2）注册会计师应当评价通过实施风险评估程序和执行其他相关活动获取的信息是否表明存在舞弊风险因素。例如，如果注册会计师通过实施风险评估程序了解到，被审计单位所处行业竞争激烈并伴随着利润率的下降，而管理层过于强调提高被审计单位利润水平的目标，则注册会计师需要警惕管理层通过实施舞弊高估收入，从而高估利润的风险。常见收入舞弊情形如表11-5所示。

表11-5 收入舞弊情形分析

情形	分析	相关认定
管理层难以实现预期的利润目标	高估收入 记录虚假的收入 提前确认收入	发生认定，截止认定
管理层通过隐瞒收入而降低税负	低估收入	完整性认定
管理层预期难以达到下一年度的销售目标，而已经超额实现了本年度的销售目标	推迟确认收入	截止认定

（二）常见的舞弊手段

1. 为了达到粉饰财务报表的目的而虚增收入或提前确认收入

（1）虚构销售交易。

①在无存货实物流转的情况下，通过与其他方（包括已披露或未披露的关联方、非关联方等）签订虚假购销合同，虚构存货进出库，并通过伪造出库单、发运单、验收单等单据，以及虚开商品销售发票虚构收入。

②在多方串通的情况下，通过与其他方（包括已披露或未披露的关联方、非关联方等）签订虚假购销合同，并通过存货实物流转、真实的交易单证票据和资金流转配合，虚构收入。

③被审计单位根据其所处行业特点虚构销售交易。例如，从事网络游戏运营业务的被审计单位，以游戏玩家的名义，利用体外资金购买虚拟物品或服务，并予以消费，以虚增收入。

（2）实施显失公允的交易。

①通过与未披露的关联方或真实非关联方进行显失公允的交易。

②通过出售关联方的股权，使之从形式上不再构成关联方，但与之进行显失公允的交易，或与未来或潜在的关联方进行显失公允的交易。

③与同一客户或同受一方控制的多个客户在各期发生多次交易，通过调节各次交易的商品销售价格，调节各期销售收入金额。

（3）在客户取得相关商品控制权前确认销售收入。例如，在委托代销安排下，在被审计单位向受托方转移商品时确认收入，而受托方并未获得对该商品的控制权。又如，在客户取得相关商品控制权前，通过伪造出库单、发运单、验收单等单据，提前确认销售收入。

（4）通过隐瞒退货条款，在发货时全额确认销售收入。

（5）通过隐瞒不符合收入确认条件的售后回购或售后租回协议，将以售后回购或售后租回方式发出的商品作为销售商品确认收入。

（6）在被审计单位属于代理人的情况下，被审计单位按主要责任人确认收入。例如，被审计单位为代理商，在仅向购销双方提供帮助接洽、磋商等中介代理服务的情况下，按照相关购销交易的总额而非净额（佣金和代理费等）确认收入。又如，被审计单位将虽然签订购销合同但实质为代理的受托加工业务作为正常购销业务处理，按照相关购销交易的总额而非净额（加工费）确认收入。

（7）对于属于在某一时段内履约的销售交易，通过高估履约进度的方法实现当期多确认收入。

（8）当存在多种可供选择的收入确认会计政策或会计估计方法时，随意变更所选择的会计政策或会计估计方法。

（9）选择与销售模式不匹配的收入确认会计政策。

（10）通过调整与单独售价或可变对价等相关的会计估计，达到多计或提前确认收入的目的。

（11）对于存在多项履约义务的销售交易，未对各项履约义务单独进行核算，而整体作为单项履约义务一次性确认收入。

（12）对于应整体作为单项履约义务的销售交易，通过将其拆分为多项履约义务，达到提前确认收入的目的。

2. 为达到报告期内降低税负或转移利润等目的而少计收入或推迟确认收入

（1）被审计单位在满足收入确认条件后，不确认收入，而将收到的货款作为负债挂账，或转入本单位以外的其他账户。

（2）被审计单位采用以旧换新的方式销售商品时，以新旧商品的差价确认收入。

（3）对于应采用总额法确认收入的销售交易，被审计单位采用净额法确认收入。

（4）对于属于在某一时段内履约的销售交易，被审计单位未按实际履约进度确认收入，或采用时点法确认收入。

（5）对于属于在某一时点履约的销售交易，被审计单位未在客户取得相关商品或服务控制权时确认收入，推迟收入确认时点。

（6）通过调整与单独售价或可变对价等相关的会计估计，达到少计或推迟确认收入的目的。

（三）常见的舞弊迹象

存在舞弊风险迹象并不必然表明发生舞弊，但了解舞弊风险迹象，有助于注册会计师对审计过程中发现的异常情况产生警觉。可能存在舞弊风险的迹象包括：

1. 销售客户方面出现异常情况

（1）销售情况与客户所处的行业状况不符。

（2）与同一客户发生销售和采购业务，或与同受一方控制的客户和供应商同时发生交易。

（3）交易标的对交易对方而言不具有合理用途。

（4）主要客户自身规模与其交易规模不匹配。

（5）与新成立的或之前缺乏从事相关业务经历的客户发生大量或大额交易，或者与原有客户交易金额出现不合理的大额增长。

（6）与关联方或疑似关联方客户发生大量或大额交易。

（7）与个人、个体工商户发生异常大量的交易。

（8）对应收款项/合同资产账龄长、回款率低或缺乏还款能力的客户，仍放宽信用政策。

（9）被审计单位的客户是否付款取决于下列情况：

①能否从第三方取得融资；

②能否转售给第三方（如经销商）；

③被审计单位能否满足特定的重要条件。

（10）直接或通过关联方为客户提供融资担保。

2. 销售交易方面出现异常情况

（1）在接近期末时发生了大量或大额的交易。

（2）实际销售情况与订单不符，或者根据已取消的订单发货或重复发货。

（3）未经客户同意，在销售合同约定的发货期之前发送商品或将商品运送到销售合同约定地点以外的其他地点。

（4）被审计单位的销售记录表明，已将商品发往外部仓库或货运代理人，却未指明任何客户。

（5）销售价格异常。

（6）已经销售的商品在期后有大量退回。

（7）交易之后长期不进行结算。

3. 销售合同、单据方面出现异常情况

（1）销售合同未签字盖章，或者销售合同上加盖的公章并不属于合同所指定的客户。

（2）销售合同中重要条款（如交货地点、付款条件）缺失或含糊。

（3）销售合同中部分条款或条件不同于被审计单位的标准销售合同，或过于复杂。

（4）销售合同或发运单上的日期被更改。

（5）在实际发货之前开具销售发票，或实际未发货而开具销售发票。

（6）记录的销售交易未经恰当授权或缺乏出库单、货运单、销售发票等证据支持。

4. 销售回款方面出现异常情况

（1）应收款项收回时，付款单位与购买方不一致，存在较多代付款的情况。

（2）应收款项收回时，银行回单中的摘要与销售业务无关。

（3）对不同客户的应收款项从同一付款单位收回。

（4）经常采用多方债权债务抵销的方式抵销应收款项。

5. 货币资金方面出现异常情况

（1）通过虚构交易套取资金。

（2）发生异常大量的现金交易，或被审计单位有非正常的资金流转及往来，特别是有非正常现金收付的情况。

（3）在货币资金充足的情况下仍大额举债。

（4）被审计单位申请公开发行股票并上市，连续几个年度进行大额分红。

（5）工程实际付款进度明显快于合同约定付款进度。

（6）与关联方或疑似关联方客户发生大额资金往来。

6. 其他方面出现异常情况

（1）采用异常于行业惯例的收入确认方法。

（2）与销售和收款相关业务流程、内部控制发生异常变化，或者销售交易未按照内部控制制度的规定执行。

（3）非财务人员过度参与与收入相关的会计政策的选择、运用以及重要会计估计的作出。

（4）通过实施分析程序发现异常或偏离预期的趋势或关系。

（5）被审计单位的账簿记录与询证函回函提供的信息之间存在重大或异常差异。

（6）在被审计单位业务或其他相关事项未发生重大变化的情况下，询证函回函相符比例明显异于以前年度。

（7）被审计单位管理层不允许注册会计师接触可能提供审计证据的特定员工、客户、供应商或其他人员。

三、对收入确认实施分析程序

（一）余额分析

（1）将本期销售收入金额与以前可比期间的对应数据或预算数进行比较；

（2）将销售收入变动幅度与销售商品及提供劳务收到的现金、应收账款、存货、税金等项目的变动幅度进行比较；

（3）分析销售收入与销售费用之间的关系，包括销售人员的人均业绩指标、销售人员薪酬、差旅费用、运费，以及销售机构的设置、规模、数量、分布等。

（二）比率分析

（1）将销售毛利率、应收账款周转率、存货周转率等关键财务指标与可比期间数据、预算数或同行业其他企业数据进行比较；

（2）分析销售收入等财务信息与投入产出率、劳动生产率、产能、水电能耗、运输数量等非财务信息之间的关系。

（三）趋势分析

分析月度或季度销售量变动趋势。

四、评估固有风险和控制风险

（一）评估固有风险

在评估固有风险时，注册会计师认为与该交易相关的固有风险因素包括：

（1）复杂性。例如，被审计单位需要识别合同中包含几个单项履约义务。

（2）主观性。例如，在确定单独售价时，被审计单位需要对采用的方法和参数作出选择。

（3）不确定性。例如，在确定涉及可变对价的交易价格和单项履约义务的履约进度时，涉及重大的管理层判断，存在估计不确定性。

（4）其他因素。被审计单位以往年度未签订过这类合同，财务人员对相关的会计处理缺乏经验。基于上述因素，注册会计师认为错报发生的可能性较高，并且由于合同金额重大，如果发生错报，其严重程度较高。综合这些考虑，注册会计师将与该交易相关的风险的固有风险等级评估为最高级，即存在特别风险。

（二）评估控制风险

（1）如果计划测试销售与收款循环中相关控制的运行有效性，注册会计师应当评估控制风险。

（2）如果注册会计师拟不测试控制运行的有效性，则应当将固有风险的评估结果作为重大错报风险的评估结果。

五、根据重大错报风险评估结果设计进一步审计程序

销售与收款循环的重大错报风险和拟实施的进一步审计程序总体方案如表 11 - 6 所示。

11.1.1 关于加大审计重点领域关注力度、控制审计风险、进一步有效识别财务舞弊的通知——财政部文件

11.1.2 会计师事务所从事证券服务业务合规手册

表 11 - 6   **销售与收款循环的重大错报风险和拟实施的进一步审计程序总体方案**

重大错报风险描述	相关财务报表项目及认定	风险程度	是否信赖控制	进一步审计程序的总体方案	拟从控制测试中获取的保证程度	拟从实质性程序中获取的保证程度
销售收入可能未真实发生	收入：发生 应收账款：存在	特别	是	综合性方案	高	中
销售收入记录可能不完整	收入/应收账款：完整性	一般	否	实质性方案	无	低

续表

重大错报风险描述	相关财务报表项目及认定	风险程度	是否信赖控制	进一步审计程序的总体方案	拟从控制测试中获取的保证程度	拟从实质性程序中获取的保证程度
期末收入交易可能未计入正确的期间	收入：截止 应收账款：存在/完整性	特别	否	实质性方案	无	高
发生的收入交易未能得到准确记录	收入：准确性 应收账款：计价和分摊	一般	是	综合性方案	部分	低
应收账款坏账准备的计提不准确	应收账款：计价和分摊	一般	否	实质性方案	无	中

第四节　销售与收款循环的控制测试

一、控制测试的基本原理

在对被审计单位销售与收款循环的相关内部控制实施测试时，注册会计师需要注意以下几点：

（1）控制测试程序的类型主要包括询问、观察、检查和重新执行，其提供的保证程度依次递增。注册会计师需要根据所测试的内部控制的特征及需要获得的保证程度选用适当的测试程序；

（2）如果期中实施了控制测试，应在年末审计时实施适当的前推［延伸］程序，就控制在剩余期间的运行情况获取证据，以确定控制是否在整个被审计期间持续运行有效；

（3）控制测试的范围取决于注册会计师需要通过控制测试获取的保证程度；

（4）如果拟信赖的控制是由计算机执行的自动化控制，除了测试自动化应用控制的运行有效性，还需就相关的信息技术—般控制的运行有效性获取审计证据。

二、以风险为起点的控制测试

（一）订单处理和赊销的信用控制（见表11-7）

表11-7　　　　订单处理和赊销的信用控制风险、相关联的
认定、内部控制及控制测试程序

可能发生错报环节	财务报表项目及认定	存在的内部控制（自动）	存在的内部控制（人工）	内部控制测试程序
可能向没有获得赊销授权或超出了其信用额度的客户赊销	收入：发生 应收账款：存在	订购单上的客户代码与应收账款主文档记录的代码一致；目前未偿付余额加上本次销售额在信用限额范围内。上述两项均满足才能生成销售单	对于不在主文档中的客户或超过信用额度的客户订购单，需要经过适当授权批准，才可生成销售单	询问员工销售单生成过程，检查是否所有生成的销售单均有对应的客户订购单。检查系统中自动生成销售单的生成逻辑，是否满足了客户范围及信用控制。对系统外授权审批的销售单，检查是否经过适当批准

（二）发运商品（见表11-8）

表11-8　　　　发运商品环节的风险点、相关联的认定、内部
控制及控制测试程序

可能发生错报环节	财务报表项目及认定	存在的内部控制（自动）	存在的内部控制（人工）	内部控制测试程序
可能在没有批准发货的情况下发出了商品	收入：发生 应收账款：存在	当客户销售单在系统中获得发货批准时，系统自动生成连续编号的发运凭证	保安人员只有当附有经批准的销售单和发运凭证时才能放行	检查系统内发运凭证的生成逻辑以及发运凭证是否连续编号。询问并观察发运时保安人员的放行检查
发运商品与客户销售单可能不一致	收入：准确性 应收账款：计价与分摊	计算机把发运凭证中所有准备发出的商品与销售单上的商品种类和数量进行比对，打印种类或数量不符的例外报告，并暂缓发货	管理层复核例外报告和暂缓发货的清单，并解决问题	检查例外报告和暂缓发货的清单

续表

可能发生错报环节	财务报表项目及认定	存在的内部控制（自动）	存在的内部控制（人工）	内部控制测试程序
已发出商品可能与发运凭证上的商品种类和数量不符	收入：准确性 应收账款：计价与分摊	—	商品打包发运前，装运部门对商品和发运凭证内容进行独立核对，并在发运凭证上签字以示商品与发运凭证核对且种类和数量相符。客户要在发运凭证上签字以作为收到商品且商品与订购单一致的证据	检查发运凭证上相关员工及客户的签名，作为发货一致的证据
已销售商品可能未实际发运给客户	收入：发生 应收账款：存在	—	客户要在发运凭证上签字，以作为收到商品且商品与订购单一致的证据	检查发运凭证上客户的签名，作为收货的证据

（三）开具发票（见表 11-9）

表 11-9　　开具发票环节的风险点、相关联的认定、内部
控制及控制测试程序

可能发生错报环节	财务报表项目及认定	存在的内部控制（自动）	存在的内部控制（人工）	内部控制测试程序
商品发运可能未开具销售发票或已开出发票没有发运凭证的支持	应收账款：存在；完整性；权利和义务 收入：发生、完整性	（1）发货后系统根据发运凭证等信息自动生成连续编号的销售发票。 （2）系统自动复核连续编号的发票和发运凭证的对应关系，并定期生成例外报告	复核例外报告并调查原因	（1）检查系统生成发票的逻辑。 （2）检查例外报告及跟进情况
销售价格不正确或发票金额出现计算错误	收入：准确性； 应收账款：计价与分摊	（1）通过逻辑登录限制控制定价主文档的更改。只有得到授权的员工才能进行更改。 （2）每张发票的单价、计算、商品代码、商品摘要和客户账户代码均由计算机程序控制。只有得到授权的员工才能进行更改	（1）核对经授权的有效的价格更改清单与计算机获得的价格更改清单是否一致。 （2）独立复核发票上计算金额的准确性	（1）检查文件以确定价格更改是否经授权。 （2）检查发票中价格复核人员的签名。 （3）重新执行发票的核对过程

243

（四）记录赊销（见表 11 -10）

表 11 -10　　　记录赊销环节的风险点、相关联的认定、内部
控制及控制测试程序

可能发生错报环节	财务报表项目及认定	存在的内部控制（自动）	存在的内部控制（人工）	内部控制测试程序
销售发票入账的会计期间可能不正确	收入：截止发生 应收账款：存在完整性权利和义务	系统根据销售发票的信息自动汇总生成当期销售入账记录	定期执行人工销售截止检查程序。向客户发送月末对账单，调查并解决客户质询的差异	检查系统中销售记录生成的逻辑。重新执行销售截止检查程序。检查客户质询信件并确定问题是否已得到解决

（五）坏账准备计提与坏账核销（见表 11 -11）

表 11 -11　　　坏账准备计提与核销环节的风险点、相关联的
认定、内部控制及控制测试程序

可能发生错报环节	财务报表项目及认定	存在的内部控制（自动）	存在的内部控制（人工）	内部控制测试程序
坏账准备的计提可能不充分	应收账款：计价与分摊	依据公司计提坏账的规则，自动生成应收账款账龄分析表	管理层复核财务人员依据账龄分析表计算和编制的坏账准备计提表，复核无误后需在坏账准备计提表上签字	（1）检查财务系统计算账龄分析表的规则是否正确。 （2）询问管理层如何复核坏账准备计提表的计算。 （3）检查是否有复核人员的签字

第五节　销售与收款循环的实质性程序

一、营业收入的实质性程序

（一）营业收入的实质性程序——以销售商品的生产企业为例

（1）获取营业收入明细表：复核加计，与总账数核对；检查汇率折算。

（2）实施实质性分析程序：与销项税；与预算；月度或季度销售量、单价、毛利率变动；与现金、应收/合同资产、存货、税金等的变动；销售毛利率、应收/合同资产、存货周转率等与可比期间、预算、同行业的比较；与销售费用；与投入产出率、劳动生产率、产能、水电能耗、运输数量等非财务信息。

（3）检查收入确认方法：客户取得控制权的 5 个条件；时段或时点；销售退回、质量保证、售后回购。

（4）检查交易价格：可变对价、非现金对价、应付客户对价以及重大融资成分。

（5）检查与收入交易相关的原始凭证与会计记录（发生、截止、准确性、完整性、列报）。

（6）检查完整性（从出库单选取样本，注意要获取全部出库单，并且检查其顺序编号）。

（7）结合对应收账款实施的函证程序，选择客户函证本期销售额。

（8）实施销售截止测试（前后若干天、销售退回、结合函证）。

（9）检查销售退回，结合存货审计。

（10）检查可变对价的会计处理。

11.2 实施实质性分析程序的步骤

（二）营业收入的"延伸检查"程序

如果识别出被审计单位收入真实性存在重大异常情况，且通过常规审计程序无法获取充分、适当的审计证据，注册会计师需要考虑实施"延伸检查"程序，对检查范围进行合理延伸，以应对识别出的舞弊风险。

1. 延伸检查的示例

（1）对所销售产品或服务及其所涉及资金的来源和去向进行追踪，对交易参与方（含代为收付款方）的最终控制人或其真实身份进行查询。

（2）被审计单位所处行业的下游产业链较长，如果对下游产业链的某个或某几个环节实施"延伸检查"程序获取的审计证据，可以应对与收入确认相关的舞弊风险，则"延伸检查"程序无须覆盖所有环节。

2. 对延伸检查的考虑

如果注册会计师认为"延伸检查"程序是必要的，但受条件限制无法实施，或实施"延伸检查"程序后仍不足以获取充分、适当的审计证据，注册会计师应当考虑审计范围是否受限，并考虑对审计报告意见类型的影响或解除业务约定。

3. 注册会计师可以实施的"延伸检查"程序举例

（1）在获取被审计单位配合的前提下，对相关供应商、客户进行实地走访，针对相关采购、销售交易的真实性获取进一步的审计证据。

（2）利用企业信息查询工具，查询主要供应商和客户的股东至其最终控制人，以识别相关供应商和客户与被审计单位是否存在关联方关系。

（3）在采用经销模式的情况下，检查经销商的最终销售实现情况。

（4）当注意到存在关联方（例如被审计单位控股股东、实际控制人、关键管理人员）配合被审计单位虚构收入的迹象时，获取并检查相关关联方的银行账户资金流水，关注是否存在与被审计单位相关供应商或客户的异常资金往来。

11.3 实地走访关注事项

二、应收账款的实质性程序

（一）应收账款的常规实质性程序

（1）取得应收账款明细表复核加计。

①复核加计是否正确，并与总账数和明细账合计数核对是否相符；结合损失准备科目与报表数核对是否相符。

②检查非记账本位币应收账款的折算汇率及折算是否正确。

③分析有贷方余额的项目，查明原因。必要时，建议作重新分类调整。

④结合其他应收款、预收款项等往来项目的明细余额，调查有无同一客户多处挂账、异常余额或与销售无关的其他款项（如代销账户、关联方账户或员工账户）。必要时提出调整建议。

（2）分析应收账款相关的财务指标。

（3）对应收账款实施函证程序。

（4）对应收账款余额实施除函证以外的细节测试。

（5）检查坏账的冲销和转回。

（6）确定应收账款的列报是否恰当。

（二）应收账款函证

应收账款函证程序的要点及内容如表 11 – 12 所示。

表 11 – 12　　　　　　　应收账款函证程序的要点及内容

项目	内容
函证决策	1. 除非有充分证据表明应收账款对被审计单位财务报表而言是不重要的，或者函证很可能是无效的，否则，注册会计师应当对应收账款进行函证；如果不进行函证，应当在审计工作底稿中说明理由。 2. 如果认为函证很可能无效，注册会计师应当实施替代审计程序，获取相关、可靠的审计证据

续表

项目	内容
影响函证范围的主要因素	1. 应收账款在全部资产中的重要程度。 2. 被审计单位内部控制的有效性。 3. 以前期间的函证结果
函证对象	除了考虑金额较大的项目，也需要考虑风险较高的项目，例如： （1）账龄较长的项目； （2）与债务人发生纠纷的项目； （3）重大关联方项目； （4）主要客户（包括关系密切的客户）项目； （5）新增客户项目； （6）交易频繁但期末余额较小甚至余额为零的项目； （7）可能产生重大错报或舞弊的非正常的项目
函证方式	1. 积极的函证方式。 2. 消极的函证方式
函证时间的选择	1. 通常以资产负债表日为截止日，在资产负债表日后适当时间内实施函证。 2. 如果重大错报风险评估为低水平，可选择资产负债表日前适当日期为截止日实施函证，并对所函证项目自截止日起至资产负债表日止发生的变动实施其他实质性程序
函证的控制	1. 注册会计师通常利用被审计单位提供的应收账款明细账户名称及客户地址等资料据以编制询证函，但注册会计师应当对函证全过程保持控制。 2. 对确定需要确认或填列的信息、选择适当的被询证者、设计询证函以及发出和跟进（包括收回）询证函保持控制
对不符事项的处理	1. 对回函中出现的不符事项，注册会计师需要调查核实原因，确定其是否构成错报。 2. 对应收账款而言，因登记入账的时间不同而产生的不符事项主要表现为： （1）客户已经付款，被审计单位尚未收到货款； （2）被审计单位的货物已经发出并已做销售记录，但货物仍在途中，客户尚未收到货物； （3）客户由于某种原因将货物退回，而被审计单位尚未收到； （4）客户对收到的货物的数量、质量及价格等方面有异议而全部或部分拒付货款等
对未回函项目实施替代程序	如果未收到被询证方的回函，注册会计师应当实施替代审计程序，例如，在考虑实施收入截止测试等审计程序所获取审计证据的基础上： （1）检查资产负债表日后收回的货款； （2）检查相关的销售合同、销售单、出库单等文件； （3）检查被审计单位与客户之间的往来邮件，如有关发货、对账、催款等

11.4　延伸阅读

11.5　课程思政：诚信经营，守护财务人生

【本 章 小 结】

销售与收款循环审计是企业财务审计中的关键环节，主要关注从接受客户订单到收回货款的整个业务流程。涉及的财务报表项目主要有营业收入、应收账款；其具体审计目标是确保销售交易记录的真实性、完整性、准确性、截止恰当以及权利与义务的合规性、分类与列报的准确性。审计过程中，首先需要了解并评估企业在该循环中的内部控制设计和运行情况，包括订单审批、发货确认、发票开具及收款记录等关键控制点。通过测试控制的有效性和执行实质性程序（如核对销售发票、发货单和收款凭证等），审计人员可以验证交易的真实性和准确性。同时，分析性程序（如对比历史数据和行业标准）有助于识别异常波动或潜在风险。需要注意的是审计准则要求应当假定收入存在舞弊风险，以设计和实施进一步审计程序；常见的风险包括收入确认不当（如提前或延迟确认收入）、坏账风险（客户未能按时付款）以及内部控制缺陷（如缺乏有效的审批机制）。审计证据的收集涵盖销售合同、发货单、销售发票、收款凭证及客户对账单等，需要获取充分且适当的审计证据以支持审计结论。通过销售与收款循环审计，能够优化企业的业务流程，降低舞弊风险，并提升财务信息的透明度与可信度。

【本章重要术语】

11.6 专业术语解释

1. 销售与收款循环	2. 账户法
3. 循环法	4. 销售订单
5. 信用审批	6. 发货单
7. 销售发票	8. 销售折扣与折让
9. 应收账款	10. 账龄分析
11. 坏账准备	12. 收入确认

【复习与思考】

11.7 复习与思考答案

销售与收款业务流程有哪些环节？关键控制点有哪些？常见的控制测试和实质性程序有哪些？

采购与付款循环的审计

【本章知识逻辑结构图】

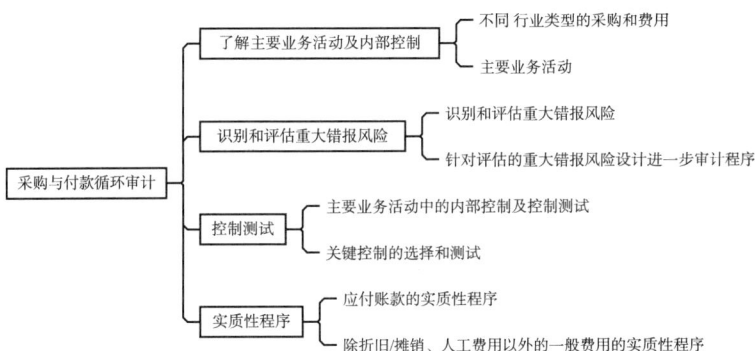

【引导案例】

从卖花女到筹备上市的绿大地生物科技股份有限公司(以下简称"绿大地")的董事长,再到银铛入狱的阶下囚,昔日风光无限的云南女首富何学葵的经历让人唏嘘。这一切,源于一度举国震惊的绿大地财务造假案。

2010年3月,证监会稽查大队将突破口选在了绿大地招股说明书上列出的千万重金买下的土地上。经过一系列调查,稽查队发现:绿大地 2004 年购买的 960 亩马龙县旧县村委会的土地,成本仅为 50 余万元;经过绿大地造假团队的会计魔术一变,入账后竟成了 955 万元,虚增高达 18 倍。通过同样的手法,2004~2009 年绿大地总计虚增资产约 3.37 亿元。

在上述案例中,绿大地通过明目张胆地操控采购成本,实现了虚增固定资产的目的。那么,注册会计师在采购与付款的审计中,应当如何对公司的采购真实性进行核查呢?在采购与付款循环的审计中,又应当注意哪些要点呢?接下来,让我们一起来学习采购与付款循环的审计。

资料来源:中国注册会计师协会官网实务案例库。

第一节 采购与付款循环概述

采购与付款循环是指购买商品和劳务,以及企业在经营活动中为获取收入而发生的直接或间接的支出。采购业务是企业生产经营活动的起点,其特点是发生的频率高、数量多、涉及供应商也多。因固定资产的采购和管理与普通的原材料等商品采购有较大不同,因此未包含在本章学习内容中。

一、不同行业类型的采购和费用

不同的企业性质决定企业除了有一些共性的费用支出外,还会发生一些不同类型的支出(见表 12-1)。

表 12-1 不同行业类型的采购和费用

行业类型	典型的采购和费用支出
贸易业	产品的选择和购买、产品的存储和运输、广告促销费用、售后服务费用
一般制造业	生产过程所需的设备支出,原材料、易耗品、配件的购买与存储支出,市场经营费用,把产成品运达顾客或零售商处发生的运输费用,管理费用
专业服务业	律师、会计师、财务顾问的费用支出包括印刷、通信、差旅费,电脑、车辆等办公设备的购置和租赁,书籍资料和研究设施的费用
……	……

本节以一般制造业的商品采购为例，介绍采购与付款循环中的主要业务活动及其相关内部控制。制造业被审计单位的采购与付款循环通常包含的相关财务报表科目、涉及的主要业务活动及常见的主要单据及会计记录如表 12 - 2 所示。业务流程如图 12 - 1 所示。

表 12 - 2　　　本循环涉及的交易类别、财务报表科目、主要
业务活动及主要单据及会计记录

交易类别	相关财务报表科目	主要业务活动	主要单据及会计记录
采购	存货、其他流动资产、销售费用、管理费用、应付账款、其他应付款、预付账款等	1. 编制采购计划 2. 维护供应商清单 3. 请购商品和劳务 4. 编制订购单 5. 验收商品 6. 储存已验收的商品 7. 编制付款凭单 8. 确认与记录负债	1. 采购计划 2. 供应商清单 3. 请购单 4. 订购单 5. 验收单 6. 卖方发票 7. 付款凭单
付款	应付账款、其他应付款、应付票据、货币资金等	1. 办理付款 2. 记录现金、银行存款支出 3. 与供应商定期对账	1. 转账凭证/付款凭证 2. 应付账款明细账 3. 库存现金日记账和银行存款日记账 4. 供应商对账单

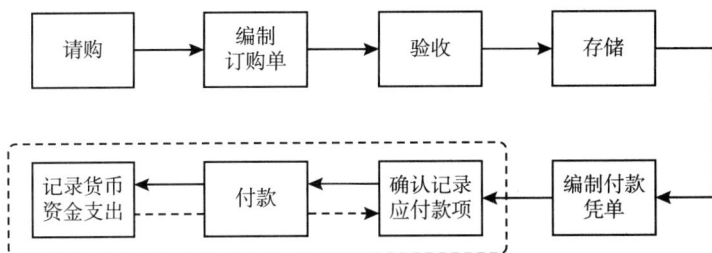

图 12 - 1　采购与付款循环业务流程

二、涉及的主要业务活动

采购与付款循环通常要经过这样的程序：请购→订货→验收→存储→编制付款凭单→确认记录应付款项→付款→记录货币资金支出。

（一）制订采购计划

基于企业的生产经营计划，生产、仓库等部门定期编制采购计划，经部门负责人等适当的管理人员审批后提交采购部门，具体安排商品及服务采购。

（二）供应商认证及信息维护

企业通常对于合作的供应商事先进行资质等审核，将通过审核的供应商信息录入系统，形成完整的供应商清单，并及时对其信息变更进行更新。

采购部门只能向通过审核的供应商进行采购。

（三）请购商品和劳务

请购商品和劳务如图 12 - 2 所示。

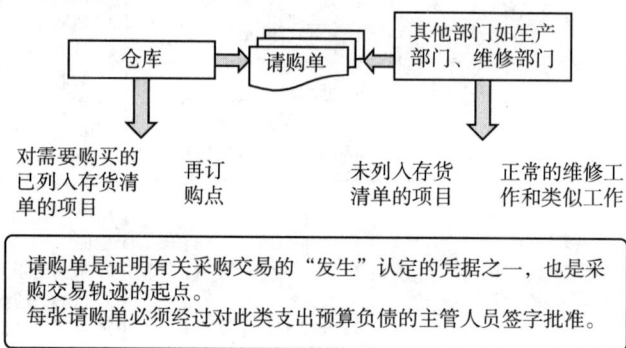

图 12 - 2　请购商品和劳务

（四）编制订购单

采购部门只能对经过批准的请购单发出订购单。

确定最佳的供应来源，对一些大额、重要的采购项目，应采取竞价方式来确定供应商。

订购单应正确填写所需要的商品品名、数量、价格、厂商名称和地址等，预先予以顺序编号并经过被授权的采购人员签名。编制订购单如图 12 - 3 所示。

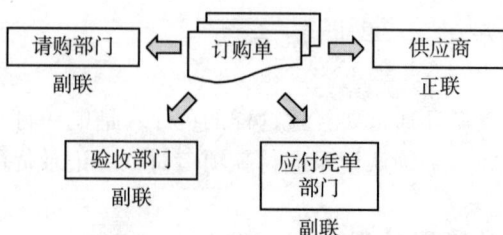

应独立检查订购单的处理，以确定是否确实收到商品并正确入账。这项检查与采购交易的"完整性"和"发生"认定有关。

图 12 - 3　编制订购单

（五）验收商品

编制验收单如图 12-4 所示。

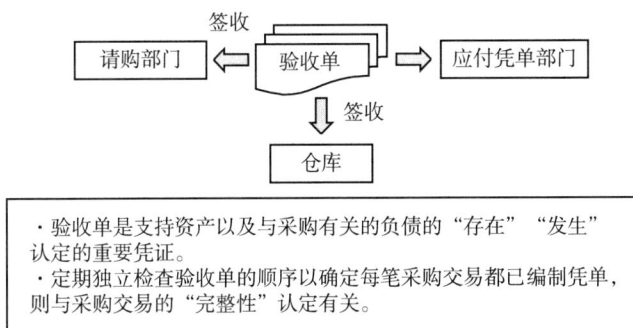

图 12-4 编制验收单

- 验收部门将验收商品与订购单比较，核对品名、摘要、数量、品质、到货时间等，然后再盘点商品并检查商品有无损坏。
- 验收部门制作验收单（一式多联），按顺序编号。
- 验收人员将商品送交仓库或其他请购部门时，应取得经过签字的收据，或要求其在验收单的副联上签收，以确立他们对所采购的资产应负的保管责任。

（六）储存已验收的商品

职责分离——将已验收商品的保管与采购的其他职责相分离，可减少未经授权的采购和盗用商品的风险。

限制接近——存放商品的仓储区应相对独立，限制无关人员接近。

这些控制与商品的"存在"认定有关。

（七）编制付款凭单

编制付款凭单如图 12-5 所示。

记录采购交易之前，应付凭单部门应编制付款凭单。这项功能的控制包括：

（1）确定供应商发票的内容与相关的验收单、订购单的一致性。

（2）确定供应商发票计算的正确性。

（3）编制有预先编号的付款凭单，并附上支持性凭证（如订购单、验收单和供应商发票等）。

（4）独立检查付款凭单计算的正确性。

（5）在付款凭单上填入应借记的资产或费用账户名称。

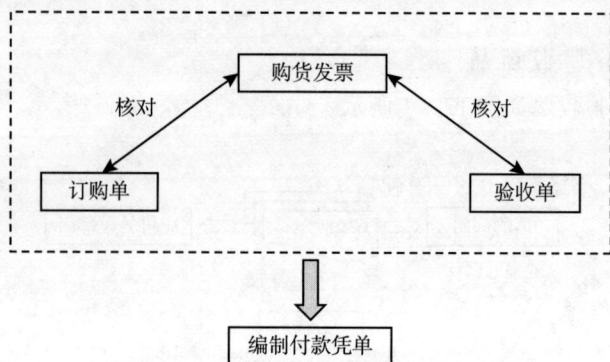

图 12 – 5　编制付款凭单

（6）由被授权人员在凭单上签字，以示批准照此凭单要求付款。所有未付凭单的副联应保存在未付凭单档案中，以待日后付款。

这些控制与存在、发生、完整性、权利和义务、计价和分摊等认定相关。

（八）确认记录应付款项

正确确认已验收货物和已接受劳务的债务，要求准确、及时地记录负债。

应付账款确认与记录的一项重要控制是要求记录现金支出的人员不得经手现金、有价证券和其他资产。

（九）办理付款

办理付款如图 12 – 6 所示。

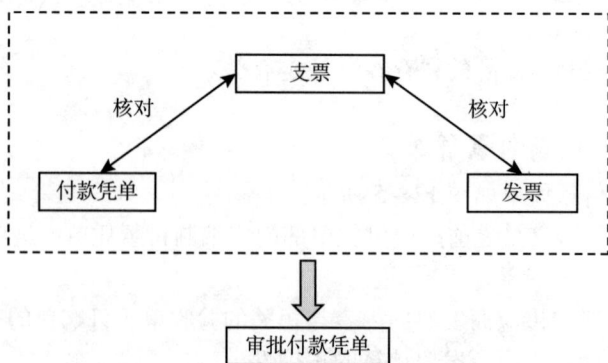

图 12 – 6　办理付款

编制和签署支票的有关控制包括：

（1）独立检查已签发支票的总额与所处理的付款凭单的总额的

一致性；

（2）应由被授权的财务部门的人员负责签署支票；

（3）被授权签署支票的人员应确定每张支票都附有一张已经适当批准的未付款凭单，并确定支票收款人姓名和金额与凭单内容的一致；

（4）支票一经签署就应在其凭单和支持性凭证上用加盖印戳或打洞等方式将其注销，以免重复付款；

（5）支票签署人不应签发无记名甚至空白的支票；

（6）支票应预先按顺序编号，保证支出支票存根的完整性和作废支票处理的恰当性；

（7）应确保只有被授权的人员才能接近未经使用的空白支票。

（十）记录现金、银行存款支出

记录现金、银行存款支出如图 12 - 7 所示。

| 记账凭证 | ←核对→ | 日记账明细账 | ←核对→ | 总账 |

图 12 - 7　记录现金、银行存款支出

记录银行存款支出的有关控制包括：

（1）会计主管应独立检查记入银行存款日记账和应付账款明细账的金额的一致性，以及与支票汇总记录的一致性；

（2）通过定期比较银行存款日记账记录的日期与支票副本的日期，独立检查入账的及时性；

（3）独立编制银行存款余额调节表。

三、采购交易的内部控制

（一）适当的职责分离

确保办理采购与付款交易的不相容岗位相互分离、制约和监督。

采购与付款交易不相容岗位至少包括：请购与审批；询价与确定供应商；采购合同的订立与审批；采购与验收；采购、验收与相关会计记录；付款审批与付款执行。

（二）恰当的授权审批

付款需要由经授权的人员审批，审批人员在审批前需检查相关支持文件，并对其发现的例外事项进行跟进处理。

（三）凭证的预先编号及对例外报告的跟进处理

人工执行：可以安排入库单编制人员以外的独立复核人员定期检查已经进行会计处理的入库单记录，确认是否存在遗漏或重复记录的入库单，并对例外情况予以跟进。

IT 环境：系统可以定期生成列明跳号或重号的入库单统计例外报告，由经授权的人员对例外报告进行复核和跟进，可以确认所有入库单都进行了处理，且没有重复处理。

第二节　采购与付款循环的重大错报风险

注册会计师必须对被审计单位的采购与付款循环的重大错报风险有一定认识，并详细了解被审计单位有关交易或付款的内部控制是否能预防、检查和纠正的重大错报风险，在此基础上设计并实施进一步审计程序，才能有效应对重大错报风险。

一、识别和评估重大错报风险

为评估重大错报风险，注册会计师应详细了解有关交易或付款的内部控制。

注册会计师可以通过审阅以前年度审计工作底稿、观察内部控制执行情况、询问管理层和员工、检查相关的文件和资料等方法加以了解。从而评估采购与付款循环的相关交易和余额存在的重大错报风险，以为设计和实施进一步审计程序提供基础。

影响采购与付款交易和余额的重大错报风险如图 12-8 所示。

1. 低估负债或相关准备

在承受反映较高盈利水平和营运资本的压力下，被审计单位管理层可能试图低估应付账款等负债或资产相关准备，包括低估对存货应计提的跌价准备。常集中体现在：

（1）遗漏交易，例如未记录已收取货物但尚未收到发票的采购相关的负债或未记录尚未付款的已经购买的服务支出等；

（2）采用不正确的费用支出截止期，例如将本期的支出延迟到下期确认；

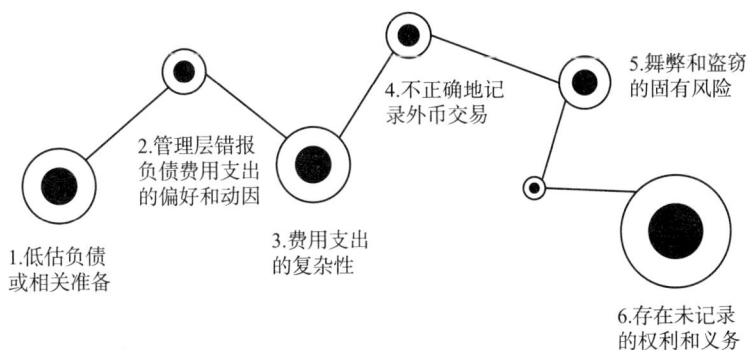

图 12-8　影响采购与付款交易和余额的重大错报风险

（3）将应当及时确认损益的费用性支出资本化，然后通过资产的逐步推销予以消化，这些将对完整性、截止、发生、存在、准确性和分类认定产生影响。

2. 管理层错报负债费用支出的偏好和动因

被审计单位管理层可能为了完成预算，满足业绩考核要求，保证从银行获得资金，吸引潜在的投资者，误导股东，影响公司股价等动机，通过操纵负债和费用的确认控制损益，例如：

（1）平滑利润。通过多计准备或少计负债和准备，把损益控制在被审计单位管理层希望的程度；

（2）利用特别目的实体把负债从资产负债表中撤离，或利用关联方间的费用定价优势制造虚假的收益增长趋势；

（3）被审计单位管理层把私人费用计入企业费用，把企业资金当作私人资金运作。

3. 费用支出的复杂性

例如，被审计单位以复杂的交易安排购买一定期间的多种服务，管理层对于涉及的服务收益与付款安排所涉及的复杂性缺乏足够的了解。这可能导致费用支出分配或计提的错误。

4. 不正确地记录外币交易

当被审计单位进口用于出售的商品时，可能由于采用不恰当的外币汇率而导致该项采购的记录出现差错。此外，还存在未能将诸如运费、保险费和关税等与存货相关的进口费用进行正确分摊的风险。

5. 舞弊和盗窃的固有风险

如果被审计单位经营大型零售业务，由于所采购商品和固定资产的数量及支付的款项庞大，交易复杂，容易造成商品发运错误，员工和客户发生舞弊和盗窃的风险较高。如果那些负责付款的会计人员有权接触应付账款主文档，并能够通过在应付账款主文档中擅自添加新的账户来虚构采购交易，风险也会增加。

6. 存在未记录的权利和义务

这可能导致资产负债表分类错误以及财务报表附注不正确或披露不充分。

二、根据重大错报风险的评估结果设计进一步审计程序

针对评估的财务报表层次重大错报风险，注册会计师应计划进一步审计程序的总体方案，包括确定针对相关认定计划采用综合性方案还是实质性方案，以及考虑审计程序的性质、时间安排和范围。

当存在下列情形之一时，注册会计师应当设计和实施控制测试（进一步审计程序采用综合性方案）：

（1）在评估认定层次重大错报风险时，预期控制的运行是有效的（即在确定实质性程序的性质、时间安排和范围时，注册会计师拟信赖控制运行的有效性）；

（2）仅实施实质性程序并不能够提供认定层次充分、适当的审计证据。

案例如表 12 - 3 所示。

表 12 - 3 采购及付款循环的重大错报风险及进一步审计程序总体审计方案举例

重大错报风险描述	相关财务报表科目及认定	风险程度	是否信赖控制	进一步的审计程序的总体方案	拟从控制测试中获取的保证程度	拟从实质性程序中获取的保证程度
确认的负债及费用并未实际发生	应付账款/其他应付款：存在 销售费用/管理费用：发生	一般	是	综合性方案	高	低
不计提与采购相关的负债或不计提尚未付款的已经购买的服务支出	应付账款/其他应付款：完整 销售费用/管理费用：完整	特别	是	综合性方案	高	中
采用不正确的费用支出截止期，例如将本期的支出延迟到下期确认	应付账款/其他应付款：存在/完整 销售费用/管理费用：截止	一般	否	实质性方案	无	高

续表

重大错报风险描述	相关财务报表科目及认定	风险程度	是否信赖控制	进一步的审计程序的总体方案	拟从控制测试中获取的保证程度	拟从实质性程序中获取的保证程度
发生的采购未能以正确的金额记录	应付账款/其他应付款：计价和分摊 销售费用/管理费用：准确性	一般	是	综合性方案	高	低

第三节 采购与付款循环控制测试

一、采购及付款循环的内部控制测试

当计划采用综合性方案时，注册会计师需要进行内部控制测试。下面以一般制造业为例，选取上述采购及付款循环的其中8个环节，说明注册会计师实施控制测试时，常见的具体控制测试流程如表12-4所示。

表12-4 采购及付款循环的风险、存在的控制及控制测试程序

环节	可能发生错报	相关认定	内部控制测试程序
1. 制订采购计划①	采购计划未经适当审批	—	询问复核人复核采购计划的过程，检查采购计划是否经复核人恰当复核
2. 供应商认证及信息维护	新增供应商或供应商信息变更未经恰当的认证	存货：存在 应付账款：存在 其他费用：发生	询问复核人复核供应商数据变更请求的过程，抽样检查变更需求是否有相关文件支持及有复核人的复核确认
3. 请购商品和劳务②	重复请购或请购过多的商品	存货：存在 应付账款：存在 其他费用：发生	检查是否分部门设置请购单连续编号，每张请购单是否经过对这类支出预算负责的主管人员签字批准
4. 编制订购单	采购订单与有效的请购单不符	存货：存在、准确性 应付账款/其他应付款：存在、准确性 其他费用：发生、准确性	询问复核人复核采购订单的过程，包括复核人提出的问题及其跟进记录。抽样检查采购订单是否有对应的请购单及复核人签署确认

259

续表

环节	可能发生错报	相关认定	内部控制测试程序
5. 验收商品	接收了缺乏有效采购订单或未经验收的商品	存货：存在、完整性 应付账款/其他应付款：存在、完整性 其他费用：发生、完整性	检查系统入库单编号的连续性。询问收货人员的收货过程，抽样检查入库单是否有对应一致的采购订单及验收单
6. 确认与记录负债	临近会计期末的采购未被记录在正确的会计期间	存货：完整性 应付账款：完整性 其他费用：完整性	检查是否有遗漏、重复入库单的检查报告，检查这些例外报告生成逻辑。询问复核人对例外报告的检查过程，确认发现的问题是否及时得到了跟进处理
7. 付款	批准付款的发票上存在价格/数量错误或劳务尚未提供的情形	存货/成本：完整性、计价和分摊 应付账款：完整性、计价和分摊	将入库单与采购订单、发票核对，如信息不符，发票将列示于例外报告。检查例外报告的完整性及准确性。与复核人讨论其复核过程，抽样选取例外/删改情况报告
8. 记录现金、银行存款支出	现金支付未记录、未记录在正确的供应商账户（串户）或记录金额不正确	存货：计价与分摊 应付账款：存在、计价与分摊 其他费用：准确性	询问是否如下正确处理：由独立于负责现金交易处理的会计人员每月编制银行余额调节表。经授权的管理人员复核。抽样检查银行余额，检查其是否及时复核，存在问题是否得到恰当跟进处理、复核人是否签署确认

注：①针对存货及应付账款的存在性认定，企业制定的采购计划及审批主要是企业为提高经营效率效果设置的流程及控制，不能直接应对该认定，注册会计师不需要对其执行专门的控制测试；

②请购单的审批与存货及应付账款的存在性认定相关，但如果企业存在将订购单、验收单和卖方发票的一致性进行核对的"三单核对"控制，该控制足以应对存货及应付账款的存在性风险，则可以直接选择"三单核对"控制作为关键控制进行测试更能提高审计效率。

二、关键控制的选择和测试

注册会计师在实际工作中，并不需要对该流程的所有控制点进行测试，而是应该针对识别的可能发生错报环节，选择足以应对评估的重大错报风险的关键控制进行控制测试。

控制测试的具体方法则需要根据具体控制的性质确定。例如，对于验收单连续编号的控制，如果该控制是人工控制，注册会计师可以根据样本量选取几个月经复核人复核的入库单清单。检查入库单的编号是否完整。若入库单编号跳号,与复核人跟进并通过询问确认跳号的原因。如需要,进行佐证并考虑是否对审计存在影响;如果该控制是系统设置的,则注册会计师可以选取系统生成的例外/删改情况报告,检查每一份报告并确定是否存在管理层复核的证据以及复核是否在合理的时间内完成;与复核人讨论其复核和跟进过程,如适当,确定复核人采取的行动以及这些行动在此环境下是否恰当。确认是否发现了任何调整、调整如何得以解决以及采取的行动是否恰当。同时,由专门的信息系统测试人员测试系统的相关控制以确认例外/删改报告的完整性和准确性。

三、控制测试工作底稿

测试过程应形成审计工作底稿,摘录举例如表12-5所示。

表12-5 控制测试汇总表

控制测试汇总表

被审计单位:_____ 索引号:CGC-1_____

项目:_____ 财务报表截止日/期间:_____

编制:_____ 复核:_____

日期:_____ 日期:_____

1. 了解内部控制的初步结论

[注:根据了解本循环控制的设计并评估其执行情况所获取的审计证据,注册会计师对控制的评价结论可能是:(1)控制设计合理,并得到执行;(2)控制设计合理,未得到执行;(3)控制设计无效或缺乏必要的控制。]

2. 控制测试结论

编制说明:
1. 本审计工作底稿记录注册会计师测试的控制活动及结论。其中,"控制活动是否有效运行"一栏,应根据CGC-3表中的测试结论填写;"从了解和测试内部控制中获取的保证程度"一栏,应根据了解和测试内部控制中获取的审计证据分析填写;"控制活动是否得到执行"一栏,应根据CGL-4表中的结论填写;其余栏目的信息取自采购与付款循环审计工作底稿CGL-3中所记录的内容。
2. 如果注册会计师不拟对与某些控制目标相关的控制活动实施控制测试,则应直接执行实质性程序,对相关交易和账户余额的认定进行测试,以获取足够的保证程度。

控制目标 （CGL-3）	被审计单位的控制活动 （CGL-3）	控制活动对实现控制目标是否有效（是/否） （CGL-3）	控制活动是否得到执行（是/否） （CGL-4）	控制活动是否有效运行（是/否） （CGC-3）	控制测试结果是否支持实施风险评估程序获取的审计证据（支持/不支持）
只有经过核准的采购订单才能发给供应商	采购部门收到请购单后，对金额在人民币10万元以下的请购单由采购经理张明负责审批；金额在人民币10万元至人民币50万元的请购单由总经理王远负责审批；金额超过人民币50万元的请购单需经董事会审批	是	是	是	支持
确保供应商档案数据及时更新	采购信息管理员李辉每月复核供应商档案。对两年内未与S公司发生业务往来的供应商，采购员沈月填写更改申请表，经采购经理马国明审批后交信息管理部删除该供应商档案。每半年，采购经理马国明复核供应商档案	是	是	否（注）	不支持

其余略。
注：我们检查了S公司2017年12月的供应商档案更改申请表以及当月的月度供应商更改信息报告，发现编号为506号的档案，供应商已超过两年未与公司发生业务往来，未及时变更删除其档案。

　　当完成控制测试后，注册会计师根据控制测试的结果，对检查出未存在关键控制、未达到控制目标等的主要业务活动，需制定进一步的审计方案。当注册会计师通过控制测试发现被审计单位针对某项认定的相关控制存在缺陷，导致其需要提高对相关控制风险的评估水平，则注册会计师需要提高相关重大错报风险的评估水平，并进一步修改实质性审计程序的性质、时间安排和范围。

　　举例如下：假设S公司财务报表层次不存在重大错报风险，受本循环影响的交易和账户余额层次也不存在特别风险为例，并假定不拟信赖与交易和账户余额列报认定相关的控制活动。对相关交易和账户余额的审计方案如表12-6所示。

表12-6 　　　　　　　　　对相关交易和账户余额的审计方案

受影响的交易和账户余额	完整性（控制测试结果/需从实质性程序中获取的保证程度）	发生/存在（控制测试结果/需从实质性程序中获取的保证程度）	准确性/计价和分摊（控制测试结果/需从实质性程序中获取的保证程度）	截止（控制测试结果/需从实质性程序中获取的保证程度）	权利和义务（控制测试结果/需从实质性程序中获取的保证程度）	分类（控制测试结果/需从实质性程序中获取的保证程度）	列报（控制测试结果/需从实质性程序中获取的保证程度）
应付账款	不支持/高	支持/低	支持/低	—	支持/低	—	不支持/高
管理费用	不支持/高	支持/低	支持/低	不支持/高	—	支持/低	不支持/高
存货	不支持/高	支持/低	支持/低	不支持/高	—	支持/低	不支持/高

注：其余略。

第四节　采购与付款循环的实质性程序

一、应付账款的实质性程序

对于一般以营利为导向的企业，采购与付款交易的重大错报风险常见的是通过低估费用和应付账款，高估利润、粉饰财务状况。但某些企业，在经营情况和预算完成情况较好的年度，为平滑各年度利润，则高估费用和负债可能是其相关年度审计时需要应对的重大错报风险。

应付账款是企业在正常经营过程中，因购买材料、商品和接受劳务供应等经营活动而应付给供应商的款项。注册会计师应结合赊购交易进行应付账款的审计。

（一）应付账款的审计目标

应付账款的审计目标一般包括：

（1）确定资产负债表中记录的应付账款是否存在（存在认定）；

（2）确定所有应当记录的应付账款是否均已记录（完整性认定）；

（3）确定资产负债表中记录的应付账款是否为被审计单位应当履行的现时义务；

（4）确定应付账款是否以恰当的金额包括在财务报表中，并且与之相关的计价调整是否已恰当记录（计价认定）；

（5）确定应付账款是否已按照企业会计准则的规定在财务报表中作出恰当的列报。

应付账款审计目标与相关认定对应关系如表12-7所示。

表 12-7　　　　　应付账款审计目标与相关认定对应关系

审计目标	财务报表认定				
	存在	完整性	权利和义务	计价和分摊	与列报和披露相关的认定
确定资产负债表中记录的应付账款是否存在	√				
确定所有应当记录的应付账款是否均已被记录		√			
确定资产负债表中记录的应付账款是否为被审计单位应当履行的现时义务			√		
确定应付账款是否以恰当的金额包括在财务报表中,与之相关的计价调整是否已被恰当记录				√	
确定应付账款是否已按照企业会计准则的规定在财务报表中作出恰当的列报					√

审计目标与审计程序对应关系如表12-8所示。

表 12-8　　　　　审计目标与审计程序对应关系

可供选择的审计程序	审计目标（相关认定）
1. 获取被审计单位与其供应商之间的对账单以及被审计单位编制的差异调节表,确定应付账款余额的准确性	完整性、计价和分摊
2. 针对资产负债表日后付款项目,检查银行对账单及有关付款凭证,询问被审计单位内部或外部的知情人员,查找有无未及时入账的应付账款	完整性
3. 结合存货监盘程序,检查被审计单位在资产负债表日前后的存货入库资料（验收报告或入库单）,检查是否有大额料到单未到的情况,确认相关负债是否计入了正确的会计期间	完整性
4. 检查资产负债表日后应付账款明细账贷方发生额的相应凭证,关注其购货发票的日期,确认其入账时间是否合理	完整性
5. 选择应付账款的重要项目函证其余额和交易条款,对未回函的再次发函或实施替代的检查程序	存在权利和义务

（二）应付账款的实质性程序

（1）获取或编制应付账款明细表，并执行以下工作：

①复核加计是否正确，并与报表数、总账数和明细账合计数核对是否相符；

②检查非记账本位币应付账款的折算汇率及折算是否正确；

③分析出现借方余额的项目，查明原因，必要时，建议作重新分类调整；

④结合预付账款、其他应付款等往来项目的明细余额，调查有无针对同一交易在应付账款和预付账款同时记账的情况、异常余额或与购货无关的其他款项（如关联方账户或雇员账户），如有，应作出记录，必要时建议作调整。

（2）函证应付账款。

获取适当的供应商相关清单，例如本期采购量清单、所有现存供应商名单或应付账款明细账。询问该清单是否完整并考虑该清单是否应包括预期负债等附加项目。选取样本进行测试并执行如下程序：

①向债权人发送询证函。注册会计师应根据审计准则的规定对询证函保持控制，包括确定需要确认或填列的信息、选择适当的被询证者、设计询证函，包括正确填列被询证者的姓名和地址，以及被询证者直接向注册会计师回函的地址等信息，必要时再次向被询证者寄发询证函等。

②将询证函回函确认的余额与已记录金额相比较，如存在差异，检查支持性文件。评价已记录金额是否适当。

③对于未作回复的函证实施替代程序：如检查至付款文件（如现金支出、电汇凭证和支票复印件）、相关的采购文件（如采购订单、验收单、发票和合同）或其他适当文件。

④如果认为回函不可靠，评价对评估的重大错报风险以及其他审计程序的性质、时间安排和范围的影响。

（3）检查应付账款是否计入了正确的会计期间，是否存在未入账的应付账款。

①对本期发生的应付账款增减变动，检查至相关支持性文件，确认会计处理是否正确。

②检查资产负债表日后应付账款明细账贷方发生额的相应凭证，关注其验收单、购货发票的日期，确认其入账时间是否合理。

③获取并检查被审计单位与其供应商之间的对账单以及被审计单位编制的差异调节表，确定应付账款金额的准确性。

④针对资产负债表日后付款项目，检查银行对账单及有关付款凭证（如银行汇款通知、供应商收据等），询问被审计单位内部或外部

的知情人员，查找有无未及时入账的应付账款。

⑤结合存货监盘程序，检查被审计单位在资产负债表日前后的存货入库资料（验收报告或入库单），检查相关负债是否计入了正确的会计期间。

如果注册会计师通过这些审计程序发现某些未入账的应付账款，应将有关情况详细记入审计工作底稿，并根据其重要性确定是否需建议被审计单位进行相应的调整。

（4）寻找未入账负债的测试。

获取期后收取、记录或支付的发票明细，包括获取支票登记簿/电汇报告/银行对账单（根据被审计单位情况不同）以及入账的发票和未入账的发票。从中选取项目（尽量接近审计报告日）进行测试并实施以下程序：

①检查支持性文件，如相关的发票、采购合同/申请、收货文件以及接受劳务明细，以确定收到商品/接受劳务的日期及应在期末之前入账的日期。

②追踪已选取项目至应付账款明细账、货到票未到的暂估入账和（或）预提费用明细表，并关注费用所计入的会计期间。调查并跟进所有已识别的差异。

③评价费用是否被记录于正确的会计期间，并相应确定是否存在期末未入账负债。

（5）检查应付账款长期挂账的原因并作出记录，对确实无须支付的应付款的会计处理是否正确。

（6）如存在应付关联方的款项：

①了解交易的商业理由。

②检查证实交易的支持性文件（例如发票、合同、协议及入库和运输单据等相关文件）。

③检查被审计单位与关联方的对账记录或向关联方函证。

（7）检查应付账款是否已按照企业会计准则的规定在财务报表中作出恰当列报和披露。

二、除折旧/摊销、人工费用以外的一般费用的实质性程序

折旧/摊销和人工费用一般分别在固定资产循环和人力资源和职工薪酬循环中涵盖，此处提及的是除这些以外的一般费用。

（一）一般费用的审计目标

一般费用的审计目标一般包括：确定利润表中记录的一般费用是

否确认发生（发生认定）：确定所有应当记录的费用是否均已记录（完整性认定）：确定一般费用是否以恰当的金额包括在财务报表中（准确性认定）：确定费用是否已计入恰当的会计期间（截止认定）。

（二）一般费用的实质性程序

（1）获取一般费用明细表，复核其加计数是否正确、并与总账和明细账合计数核对是否正确。

（2）实质性分析程序：

①考虑可获取信息的来源、可比性、性质和相关性以及与信息编制相关的控制，评价在对记录的金额或比率作出预期时使用数据的可靠性。

②将费用细化到适当层次，根据关键因素和相互关系（例如本期预算、费用类别与销售数量、职工人数的变化之间的关系等）设定预期值，评价预期值是否足够精确以识别重大错报。

③确定已记录金额与预期值之间可接受的、无须作进一步调查的可接受的差异额。

④将已记录金额与期望值进行比较，识别需要进一步调查的差异。

⑤调查差异，询问管理层，针对管理层的答复获取适当的审计证据；根据具体情况在必要时实施其他审计程序。

（3）从资产负债表日后的银行对账单或付款凭证中选取项目进行测试，检查支持性文件（如合同或发票），关注发票日期和支付日期，追踪已选取项目至相关费用明细表，检查费用所计入的会计期间，评价费用是否被记录于正确的会计期间。

（4）对本期发生的费用选取样本，检查其支持性文件，确定原始凭证是否齐全，记账凭证与原始凭证是否相符以及账务处理是否正确。

（5）抽取资产负债表日前后的凭证，实施截止测试，评价费用是否被记录于正确的会计期间。

（6）检查一般费用是否已按照企业会计准则及其他相关规定在财务报表中作出恰当的列报和披露。

12.1　课程思政

【本章小结】

本章主要介绍采购与付款循环涉及的各项业务活动，以及常见的重大错报风险；注册会计师应当对其中各环节的风险评估，设计不同的进一步审计方案；注意掌握常见的控制测试流程，以及实质性程序。特别要注意前后审计思路的连贯，当实质性程序发现重大错报时，要考虑控制测试的结论是否可靠。

12.2 专业术语
解释

12.3 复习与思
考答案

【本章重要术语】

1. 请购单　　　　　　2. 订购单
3. 验收单　　　　　　4. 付款凭单
5. 应付账款

【复习与思考】

1. 采购与付款循环中存在哪些主要风险?
2. 审计师在采购与付款循环审计中应关注哪些关键控制点?
3. 审计师在采购与付款循环审计中可以采取哪些实质性程序?

第十三章
生产与存货循环的审计

【学习目标】

1. 精确描述生产与存货循环的关键业务活动及内部控制要点。
2. 独立评估并识别生产与存货循环的重大错报风险。
3. 制定并执行生产与存货的审计目标和进一步审计程序。
4. 培养细致严谨的工作态度，确保审计过程中的准确性。
5. 维持职业道德，保持审计工作的独立性和客观性。

【本章知识逻辑结构图】

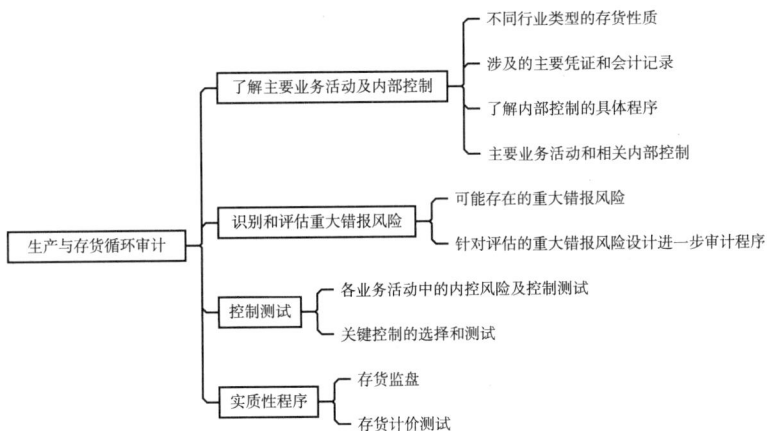

```
                          ┌── 不同行业类型的存货性质
                          │
             ┌─ 了解主要业务活动及内部控制 ─┼── 涉及的主要凭证和会计记录
             │            │
             │            ├── 了解内部控制的具体程序
             │            │
             │            └── 主要业务活动和相关内部控制
             │
             │                        ┌── 可能存在的重大错报风险
生产与存货循环审计 ─┼─ 识别和评估重大错报风险 ─┤
             │                        └── 针对评估的重大错报风险设计进一步审计程序
             │
             │            ┌── 各业务活动中的内控风险及控制测试
             ├─ 控制测试 ─┤
             │            └── 关键控制的选择和测试
             │
             │            ┌── 存货监盘
             └─ 实质性程序 ─┤
                          └── 存货计价测试
```

【引导案例】

*ST 昆机账外库房中的存货魔术

在 2013～2015 年，*ST 昆机通过一系列复杂的财务造假手段，累计虚增利润高达2.28亿元。案件的调查揭示了跨期确认收入、虚构合同、单边虚增合同价格以及少计提辞退福利等多种伪造行为。然而，其中最引人注目、最难察觉的手法便是私设账外库房，用以实现存货造假的障眼法。

通过设置账外库房，*ST昆机得以制造存货虚增的假象。这一手段使得存货的出库、运输记录看似真实，极大地增加了审计发现造假的难度。虚增的存货被用于制造虚构的生产和销售记录，从而掩盖企业实际运营状况。更令人惊讶的是，这种存货造假还结合了"二次销售"与"定金退回"等手法，形成一套"组合拳"，层层掩盖财务虚假。

此案例为生产与存货循环审计带来了重要启示。在实际审计工作中，存货是贯穿企业采购、生产和销售各个环节的关键要素，也是舞弊的高风险领域。作为注册会计师，如何通过严格的审计程序发现存货循环中的异常，尤其是针对账外存货的隐匿行为，是提升审计质量的重点。

针对类似案例，审计人员应加强对企业内部控制的评估，尤其关注存货盘点的完整性与真实性，验证存货记录是否准确反映了企业的实际经营情况。同时，通过实施控制测试与实质性程序，追踪存货从采购到生产，再到销售的全流程，识别可能存在的财务舞弊线索。

*ST昆机的案例表明，存货循环中的造假行为隐蔽性强、链条复杂，只有深刻理解生产与存货循环的特点，结合创新审计技术，才能揭露企业财务报表背后的真实情况。

资料来源：中国证监会行政处罚决定书（沈机集团昆明机床股份有限公司、王兴、常宝强等23名责任人员）〔2018〕9号，http://www.csrc.gov.cn/csrc/c101928/c1042628/content.shtml。

第一节　生产与存货循环概述

一、不同行业类型的存货性质

生产与存货循环的活动主要指由原材料转化为产成品的有关活动。在不同类型的行业，生产与存货循环有很大的差别（见表13-1）。

表 13-1   不同行业类型的存货性质

行业类型	存货性质
一般制造商	采购的原材料、易耗品和配件等、生成的半成品和产成品
贸易业	从厂商、批发商或其他零售商处采购的商品

二、涉及的主要凭证与会计记录

本章将以一般制造型企业为例进行介绍，表 13-2 针对生产与存货循环中的两个主要方面，即生产及成本核算和存货管理，分别简要列示了该循环通常涉及的财务报表项目、主要业务活动及常见的主要凭证和会计记录。

表 13-2   生产与存货循环涉及的交易类别、财务报表项目、
主要业务活动及常见主要凭证和会计记录汇总

交易类别	涉及的财务报表项目	主要业务活动	常见主要凭证和会计记录
生产	存货	计划和安排生产 发出原材料 生产产品和成本核算	生产通知单 原材料通知单 领料单 产量统计记录表 生产统计报告 入库单 材料费用分配表 工时统计记录表 人工费用分配汇总表 制造费用分配汇总表 存货明细账
存货管理	存货 营业成本 资产减值损失	产成品入库及存货保管 发出产成品 提取存货跌价准备	验收单 入库单 存货台账 盘点计划 盘点表单 盘点明细表 出库单 营业成本明细账 存货货龄分析表 可变现净值计算表

三、了解内部控制

对于一般制造型企业而言，生产和存货通常是重大的业务循环，   *271*

注册会计师需要在审计计划阶段了解该循环涉及的业务活动及相关的内部控制。注册会计师通常通过实施下列程序，了解生产和存货循环的业务活动和相关内部控制：

（1）询问参与生产和存货循环各业务活动的被审计单位人员，一般包括生产部门、仓储部门、人事部门和财务部门的员工和管理人员；

（2）获取并阅读企业的相关业务流程图或内部控制手册等资料；

（3）观察生产和存货循环中特定控制的运用，例如观察生产部门如何将完工产品移送入库并办理手续；

（4）检查文件资料，例如检查原材料领料单、成本计算表、产成品出入库单等；

（5）实施穿行测试，即追踪一笔交易在财务报告信息系统中的处理过程，例如，选取某种产成品，追踪该产品制定生产计划、领料生产、成本核算、完工入库的整个过程。

四、生产与存货循环涉及的主要业务活动和相关内部控制

在审计工作的计划阶段，注册会计师应当对生产与存货循环中的业务活动进行充分了解和记录，通过分析业务流程中可能发生重大错报的环节，进而识别和了解被审计单位为应对这些可能的错报而设计的相关控制，并通过诸如穿行测试等方法对这些流程和相关控制加以证实。

下面我们以一般制造型企业为例，简要地介绍生产和存货循环通常涉及的主要业务活动及相关的内部控制。

生产与存货循环涉及的主要业务活动包括：计划和安排生产；发出原材料；生产产品；核算产品成本；产成品入库及储存；发出产成品；存货盘点；计提存货跌价准备等。上述业务活动通常涉及以下部门：生产计划部门、仓储部门、生产部门、人事部门、销售部门、会计部门等。

（一）计划和安排生产

生产计划部门的职责是根据客户订购单或者对销售预测和产品需求的分析来决定生产授权。如决定授权生产，即签发预先顺序编号的生产通知单。该部门通常应将发出的所有生产通知单按顺序编号并加以记录控制（存货——存在、完整性）。

对于计划和安排生产这项主要业务活动，有些被审计单位的内部控制要求：

根据经审批的月度生产计划书，由生产计划经理签发预先按顺序编号的生产通知单。

（二）发出原材料

仓库部门的责任是根据从生产部门收到的领料单发出原材料。领料单通常需一式三联。仓库发料后，将其中一联连同材料交给领料部门，一联留在仓库登记材料明细账，一联交会计部门进行材料收发核算和成本核算（存货——存在、完整性、计价和分摊）。

对于发出原材料这项主要业务活动，有些被审计单位的内部控制要求：

（1）领料单应当经生产主管批准，仓库管理员凭经批准的领料单发料；领料单一式三联，分别作为生产部门存根联、仓库联和财务联。

（2）仓库管理员应把领料单编号、领用数量、规格等信息输入计算机系统，经仓储经理复核并以电子签名方式确认后，系统自动更新材料明细台账。

（三）生产产品

生产部门在收到生产通知单及领取原材料后，据以执行生产任务。生产工人完成生产任务后，将完成的产品交生产部门查点，然后转交检验员验收并办理入库手续；或是将所完成的产品移交下一个部门，作进一步加工（计价和分摊）。

（四）核算产品成本

为了正确核算并有效控制产品成本。一方面，生产过程中的各种记录、生产通知单、领料单、计工单、入库单等文件资料都要汇集到会计部门，由会计部门对其进行检查和核对，了解和控制生产过程中存货的实物流转；另一方面，会计部门要设置相应的会计账户，会同有关部门对生产过程中的成本进行核算和控制（计价和分摊）。

对于生产产品和核算产品成本这两项主要业务活动，有些被审计单位的内部控制要求：

（1）生产成本记账员应根据原材料领料单财务联，编制原材料领用日报表，与计算机系统自动生成的生产记录日报表核对材料耗用和流转信息；由会计主管审核无误后，生成记账凭证并过账至生产成本及原材料明细账和总分类账。

（2）生产部门记录生产各环节所耗用工时数，包括人工工时数和机器工时数，并将工时信息输入生产记录日报表。

（3）每月末，由生产车间与仓库核对原材料和产成品的转出和转入记录，如有差异，仓库管理员应编制差异分析报告，经仓储经理和生产经理签字确认后交会计部门进行调整。

（4）每月末，由计算机系统对生产成本中各项组成部分进行归集，按照预设的分摊公式和方法，自动将当月发生的生产成本在完工产品和在产品之间按比例分配；同时，将完工产品成本在各不同产品类别之间分配，由此生成产品成本计算表和生产成本分配表；由生产成本记账员编制成生产成本结转凭证，经会计主管审核批准后进行账务处理。

（五）产成品入库及储存

产成品入库，须由仓库部门先行点验和检查，然后签收。签收后，将实际入库数量通知会计部门（存在、发生、完整性、计价和分摊）。

对于产成品入库和储存这项主要业务活动，有些被审计单位的内部控制要求：

（1）产成品入库时，质量检验员应检查并签发预先按顺序编号的产成品验收单，由生产小组将产成品送交仓库，仓库管理员应检查产成品验收单，并清点产成品数量，填写预先顺序编号的产成品入库单经质检经理、生产经理和仓储经理签字确认后，由仓库管理员将产成品入库单信息输入计算机系统，计算机系统自动更新产成品明细台账并与采购订购单编号核对。

（2）存货存放在安全的环境（如上锁、使用监控设备）中，只有经过授权的工作人员可以接触及处理存货。

（六）发出产成品

产成品的发出须由独立的发运部门进行。装运产成品时必须持有经有关部门核准的发运通知单，并据此编制出库单。出库单一般为一式四联：一联交仓库部门；一联由发运部门留存；一联送交客户；一联作为开发票的依据（发生、完整性、准确性）。

有些被审计单位可能涉及以下内部控制要求：

（1）产成品出库时，由仓库管理员填写预先顺序编号的出库单，并将产成品出库单信息输入计算机系统，经仓储经理复核并以电子签名方式确认后，计算机系统自动更新产成品明细台账并与发运通知单编号核对。

（2）产成品装运发出前，由运输经理独立检查出库单、销售订购单和发运通知单，确定从仓库提取的商品附有经批准的销售订购单，并且所提取商品的内容与销售订购单一致。

（3）每月末，生产成本记账员根据计算机系统内状态为"已处理"的订购单数量，编制销售成本结转凭证，结转相应的销售成本，经会计主管审核批准后进行账务处理。

（七）存货盘点

管理人员编制盘点指令，安排适当人员对存货实物（包括原材料、在产品和产成品等所有存货类别）进行定期盘点，将盘点结果与存货账面数量进行核对，调查差异并进行适当调整。

对于盘点存货这项业务活动，有些被审计单位的内部控制要求：

（1）生产部门和仓储部门在盘点日前对所有存货进行清理和归整，便于盘点顺利进行。

（2）每一组盘点人员中应包括仓储部门以外的其他部门人员，即不能由负责保管存货的人员单独负责盘点存货；安排不同的工作人员分别负责初盘和复盘。

（3）盘点表和盘点标签事先连续编号，发放给盘点人员时登记领用人员；盘点结束后回收并清点所有已使用和未使用的盘点表和盘点标签。

（4）为防止存货被遗漏或重复盘点，所有盘点过的存货贴上盘点标签，注明存货品名、数量和盘点人员，完成盘点前检查现场确认所有存货均已贴上盘点标签。

（5）将不属于本单位的代其他方保管的存货单独堆放并作标识；将盘点期间需要领用的原材料或出库的产成品分开堆放并作标识。

（6）汇总盘点结果，与存货账面数量进行比较，调查分析差异原因，并对认定的盘盈和盘亏提出账务调整，经仓储经理、生产经理、财务经理和总经理复核批准后入账。

（八）计提存货跌价准备

财务部门根据存货货龄分析表信息及相关部门提供的有关存货状况的信息，结合存货盘点过程中对存货状况的检查结果，对出现损毁、滞销、跌价等降低存货价值的情况进行分析计算，计提存货跌价准备。

对于计提存货跌价准备这项业务活动，有些被审计单位的内部控制要求：

（1）定期编制存货货龄分析表，管理人员复核该分析表，确定是否有必要对滞销存货计提存货跌价准备，并计算存货可变现净值，据此计提存货跌价准备。

（2）生产部门和仓储部门每月上报残冷背次存货明细，采购部门和销售部门每月上报原材料和产成品最新价格信息。财务部门据此分析存货跌价风险并计提跌价准备，由财务经理和总经理复核批准并入账。

第二节　生产与存货循环的重大错报风险

一、生产与存货循环可能存在的重大错报风险

对存货年末余额的测试，通常是审计中最复杂也最费时的部分。对存货存在和存货价值的评估常常十分困难。相应地，要求实施存货项目审计的注册会计师应具备较高的专业素质和相关业务知识，分配较多的审计工时，运用多种有针对性的审计程序。

注册会计师必须对被审计单位的生产与存货循环的重大错报风险有一定认识，并详细了解被审计单位有关生产与存货核算和管理的内部控制是否能预防、检查和纠正的重大错报风险，在此基础上设计并实施进一步审计程序，才能有效应对重大错报风险。

（一）存货审计复杂的主要原因

（1）存货通常是资产负债表中的一个主要项目，而且通常是构成营运资本的最大项目。

（2）存货存放于不同的地点，这使得对它的实物控制和盘点都很困难。企业必须将存货置放于便于产品生产和销售的地方，但是这种分散也带来了审计的困难。

（3）存货项目的多样性也给审计带来了困难。例如，化学制品、宝石、电子元件以及其他的高科技产品。

（4）存货的陈旧以及成本分配也使得存货的估价存在困难。

（5）不同企业采用的存货计价方法存在多样性。

（二）导致存货重大错报风险的因素

（1）交易的数量和复杂性。

制造类企业交易的数量庞大，业务复杂，这就增加了错误和舞弊的风险。

（2）成本核算的复杂性。

制造类企业的成本核算比较复杂。虽然原材料和直接人工等直接成本的归集和分配比较简单，但间接费用的分配可能较为复杂。并且，同一行业中的不同企业也可能采用不同的认定和计量基础。

（3）产品的多元化。

这可能要求请专家来验证其质量、状况或价值。另外，计算库存

存货数量的方法也可能是不同的。例如，计量煤堆、筒仓里的谷物或糖、黄金或贵重宝石、化工品和药剂产品的存储量的方法都可能不一样。

（4）某些存货项目的可变现净值难以确定。

例如价格受全球经济供求关系影响的存货，由于其可变现净值难以确定，会影响存货采购价格和销售价格的确定，并将影响注册会计师评估与存货计价和分摊认定有关的风险。

（5）将存货存放在很多地点。

大型企业可能将存货存放在很多地点，并且可以在不同的地点之间配送存货，这将增加商品途中毁损或遗失的风险，或者导致存货在两个地点被重复列示，也可能产生转移定价的错误或舞弊。

（6）寄存的存货。

有时候存货虽然还存放在企业，但可能已经不归企业所有。反之，企业的存货也可能被寄存在其他企业。

由于存货与企业各项经营活动的紧密联系，存货的重大错报风险往往与财务报表其他项目的重大错报风险紧密相关。例如，收入确认的错报风险往往与存货的错报风险共存；采购交易的错报风险与存货的错报风险共存，存货成本核算的错报风险与营业成本的错报风险共存；等等。

（三）存货重大错报风险影响的认定

（1）存货实物可能不存在（存在）；

（2）属于被审计单位的存货可能未在账面反映（完整性）；

（3）存货的所有权可能不属于被审计单位（权利和义务）；

（4）存货的单位成本可能存在计算错误（计价和分摊/准确性）；

（5）存货的账面价值可能无法实现，即跌价损失准备的计提可能不充分（计价和分摊）。

二、根据重大错报风险评估结果设计进一步审计程序

注册会计师基于生产与存货循环的重大错报风险评估结果，制定实施进一步审计程序的总体方案，包括综合性方案和实质性方案（见表13-3）。继而实施控制测试和实质性程序，以应对识别出的认定层次的重大错报风险。

表 13 – 3   **生产和存货循环的重大错报风险**

和进一步审计程序总体方案

重大错报 风险描述	相关财务报表 项目及认定	风险 程度	是否 信赖 控制	进一步审计 程序的总体 方案	拟从控制测 试中获取的 保证程度	拟从实质性 程序中获取 的保证程度
存货实物可能不 存在	存货存在	特别	是	综合性	中	高
存货单位成本可 能存在计算错误	存货计价和分 摊,营业成本准 确性	一般	是	综合性	中	低
已销售产品成本 可能没有准确结 转至营业成本	存货计价和分 摊,营业成本准 确性	一般	是	综合性	中	低
存货的账面价值 可能无法实现	存货计价和分摊	特别	否	实质性	无	高

然而,无论是采用综合性方案还是实质性方案,获取的审计证据都应当能够从认定层次应对所识别的重大错报风险,直至针对该风险所涉及的全部相关认定均已获取了足够的保证程度。我们将在接下来的章节讲解中,说明内部控制测试和实质性程序是如何通过"认定"与识别的重大错报风险相对应的。

第三节　生产与存货循环的内部控制及其测试

一、生产与存货循环的内部控制测试

当计划采用综合性方案时,注册会计师需要进行内部控制测试。下面以一般制造业为例,选取上述生产与存货循环的其中 7 个环节,说明注册会计师实施控制测试时,常见的具体控制测试流程如表 13 – 4 所示。

表 13 - 4　生产与存货循环的风险及对应的控制测试程序

环节	可能发生错报（风险）	相关认定	内部控制测试程序
1. 发出原材料	原材料的发出可能未经授权	生产成本：发生	选取领料单，检查是否有生产主管的签字授权
2. 生产产品	生产工人的人工成本可能未得到准确反应	生产成本：准确性	所有员工有专属员工代码和部门代码，员工考勤记录记入相应员工代码。检查系统中员工的部门代码设置是否与其实际职责相符。询问并检查财务经理复核工资费用分配表的过程和记录
3. 核算产品成本	生产成本和制造费用在不同产品之间、在产品和产成品之间的分配可能不正确	存货：计价和分摊营业成本：准确性	询问财务经理如何执行复核及调查。选取产品成本计算表及相关资料，检查财务经理的复核记录
4. 产成品入库及储存	已完工产品的生产成本可能没有转移到产成品中	存货：计价和分摊	询问和检查成本会计将产成品收发存报表和成本计算表进行核对的过程和记录
5. 发出产成品	销售发出的产成品可能没有准确转入营业成本	存货：计价和分摊营业成本：准确性	检查系统设置的自动结转功能是否正常运行，成本结转方式是否符合公司成本核算政策。通常，财务经理和总经理每月对毛利率进行比较分析，对异常波动进行调查和处理。询问和检查其分析的过程和记录，并对异常波动的调查和处理结果进行核实
6. 存货盘点	存货可能被盗或因材料领用/产品销售未入账而出现账实不符	存货：存在	检查仓库与会计月末和年末的盘点表，检查签名是否齐全，以及对差异结果的处理
7. 计提存货跌价准备	可能存在残次的存货，影响存货的价值	存货：计价和分摊资产减值损失：完整性	询问财务经理识别减值风险并确定减值准备的过程，检查总经理的复核批准记录

二、关键控制的选择和测试

实施控制测试时，应考虑被审计单位的实际情况进行选择和测试，不能千篇一律。一方面，被审计单位所处行业不同、规模不一、内部控制制度的设计和执行方式不同，以前期间接受审计的情况也各不相同；另一方面，受审计时间、审计成本的限制，注册会计师除了确保审计质量、审计效果外，还需要提高审计效率，尽可能地消除重复的测试程序，保证检查某一凭证时能够一次完成对该凭证的全部审计测试程序，并按最有效的顺序实施审计测试。因此，在审计实务工作中，注册会计师需要从实际出发，设计适合被审计单位具体情况的实用高效的控制测试计划。

另外，由于生产与存货循环与其他业务循环的紧密联系，生产与存货循环中某些审计程序，特别是对存货余额的审计程序，与其他相关业务循环的审计程序同时进行将更为有效。例如，原材料的采购和记录是作为采购与付款循环的一部分进行测试的，人工成本（包括直接人工成本和制造费用中的人工费用）是作为工薪循环的一部分进行测试的。因此，在对生产与存货循环的内部控制实施测试时，要考虑其他业务循环的控制测试是否与本循环相关，避免重复测试。

第四节　生产与存货循环的实质性程序

在完成控制测试之后，注册会计师基于控制测试的结果（即控制运行是否有效），确定从控制测试中已获得的审计证据及其保证程度，确定是否需要对具体审计计划中设计的实质性程序的性质、时间安排和范围作出适当调整。例如，如果控制测试的结果表明内部控制未能有效运行，注册会计师需要从实质性程序中获取更多的相关审计证据。注册会计师可以修改实质性程序的性质，如采用细节测试而非实质性分析程序、获取更多的外部证据等，或修改实质性审计程序的范围，如扩大样本规模。

在下面的介绍中，我们从风险对应的具体审计目标和相关认定的角度出发，对实务中较为常见的针对存货和营业成本的实质性程序进行阐述。这些程序可以从一个或多个认定方面应对识别的重大错报风险。

一、存货审计内容与目标

（一）存货审计内容

存货审计涉及数量和单价两个方面。

（1）针对存货数量的实质性程序主要是存货监盘［库存］，包括对第三方保管［代管］的存货实施函证等程序、对在途存货检查相关凭证和期后入库记录等。

（2）针对存货单价的实质性程序包括对购买和生产成本［价值构成］的审计程序和对存货可变现净值［价值实现］的审计程序。

（二）存货审计目标

（1）账面存货余额对应的实物是否真实存在（存在目标）；

（2）属于被审计单位的存货是否均已入账（完整性目标）；

（3）存货是否属于被审计单位（权利和义务目标）；

（4）存货单位成本的计量是否准确（计价和分摊目标）；

（5）存货的账面价值是否可以实现（计价和分摊目标）。

二、存货的一般审计程序

（1）获取年末存货余额明细表，并执行以下工作：

①复核单项存货金额的计算（单位成本×数量）和明细表的加总计算是否准确。

②将本年末存货余额与上年末存货余额进行比较，总体分析变动原因。

（2）实施实质性分析程序

存货的实质性分析程序中较常见的是对存货周转天数的实质性分析程序，过程如下：

①根据对被审计单位的经营活动、供应商、贸易条件、行业惯例和行业现状的了解，确定存货周转天数的预期值。

②根据对本期存货余额组成、实际经营情况、市场情况、存货采购情况等的了解，确定可接受的差异额。

③计算实际存货周转天数和预期周转天数之间的差异。

④通过询问管理层和相关员工，调查存在重大差异的原因，并评估差异是否表明存在重大错报风险，是否需要设计恰当的细节测试程序以识别和应对重大错报风险。

三、存货监盘

注册会计师监盘存货的目的在于获取有关存货数量和状况的审计证据。如果存货对财务报表是重要的，注册会计师应当实施相应的审计程序，对存货的存在和状况获取充分、适当的审计证据。

（一）存货监盘计划

有效的存货监盘需要制定周密、细致的计划。为了避免误解并有助于有效地实施存货监盘，注册会计师通常需要与被审计单位就存货监盘等问题达成一致意见。因此，注册会计师首先应当充分了解被审计单位存货的特点、盘存制度和存货内部控制的有效性等情况，并在获取、审阅和评价被审计单位预定的盘点程序的基础上，编制存货监盘计划，对存货监盘作出合理安排。

1. 制定存货监盘计划应考虑的相关事项

（1）与存货相关的重大错报风险。存货通常具有较高水平的重大错报风险，影响重大错报风险的因素具体包括：存货的数量和种类、成本归集的难易程度、陈旧过时的速度或易损坏程度、遭受失窃的难易程度。

（2）与存货相关的内部控制的性质。在制定存货监盘计划时，注册会计师应当了解被审计单位与存货相关的内部控制，并根据内部控制的完善程度确定进一步审计程序的性质、时间安排和范围。

（3）管理层对存货盘点是否制定了适当的程序，并下达了正确的指令。注册会计师一般需要复核或与管理层讨论其存货盘点程序。在复核或与管理层讨论其存货盘点程序时，注册会计师应当考虑下列主要因素，以评价其能否合理地确定存货的数量和状况：盘点的时间安排；存货盘点范围和场所的确定；盘点人员的分工及胜任能力；盘点前的会议及任务布置；存货的整理和排列，对毁损、陈旧、过时、残次及所有权不属于被审计单位的存货的区分；存货的计量工具和计量方法；在产品完工程度的确定方法；存放在外单位的存货的盘点安排；存货收发截止的控制；盘点期间存货移动的控制；盘点表单的设计、使用与控制；盘点结果的汇总以及盘盈或盘亏的分析、调查与处理。如果认为被审计单位的存货盘点程序存在缺陷，注册会计师应当提请被审计单位调整。

（4）存货盘点的时间安排。如果存货盘点在财务报表日以外的其他日期进行，注册会计师除实施存货监盘相关审计程序外，还应当实施其他审计程序，以获取审计证据，确定存货盘点日与财务报表日之间的存货变动是否已得到恰当的记录。

（5）被审计单位是否一贯采用永续盘存制。存货数量的盘存制度一般分为实地盘存制和永续盘存制。存货盘存制度不同，注册会计师需要作出的存货监盘安排也不同。如果被审计单位通过实地盘存制确定存货数量，则注册会计师要参加此种盘点。如果被审计单位采用永续盘存制，注册会计师应在年度中一次或多次参加盘点。

（6）存货的存放地点（包括不同存放地点的存货的重要性和重

大错报风险），以确定适当的监盘地点。如果被审计单位的存货存放在多个地点，注册会计师可以要求被审计单位提供一份完整的存货存放地点清单（包括期末库存量为零的仓库、租赁的仓库，以及第三方代被审计单位保管存货的仓库等），并考虑其完整性。

（7）是否需要专家协助。注册会计师可能不具备其他专业领域的专长与技能。在确定资产数量或资产实物状况（如矿石堆），或在收集特殊类别存货（如艺术品、稀有玉石、房地产、电子器件、工程设计等）的审计证据时，注册会计师可以考虑借助专家的力量。

2. 存货监盘计划的主要内容

（1）存货监盘的目标、范围及时间安排。

①存货监盘的主要目标包括获取被审计单位资产负债表日有关存货数量和状况以及有关管理层存货盘点程序可靠性的审计证据，检查存货数量是否真实完整，是否归属被审计单位，存货有无毁损、陈旧、过时、残次和短缺等状况。

②存货监盘范围的大小取决于存货的内容、性质以及与存货相关的内部控制的完善程度和重大错报风险的评估结果。

③存货监盘的时间，包括实地察看盘点现场的时间、观察存货盘点的时间和对已盘点存货实施检查的时间等，应当与被审计单位实施存货盘点的时间相协调。

（2）存货监盘的要点及关注的事项。

存货监盘的要点主要包括注册会计师实施存货监盘程序的方法、步骤，各个环节应注意的问题以及要解决的问题。

注册会计师需要重点关注的事项包括盘点期间的存货移动、存货的状况、存货的截止确认、存货的各个存放地点及金额等。

（3）参加存货监盘人员的分工。

注册会计师应当根据被审计单位参加存货盘点人员分工、分组情况、存货监盘工作量的大小和人员素质情况，确定参加存货监盘的人员组成以及各组成人员的职责和具体的分工情况，并加强督导。

（4）检查存货的范围。

注册会计师应当根据对被审计单位存货盘点和对被审计单位内部控制的评价结果确定检查存货的范围。在实施观察程序后，如果认为被审计单位内部控制设计良好且得到有效实施，存货盘点组织良好，可以相应缩小实施检查程序的范围。

（二）存货监盘程序

1. 评价管理层用以记录和控制存货盘点结果的指令和程序

注册会计师需要考虑这些指令和程序是否包括下列方面：

（1）适当控制活动的运用，例如，收集已使用的存货盘点记录，清点未使用的存货盘点表单，实施盘点和复盘程序；

（2）准确认定在产品的完工程度，流动缓慢（呆滞）、过时或毁损的存货项目，以及第三方拥有的存货（如寄存货物）；

（3）在适用的情况下用于估计存货数量的方法，如可能需要估计煤堆的重量；

（4）对存货在不同存放地点之间的移动以及截止日前后出入库的控制。

2. 观察管理层制定的盘点程序的执行情况

例如，对存货盘点时及其前后的存货移动的控制程序的观察，有助于注册会计师获取有关管理层指令和程序是否得到适当设计和执行的审计证据；尽管盘点存货时最好能保持存货不发生移动，但在某些情况下存货的移动是难以避免的；如果在盘点过程中被审计单位的生产经营仍将持续进行，注册会计师应通过实施必要的检查程序，确定被审计单位是否已经对此设置了相应的控制程序，确保在适当的期间内对存货作出了准确记录；获取有关截止性信息（如存货移动的具体情况）的复印件，有助于日后对存货移动的会计处理实施审计程序。

（1）注册会计师一般应当获取盘点日前后存货收发及移动的凭证，检查库存记录与会计记录期末截止是否正确。

（2）在存货入库和装运过程中采用连续编号的凭证时，注册会计师应当关注盘点日前的最后编号。

（3）如果被审计单位使用运货车厢或拖车进行存储、运输或验收入库，注册会计师应当详细列出存货场地上满载和空载的车厢或拖车，并记录各自的存货状况。

3. 检查存货

在监盘中检查存货不一定确定存货的所有权，但有助于确定存货的存在，以及识别过时、毁损或陈旧的存货。应把所有过时、毁损或陈旧存货的详细情况记录下来。这既便于进一步追查这些存货的处置情况，也能为测试被审计单位存货跌价资金准备计提的准确性提供证据。

4. 执行抽盘

（1）抽查方向：注册会计师可以从存货盘点记录中选取项目追查至存货实物，以及从存货实物中选取项目追查至盘点记录，以获取有关盘点记录准确性和完整性的审计证据。

（2）抽查范围：尽量避免让被审计单位事先了解抽盘的存货项目。

（3）处理差异：因检查的存货通常仅是已盘点存货的一部分，所以在检查中发现的错误很可能意味着被审计单位的存货盘点还存在其他错误。一方面，注册会计师应查明原因，及时提请被审计单位更正；另一方面，注册会计师应考虑错误的潜在范围和重大程度，在可能的情况下，扩大检查范围以减少错误的发生。

5. 需要特别关注的情况

（1）存货盘点范围。

在盘点存货前，注册会计师应当观察盘点现场，确定应纳入盘点范围的存货是否已经适当整理和排列，并附有盘点标识，防止遗漏或重复盘点。对未纳入盘点范围的存货，注册会计师应当查明未纳入的原因。

（2）所有权不属于被审计单位的存货。

对所有权不属于被审计单位的存货，应取得其规格、数量等有关资料，观察这些存货实际存放情况，确定是否已单独存放、标明，且未被纳入盘点范围。

即使被审计单位声明不存在受托代存存货，注册会计师在存货监盘时也应当关注是否存在某些存货不属于被审计单位的迹象，以避免盘点范围不当。

（3）对特殊类型存货的监盘。

在审计实务中，应当根据被审计单位所处行业的特点、存货的类别和特点以及内部控制等具体情况，并在通用的存货监盘程序基础上，设计关于特殊类型存货监盘的具体审计程序（见表 13 - 5）。

表 13 - 5　　　　　　　特殊类型存货监盘程序

存货类型	盘点方法与潜在问题	可供实施的审计程序
木材 钢筋盘条 管子	通常无标签，但在盘点时会做上标记或用粉笔标识。 难以确定存货的数量或等级	检查标记或标识。 利用专家或被审计内部有经验人员的工作
堆积型存货（如糖、煤、钢废料）	通常既无标签也不做标记。在估计存货数量时存在困难	运用工程估测、几何计算、高空勘测，并依赖详细的存货记录
使用磅秤测量的存货	在估计存货数量时存在困难	在监盘前和监盘过程中均应检验磅秤的精准度，并留意磅秤的位置移动与重新调校程序。将检查和重新称量程序相结合。检查称量尺度的换算问题
散装物品（如贮窖存货、使用桶、箱、罐、槽等容器储存的液体、气体、谷类粮食、流体存货等）	在盘点时通常难以识别和确定。 在估计存货数量时存在困难。 在确定存货质量时存在困难	使用容器进行监盘或通过预先编号的清单列表加以确定。使用浸蘸、测量棒、工程报告以及依赖永续存货记录；选择样品进行化验与分析，或利用专家的工作

续表

存货类型	盘点方法与潜在问题	可供实施的审计程序
贵金属、石器 艺术品、收藏品	在存货辨认与质量确定方面存在困难	选择样品进行化验与分析，或利用专家的工作
生产纸浆用木材 牲畜	在存货辨认与数量确定方面存在困难。 可能无法对此类存货的移动实施控制	通过高空摄影以确定其存在性，对不同时点的数量进行比较，并依赖永续存货记录

6. 存货监盘结束时的工作

存货盘点结束前，注册会计师应当：

（1）再次观察盘点现场，以确定所有应纳入盘点范围的存货是否均已盘点。

（2）取得并检查已填用、作废及未使用盘点表单的号码记录，确定其是否连续编号，查明已发放的表单是否均已收回，并与存货盘点的汇总记录进行核对。

（3）如果存货盘点日不是资产负债表日，注册会计师应当实施适当的审计程序，确定盘点日与资产负债表日之间存货的变动是否已得到恰当的记录。

注册会计师可以实施的程序示例包括：

（1）比较盘点日和财务报表日之间的存货信息以识别异常项目，并对其执行适当的审计程序（例如实地查看等）；

（2）对存货周转率或存货销售周转天数等实施实质性分析程序；

（3）对盘点日至财务报表日之间的存货采购和存货销售分别实施双向检查（例如，对存货采购从入库单查至其相应的永续盘存记录及从永续盘存记录查至其相应的入库单等支持性文件，对存货销售从货运单据查至其相应的永续盘存记录及从永续盘存记录查至其相应的货运单据等支持性文件）；

（4）测试存货销售和采购在盘点日和财务报表日的截止是否正确。

7. 特殊情况的处理

（1）存货盘点日不是资产负债表日。

注册会计师应当实施适当的审计程序，确定盘点日与资产负债表日之间存货的变动是否已得到恰当的记录。注册会计师可以实施的程序包括：

①比较盘点日和财务报表日之间的存货信息以识别异常项目，并对其执行适当的审计程序；

②对存货周转率或存货销售周转天数等实施实质性分析程序；

③对盘点日至财务报表日之间的存货采购和存货销售分别实施双向检查；

④测试存货销售和采购在盘点日和财务报表日的截止是否正确。

（2）在存货盘点现场实施存货监盘不可行。

如现场监盘存货不可行，应实施替代审计程序，以获取有关存货的存在和状况的充分、适当的审计证据，如检查盘点日后出售盘点日之前取得或购买的特定存货的文件记录。如无法实施替代程序或替代程序不可行，考虑按规定发表非无保留意见。

（3）因不可预见的情况导致无法实施现场监盘。

如因不可预见情况无法在存货盘点现场实施监盘，注册会计师应当另择日期监盘；并对间隔期内的交易实施审计程序。

（4）由第三方保管或控制的存货。

如果由第三方保管或控制的存货对财务报表是重要的，应实施下列一项或两项审计程序，以获取该存货存在和状况的充分、适当的审计证据：

①有被审计单位存货的第三方函证存货的数量和状况。

②实施检查或其他适合具体情况的审计程序。

其他审计程序包括：

a）实施或安排其他注册会计师实施对第三方的存货监盘；

b）获取其他注册会计师或服务机构注册会计师针对用以保证存货得到恰当盘点和保管的内部控制的适当性而出具的报告；

c）检查与第三方持有的存货相关的文件记录，如仓储单；

d）当存货被作为抵押品时，要求其他机构或人员进行确认；

e）考虑由第三方保管存货的商业理由的合理性，检查被审计单位和第三方所签署的存货保管协议的相关条款、复核被审计单位调查及评价第三方工作的程序等。

四、存货计价测试

存货监盘程序主要是对存货的数量进行测试。为验证财务报表上存货余额的真实性，还应当对存货的计价进行审计。

存货计价测试包括单位成本与跌价准备两个方面。

（一）存货单位成本测试

1. 原材料的单位成本测试

注册会计师通常基于企业的原材料计价方法（如先进先出法、加权平均法等），结合原材料的历史购买成本，测试其账面成本是否准确。测试程序包括核对原材料采购的相关凭证（主要是与价格相关的凭证，如合同、采购订单、发票等）以及验证原材料计价方法的运用是否正确。

2. 产成品和在产品的单位成本测试

针对产成品和在产品的单位成本，注册会计师需要对成本核算过程实施测试，包括测试直接材料成本、直接人工成本、制造费用和生产成本、在当期完工产品与在产品之间分配这四项内容。

（1）直接材料成本测试。

对采用定额单耗的企业，可选择某一成本报告期若干种具有代表性的产品成本计算单，获取样本的生产指令或产量统计记录及其直接材料单位消耗定额，根据材料明细账或采购业务测试工作底稿中各项直接材料的单位实际成本，计算直接材料的总消耗量和总成本，与该样本成本计算单中的直接材料成本进行核对。

对未采用定额单耗的企业，可获取材料费用分配汇总表、材料发出汇总表（或领料单）、材料明细账（或采购业务测试工作底稿）中各项直接材料的单位成本，作如下检查：成本计算单中直接材料成本与材料费用分配汇总表中该产品负担的直接材料费用是否相符，分配标准是否合理；将抽取的材料发出汇总表或领料单中若干种直接材料的发出总量和各该种材料的实际单位成本之积，与材料费用分配汇总表中各该种材料费用进行比较。

对采用标准成本法的企业，获取样本的生产指令或产量统计记录、直接材料单位标准用量、直接材料标准单价及发出材料汇总表或领料单，检查下列事项：根据生产量、直接材料单位标准用量和标准单价计算的标准成本与成本计算单中的直接材料成本核对是否相符；直接材料成本差异的计算与账务处理是否正确。

（2）直接人工成本测试。

对采用计时工资制的企业，获取样本的实际工时统计记录、员工分类表和员工工薪手册（工资率）及人工费用分配汇总表，作如下检查：成本计算单中直接人工成本与人工费用分配汇总表中该样本的直接人工费用核对是否相符；样本的实际工时统计记录与人工费用分配汇总表中该样本的实际工时核对是否相符；抽取生产部门若干天的工时台账与实际工时统计记录核对是否相符；当没有实际工时统计记录时，则可根据员工分类表及员工工薪手册中的工资率，计算复核人工费用分配汇总表中该样本的直接人工费用是否合理。

对采用计件工资制的企业，获取样本的产量统计报告、个人（小组）产量记录和经批准的单位工薪标准或计件工资制度，检查下列事项：根据样本的统计产量和单位工薪标准计算的人工费用与成本计算单中直接人工成本核对是否相符；抽取若干个直接人工（小组）的产量记录，检查是否被汇总计入产量统计报告。

对采用标准成本法的企业，获取样本的生产指令或产量统计报告、工时统计报告和经批准的单位标准工时、标准工时工资率、直接人工的工薪汇总表等资料，检查下列事项：根据产量和单位标准工时计算的标准工时总量与标准工时工资率之积同成本计算单中直接人工成本核对是否相符；直接人工成本差异的计算与账务处理是否正确，并注意直接人工的标准成本在当年内有无重大变更。

（3）制造费用测试。

获取样本的制造费用分配汇总表、按项目分列的制造费用明细账与制造费用分配标准有关的统计报告及其相关原始记录，作如下检查：制造费用分配汇总表中，样本分担的制造费用与成本计算单中的制造费用核对是否相符；制造费用分配汇总表的合计数与样本所属成本报告期的制造费用明细账总计数核对是否相符；制造费用分配汇总表选择的分配标准（机器工时数、直接人工工资、直接人工工时数、产量等）与相关的统计报告或原始记录核对是否相符，并对费用分配标准的合理性作出评估；如果企业采用预计费用分配率分配制造费用，则应针对制造费用分配过多或过少的差额，检查其是否作了适当的账务处理；如果企业采用标准成本法，则应检查样本中标准制造费用的确定是否合理，计入成本计算单的数额是否正确，制造费用差异的计算与账务处理是否正确，并注意标准制造费用在当年度内有无重大变更。

（4）生产成本在当期完工产品与在产品之间分配的测试。

检查成本计算单中在产品数量与生产统计报告或在产品盘存表中的数量是否一致；检查在产品约当产量计算或其他分配标准是否合理；计算复核样本的总成本和单位成本。

（二）存货跌价损失准备的测试

注册会计师应充分关注管理层对存货可变现净值的确定及存货跌价准备的计提。

1. 识别需要计提跌价损失准备的存货项目

（1）注册会计师可以通过询问管理层和相关部门员工，了解被审计单位如何收集有关滞销、过时、陈旧、毁损、残次存货的信息，并为之计提必要的跌价损失准备。

（2）如果被审计单位编制存货货龄分析表，可以通过审阅分析表识别滞销或陈旧的存货。

（3）注册会计师还要结合存货监盘过程中检查存货状况而获取的信息，以判断被审计单位的存货跌价损失准备计算表是否有遗漏。

2. 检查可变现净值的计量是否合理

在存货计价审计中，由于被审计单位对期末存货采用成本与可变现净值孰低的方法计价，所以注册会计师应充分关注其对存货可变现净值的确定及存货跌价准备的计提。

可变现净值是指企业在日常活动中，存货的估计售价减去至完工时估计将要发生的成本、估计的销售费用以及相关税费后的金额。企业确定存货的可变现净值，应当以取得的确凿证据为基础，并且考虑持有存货的目的以及资产负债表日后事项的影响等因素。

13.1 拓展阅读1

【本章小结】

生产与存货循环审计是财务报表审计中的重要组成部分。它涵盖了企业从生产到存货管理，再到销售的全流程，涉及诸多关键环节，包括原材料采购、生产成本核算、存货管理以及产品销售等多个业务活动。这些环节的复杂性和互相依存性使其成为审计中高风险领域之一。本章先从生产与存货循环的特点入手，分析了该循环中的关键控制点和常见问题。进一步阐述了生产与存货循环的控制测试和实质性程序。控制测试旨在验证企业内部控制的有效性，重点关注存货管理的授权批准程序、成本核算的规范性以及会计记录的准确性。通过对领发料凭证、生产成本核算表等关键凭证的检查，审计人员可以评估企业在生产和存货管理中的控制水平。实质性程序则包括存货监盘、存货计价测试等，旨在通过直接的审计证据验证存货的真实性、完整性和计价合理性。

13.2 拓展阅读2

13.3 课程思政

此外，本章通过案例分析展示了存货造假的复杂性和隐蔽性，例如账外库房的设置、存货虚增等常见舞弊手段。这些案例为审计人员提供了实践参考，提醒其在审计过程中保持职业怀疑，充分利用技术手段，追踪异常交易和存货流转记录。通过学习本章内容，读者不仅可以掌握生产与存货循环审计的基本理论和方法，还能够通过实际案例理解审计工作的重点和难点，为解决实际审计问题提供理论支持和实践指导。

【本章重要术语】

13.4 专业术语
解释

1. 生产通知单　　　　　　　2. 领料单
3. 产成品入库单　　　　　　4. 存货盘点
5. 存货跌价准备　　　　　　6. 永续盘存制
7. 实地盘存制　　　　　　　8. 可变现净值
9. 计价测试　　　　　　　　10. 存货监盘

【复习与思考】

13.5 复习与思考答案

1. 生产与存货循环中存在哪些主要风险？
2. 审计师在生产与存货循环审计中应关注哪些关键控制点？
3. 审计师在生产与存货循环审计中可以采取哪些实质性程序？

第十四章
货币资金审计

【学习目标】

1. 精确描述货币资金循环的关键控制点及内部控制要素。
2. 独立识别并评估货币资金循环中的重大错报风险。
3. 制定并执行货币资金循环的审计目标和进一步审计程序。
4. 培养细致严谨的工作态度，确保审计过程中的准确性。
5. 维持职业道德，保持审计工作的独立性和客观性。

【本章知识逻辑结构图】

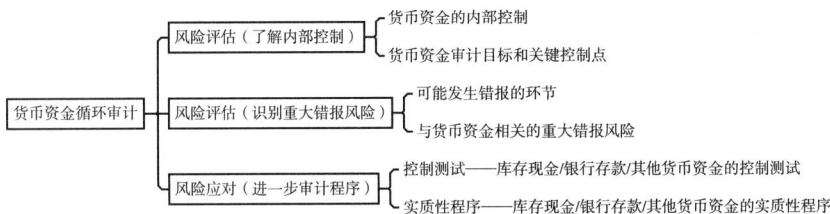

【引导案例】

150 亿元现金去哪里了？

一家手握 150 亿元巨额现金的公司，竟然偿还不起 15 亿元的短期债务！案例追溯到 2019 年 1 月 16 日，深交所发来的问询函。

康得新复合材料集团有限公司（以下简称"康得新"）因其财务状况而受到广泛关注。尽管公司账面显示拥有 150 亿元的巨额现金，但令人震惊的是，公司却无法偿还 15 亿元的短期债务。这一异常现象引起了深圳证券交易所的注意，并向康得新发出问询函，要求公司解释其资金状况。

随着康得新回函的公开，康得投资集团与北京银行西单支行的《现金管理合作协议》浮出水面。根据协议，康得新的控股股东康得投资集团能够实时从康得新的账户中划走资金，这导致康得新账面上122亿元的现金被控股股东占用，实际上公司已无可支配的资金。北京银行的函证回复显示，康得新的银行账户余额为0，而该账户参与了联动账户业务，银行归集金额达122.1亿元。

该事件揭示了康得新在资金管理上的严重问题。尽管集团公司对资金进行集中管理本身并无不妥，但康得新的账户作为子账户被纳入控股股东的资金池中，导致其失去了对自身资金的控制权。这种做法违反了《上市公司治理准则》，该准则要求控股股东与上市公司之间实行财务独立和分开核算。

2019年4月29日，瑞华会计师事务所对康得新2018年度财务报表出具了无法表示意见的审计报告。这一意见与之前几年（2015～2017年）瑞华出具的无保留意见形成鲜明对比。面对公众的质疑，瑞华表示，已对康得新的重大风险项目执行了应有的审计程序，并根据获取的审计证据出具了审计报告。

然而，货币资金的审计通常被认为难以造假，但在康得新的案例中，却出现了122亿元的资金缺口；问题出在了哪里？为何注册会计师没能发现其中的问题？在对货币资金的审计过程中，又应注意哪些问题呢？接下来，货币资金循环审计的内容将为大家揭晓答案。

案例来源：胡明霞，马茜群，乔茜. 基于舞弊三角理论的康得新舞弊案探析［J］. 财务与会计，2020（6）：58-61.

第一节　货币资金审计概述

企业资金营运过程，从资金流入企业形成货币资金开始，到通过销售收回货币资金、成本补偿确定利润、部分资金流出企业为止。企业资金的不断循环，构成企业资金的周转。因货币资金与其他各业务循环都有关系，在企业中具有非常重要的地位，有专人或者专门的部门管理货币资金，相关的财务和内控都较详尽，因此货币资金的审计作为一个独立的循环开展。

货币资金审计的逻辑与前三章一样，按照循环法，先进行了解货币资金循环的内部控制，在了解的过程中识别和评估货币资金的重大错报风险，针对识别出的重大错报风险设计并实施进一步审计程序，即控制测试和实质性程序。

一、了解货币资金的内部控制

货币资金循环——了解内部控制

被审计单位：北京××休闲用品有限公司	编　制：	日　期：	索引号：　**ZJL-0**
会计期间：2020.01.01-2020.12.31	复　核：	日　期：	页　次：　1

了解本循环内部控制的工作包括：

1、了解被审计单位货币资金循环与财务报告相关的业务流程，并记录获得的了解。

2、通过了解本循环业务流程，识别本循环中存在的风险，评估风险等级，并将风险关联到相关认定。

3、编制本循环控制矩阵，并将控制关联到相关认定。

4、执行穿行测试，证实对交易流程和相关控制的了解，并确定相关控制是否得到执行。

5、根据识别到的风险确定拟采取的审计应对措施。

了解本循环内部控制，形成下列审计工作底稿

1、ZJL-1：了解内部控制汇总表

2、ZJL-2：了解业务流程

3、ZJL-3：风险评估

4、ZJL-4：控制矩阵

5、ZJL-5：穿行测试

6、ZJL-6：审计应对措施

（一）岗位分工及授权批准

1. 职责分离

（1）不得由一人办理货币资金业务的全过程；

（2）出纳员不得兼任：

编制银行存款余额调节表等稽核工作；会计档案保管工作；

收入、支出、费用、债权债务的账目登记工作。

2. 流程办理

（1）支付申请：向审批人提交货币资金支付申请，注明款项的用途、金额、预算、支付方式等内容；

（2）支付审批：根据职责和权限进行审批；

（3）支付复核：复核无误后，交由出纳人员办理支付手续；

（4）办理支付：出纳人员办理支付并及时登记库存现金和银行存款日记账。

（二）现金和银行存款的管理

应根据《现金管理暂行条例》的规定，结合实际情况做到以下八点要求：

（1）超过库存限额的现金应及时存入银行。

（2）不属于现金开支范围的业务应当通过银行办理转账结算。

（3）不得坐支现金。因特殊情况需坐支现金的，应事先报经开户银行审查批准并核定。

（4）不得随意开立银行账户，禁止企业内设管理部门自行开立银行账户。不得私设"小金库"，不得账外设账，严禁收款不入账。

（5）不准签发没有资金保证的票据或远期支票；不准签发、取得和转让没有真实交易和债权债务的票据。

（6）指定专人定期核对银行账户（每月至少核对一次），编制银行存款余额调节表。出纳人员一般不得同时从事银行对账单的获取、银行存款余额调节表的编制工作。

（7）实行网上交易、电子支付等方式办理资金支付业务的企业，操作人员应当根据操作授权和密码进行规范操作，不应因支付方式的改变而随意简化、变更所必需的授权审批程序，应当配备专人加强对交易和支付行为的审核。

（8）定期和不定期地进行现金盘点，确保现金账面余额与实际库存相符。

（三）票据及印章管理

（1）企业应当明确各种票据的购买、保管、领用、背书转让、注销等环节的职责权限和程序，并专设登记簿进行记录，防止空白票据的遗失和被盗用。作废的票据应按规定予以保存。对超过保管期限、可以销毁的票据，在履行审核手续后销毁，但应建立销毁清册并由授权人员监销。

（2）企业应当加强银行预留印鉴的管理。财务专用章由专人保管，个人名章必须由本人或其授权人员保管。严禁一人保管支付款项所需的全部印章。

（四）监督检查

（1）企业应建立对货币资金业务的监督检查制度，明确监督检查机构或人员的职责权限，定期和不定期地进行检查。

（2）货币资金监督检查的内容主要包括：

①货币资金业务相关岗位及人员的设置情况（不相容岗位职责未分离的现象）。

②货币资金授权审批制度执行情况（支出授权批准手续是否健全，是否存在越权审批行为）。

③支付款项印章的保管情况（办理付款业务所需的全部印章交由一人保管的现象）。

④票据的保管情况（票据的购买、领用、保管手续是否健全、票据保管是否存在漏洞）。

（3）对监督检查过程中发现的货币资金内部控制中的薄弱环节，应当及时采取措施，加以纠正和完善。

二、货币资金审计目标和关键控制点

（一）审计目标

（1）确定被审计单位货币资金在资产负债表日是否真实存在（存在认定）；

（2）是否为被审计单位所拥有或控制（权利与义务认定）；

（3）确定被审计单位所有应当记录的货币资金收支业务是否均已记录完毕（完整性认定）；

（4）确定货币资金以恰当的金额包括在财务报表中，与之相关的计价调整已恰当记录（准确性、计价与分摊认定）；

（5）确定货币资金是否已按照企业会计准则的规定在财务报表中作出恰当列报（列报认定）。

（二）关键控制点

（1）应当关注被审计单位的货币资金内部控制是否遵循了基本原则。如，货币资金业务的授权者、审核者、记录者、执行者、保管者是否相互分离；办理货币资金相关的业务是否经过适当的授权审批程序。

（2）应当关注货币资金的保管情况。如，库存现金的保管和使用范围以及票据和印鉴管理是否符合相关规定。

（3）应当关注货币资金盘点清查控制和银行存款核对控制。

第二节　货币资金的重大错报风险

一、可能发生错报的环节

货币资金可能发生错报的环节及相关财务报表认定如表 14-1 所示。

表 14 – 1   货币资金可能发生错报的环节及相关财务报表认定

货币资金发生错报环节	财务报表认定				
	存在	完整性	权利和义务	计价和分摊	与列报和披露相关的认定
被审计单位资产负债表的货币资金项目中的库存现金和银行存款在资产负债表日不存在	√				
被审计单位所有应当记录的现金收支业务和银行存款收支业务未得到完整记录,存在遗漏		√			
被审计单位的现金收款通过舞弊手段侵占		√			
记录的库存现金和银行存款不是为被审计单位所拥有或控制			√		
库存现金和银行存款的金额未被恰当地包括在财务报表的货币资金项目中,与之相关的计价调整未得到恰当记录				√	
库存现金和银行存款未按照企业会计准则的规定在财务报表中作出恰当列报					√

1. 库存现金内部控制的重点检查内容

(1) 库存现金的收支是否按规定的程序和权限办理。

(2) 是否存在与被审计单位经营无关的款项收支情况。

(3) 出纳与会计的职责是否严格分离。

(4) 库存现金是否妥善保管,是否定期盘点、核对,等等。

2. 银行存款内部控制的重点检查内容

对于支票报销和现金报销,应建立报销制度。

报销人员报销时应当有正常的报批手续、适当的付款凭据,有关采购支出还应具有验收手续。

会计部门应对报销单据加以审核,出纳员见到加盖核准戳记的支出凭据后方可付款。

二、与货币资金相关的重大错报风险

(一) 认定层次的重大错报风险的可能情形

(1) 虚假的余额或交易导致银行存款余额的存在性或交易的发生存在重大错报风险。

（2）因未采用正确的折算汇率导致外币交易计价错误（计价和分摊、准确性）。

（3）期末银行存款收支存在大额的截止性错误（截止）。如，银付企未付、企收银未收等。

（4）未按规定对货币资金作出恰当披露。例如，未披露限制使用的大额银行存款。

（二）货币资金审计中需要保持警觉的主要情形

（1）被审计单位的现金交易比例较高，并与其所在的行业常用的结算模式不同；

（2）库存现金规模明显超过业务周转所需资金；

（3）银行账户开立数量与企业实际的业务规模不匹配；

（4）在没有经营业务的地区开立银行账户；

（5）企业资金存放于管理层或员工个人账户；

（6）货币资金收支金额与现金流量表不匹配；

（7）不能提供银行对账单或银行存款余额调节表；

（8）存在长期或大量银行未达账项；

（9）银行存款明细账存在非正常转账的"一借一贷"；

（10）违反货币资金存放和使用规定（如上市公司未经批准开立账户转移募集资金，或未经许可将募集资金转作其他用途等）；

（11）存在大额外币收付记录，而被审计单位并不涉足外贸业务；

（12）被审计单位以各种理由不配合注册会计师实施银行函证；

（13）需要保持警觉的其他事项或情形：

①存在没有具体业务支持或与交易不相匹配的大额资金往来；

②长期挂账的大额预付款项；

③存在大额自有资金的同时，向银行高额举债；

④付款方账户名称与销售客户名称不一致、收款方账户名称与供应商名称不一致；

⑤开具的银行承兑汇票没有银行承兑协议支持；

⑥银行承兑票据保证金余额与应付票据余额比例不合理。

第三节　货币资金的控制测试

一、库存现金的控制测试

库存现金主要控制偏差包括：

（1）现金付款没有严格的审批和复核，相关人员没有严格对付款业务的真实性、付款金额是否准确、后附票据是否齐备进行审核；

（2）库存现金的管理不严格，如当日收入现金不能及时送存银行；

（3）库存现金保管制度不够完善，没有进行必要的定期盘点、核对等。

主要控制测试环节如表14-2所示。

表14-2 库存现金主要控制测试环节

环节	关键内部控制	内部控制测试程序
现金付款的审批和复核	1. 部门经理审批本部门的付款申请，在复核无误后签字认可。 2. 财务经理再次复核经审批的付款申请及后附相关凭据或证明，如核对一致，进行签字认可并安排付款	1. 询问部门经理和财务经理其在日常现金付款业务中执行的内部控制。 2. 观察财务经理复核付款申请的过程，是否核对了付款申请的用途、金额及后附相关凭据，以及在核对无误后是否进行了签字确认。 3. 重新核对经审批及复核的付款申请及其相关凭据，并检查是否经签字确认
现金盘点	1. 会计主管指定应付账款会计每月末对库存现金进行盘点，编制库存现金盘点表，将盘点余额与现金日记账余额进行核对，并对差异调节项进行说明。 2. 会计主管复核库存现金盘点表，如差异金额超过2万元，需查明原因并报财务经理批准后进行财务处理	1. 观察现金盘点程序是否按照盘点计划的指令和程序执行。 2. 检查是否编制了现金盘点表，并根据内控要求经财务部门相关人员签字复核。 3. 针对调节差异金额超过2万元的调节项，检查是否经财务经理批准后进行财务处理

二、银行存款的控制测试

银行存款主要控制偏差包括：

（1）银行存款收支与记账的岗位没有分离；

（2）存在银行存款收支没有合理、合法的凭据的情况；

（3）全部的收支不能够及时准确入账，全部支出的核准手续不齐全；

（4）未能按时编制银行存款余额调节表，银行存款余额调节表存在账实不相符。

主要控制测试环节如表14-3所示。

表 14-3　　　　　　　　　银行存款主要控制测试环节

环节	关键内部控制	内部控制测试程序
银行付款的审批和复核	1. 部门经理审批本部门的付款申请，审核付款业务是否真实发生、付款金额是否准确，以及后附票据是否齐备，并在复核无误后签字认可。 2. 财务部门在安排付款前，财务经理再次复核审批的付款申请及后附相关凭据或证明	1. 询问相关业务部门的部门经理和财务经理在日常银行付款业务中执行的内部控制，以确定是否与被审计单位内部控制政策要求保持一致。 2. 观察财务经理复核付款申请的过程，是否核对了付款申请的用途、金额及后附相关凭证，以及在核对无误后是否进行了签字确认。 3. 重新核对经审批及复核的付款申请相关凭据，并检查是否经过签字确认
银行账户的开立、变更和注销	会计主管根据被审计单位的实际业务需要就银行账户的开立、变更和注销提出申请，经财务经理审核后报总经理审批	1. 询问会计主管被审计单位本年开户、变更、撤销的整体情况。 2. 取得本年度账户开立、变更、撤销申请项目清单，检查是否已经财务经理和总经理审批
编制银行存款余额调节表	1. 会计主管指定应收账款会计核对银行存款日记账和银行对账单，编制银行存款余额调节表，如存在差异项，查明原因并进行差异调节说明。 2. 会计主管复核银行存款余额调节表，对需要进行调整的调节项目及时进行处理，并签字确认	1. 询问应收账款会计和会计主管银行款余额调节表的编制和复核过程。 2. 检查银行存款余额调节表。 3. 针对调节项目，检查是否经会计主管的签字复核。 4. 针对大额未达账项进行期后收付款的检查

第四节　货币资金的实质性程序

审计人员在进行货币资金的实质性程序时，应获取或编制货币资金导引表，核对"库存现金""银行存款""其他货币资金"账户，验证其余额是否与货币资金明细账和总账的余额相符；如不相符，应查明原因，并作记录和相应的调整。

一、库存现金实质性程序

根据重大错报风险的评估和从控制测试（如实施）中所获取的审计证据和保证程度，注册会计师就库存现金实施的实质性程序可能包括：

（1）核对库存现金日记账金额与总账金额是否相符，检查非记账本位币库存现金的折算汇率及折算金额是否正确。

这是注册会计师测试现金余额的起点；如果不相符，应查明原因，必要时应建议作出适当调整。

（2）监盘库存现金。

①目标。

第一，对被审计单位现金盘点实施的监盘程序是用作控制测试还是实质性程序，取决于注册会计师对风险评估结果、审计方案和实施的特定程序的判断。

第二，如果注册会计师可能基于风险评估的结果判断无须对现金盘点实施控制测试，仅实施实质性程序。

②监盘范围。

企业盘点库存现金，通常包括对已收到但未存入银行的现金、零用金、找换金等的盘点。监盘范围一般包括被审计单位各部门经管的所有现金。

③监盘人员。

盘点库存现金的时间和人员应视被审计单位的具体情况而定，但现金出纳员和被审计单位会计主管人员必须参加，并由注册会计师进行监盘。

④监盘时间。

第一，查看被审计单位制定的监盘计划，以确定监盘时间。对库存现金的监盘最好实施突击性的检查，时间最好选择在上午上班前或下午下班时。

第二，如被审计单位库存现金存放部门有两处或两处以上的，应同时进行盘点。

⑤现金监盘程序。

查阅库存现金日记账并同时与现金收付凭证相核对；

检查被审计单位现金实存数，并将该监盘金额与库存现金日记账余额进行核对，如有差异，应要求被审计单位查明原因，必要时应提请被审计单位作出调整；

在非资产负债表日进行监盘时，应将监盘金额调整至资产负债表日的金额，并对变动情况实施程序。

由出纳员盘点，由注册会计师编制"库存现金监盘表"。

二、银行存款实质性程序

1. 对银行账户的完整性执行审计程序

如果对被审计单位银行账户的完整性存有疑虑，注册会计师可以考虑额外实施以下实质性程序：

（1）注册会计师亲自到中国人民银行或基本存款账户开户行查

询并打印《已开立银行结算账户清单》，以确认被审计单位账面记录的银行人民币结算账户是否完整。

（2）结合其他相关细节测试，关注原始单据中被审计单位的收（付）款银行账户是否包含在注册会计师已获取的开立银行账户清单内。

2. 实施实质性分析程序

计算银行存款累计余额应收利息收入，分析比较被审计单位银行存款应收利息收入与实际利息收入的差异是否恰当。

3. 检查银行存款账户发生额

（1）分析不同账户发生银行日记账漏记银行交易的可能性，获取相关账户相关期间的全部银行对账单。

（2）如对银行对账单真实性存疑，可在被审计单位协助下亲自到银行获取银行对账单，并全程关注银行对账单的打印过程。

（3）从银行对账单选取交易的样本与银行日记账记录核对［针对完整性］；从银行存款日记账选取样本，核对至银行对账单［针对存在］。

（4）浏览银行对账单，选取大额异常交易，如银行对账单上有一收一付相同金额，或分次转出相同金额等，检查银行存款日记账上有无该项收付金额记录。

4. 取得并检查银行对账单和银行存款余额调节表

（1）取得并检查银行对账单。

①取得被审计单位加盖银行印章的银行对账单，对对账单的真实性保持警觉，必要时亲自到银行获取对账单，并对获取过程保持控制；

②将获取的银行对账单余额与银行日记账余额进行核对，如存在差异，获取银行存款余额调节表；

③将被审计单位资产负债表日的银行对账单与银行询证函回函核对，确认是否一致。

（2）取得并检查银行存款余额调节表。

①检查调节表中加计数是否正确，调节后银行日记账与银行对账单余额是否一致。

②检查调节事项：

对于企业已收付、银行尚未入账的事项，检查相关收付款凭证，并取得期后银行对账单，确认未达账项是否存在，银行是否已于期后入账；

对于银行已收付、企业尚未入账的事项，检查期后企业入账的收付款凭证，确认未达账项是否存在。

③特别关注银付企未付、企付银未付中支付异常的领款事项，包

括没有载明收款人、签字不全等支付事项，确认是否存在舞弊。

④关注长期未达账项，查看是否存在挪用资金等事项。

5. 函证银行存款余额

（1）通过向往来银行函证，注册会计师不仅可了解企业资产的存在，还可了解企业账面反映所欠银行债务的情况，并有助于发现企业未入账的银行借款和未披露的或有负债。

（2）在实施银行函证时，注册会计师需要以被审计单位名义向银行发函询证，以验证被审计单位的银行存款是否真实、合法、完整。

6. 其他实质性程序

（1）检查银行存款账户存款人是否为被审计单位，若存款人非被审计单位，应获取该账户户主和被审计单位的书面声明，确认资产负债表日是否需要提请被审计单位进行调整。

（2）关注是否存在质押、冻结等对变现有限制或存在境外的款项。如果存在，是否已提请被审计单位作必要的调整和披露。

（3）抽查大额银行存款收支的原始凭证，检查原始凭证是否齐全、记账凭证与原始凭证是否相符、账务处理是否正确、是否记录于恰当的会计期间等项内容。

（4）检查银行存款收支的截止是否正确。选取凭证实施截止测试，如有跨期收支事项，应考虑是否提请被审计单位进行调整。

三、其他货币资金

1. 定期存款的审计程序

（1）获取定期存款明细表，检查是否与账面记录金额一致，以及定期存款是否被质押或限制使用。

（2）在监盘库存现金的同时，监盘定期存款凭据。

（3）对未质押的定期存款，检查开户证实书原件，以防止被审计单位提供的复印件是未质押（或未提现）前原件的复印件。

（4）对已质押的定期存款，检查定期存单复印件，并与相应的质押合同核对。

（5）函证定期存款相关信息。

（6）在资产负债表日后已提取的定期存款，核对相应的兑付凭证等。

2. 保证金存款的审计程序

检查开立银行承兑汇票的协议或银行授信审批文件。

3. 存出投资款的审计程序

跟踪资金流向，并获取董事会决议等批准文件、开户资料、授权

14.1 延伸阅读

操作资料等。

【本章小结】

货币资金循环是企业财务管理中的核心环节，主要包括现金管理和银行存款管理。审计的主要目标是确认与货币资金相关的交易、事项及披露的发生、完整性、准确性、截止、分类和列报认定；期末余额及相关披露的存在、权利和义务、完整性、准确性、计价和分摊、分类和列报认定。在货币资金循环中，资金被挪用或未被披露的风险较高，因此，现金及银行存款的真实性和完整性为该循环审计的重要项目。基于业务逻辑、财务逻辑和审计逻辑，以重大错报风险为导向，围绕审计目标，设计并实施进一步审计程序，以获得充分、适当的审计证据。相应的审计程序包括银行函证、现金盘点、银行调节表的复核及对资金流动的分析等。审计人员必须对银行存款进行函证，除非有充分的证据表明银行存款对被审计单位而言是不重要的，或者函证可能是无效的。在函证过程中，需注意选择适当的函证方式和样本，严格执行和控制函证过程，并仔细分析函证结果。

通过对货币资金的全面审计，审计师能够有效识别和应对与资金相关的风险，确保财务报表的准确性和完整性，从而维护被审计单位的财务透明度和合法性。

14.2　课程思政

【本章重要术语】

1. 货币资金   2. 银行存款
3. 票据   4. 现金等价物
5. 银行对账单   6. 银行余额调节表
7. 现金流量表   8. 审计程序
9. 实质性程序   10. 函证
11. 舞弊风险

14.3　专业术语
解释

【复习与思考】

1. 如何有效识别和评估货币资金循环中的舞弊风险？

2. 在货币资金审计中，银行余额调节表的作用是什么？审计人员应如何验证其准确性？

3. 函证在货币资金审计中的应用有哪些？审计人员应如何处理未回函或不符事项？

14.4　复习与思考答案

第十五章
完成审计工作及审计报告

【学习目标】

1. 熟悉完成审计工作阶段的主要工作内容，并掌握如何评价审计中所发现的错报和未更正的错报、审计差异的类型。

2. 掌握期后事项的定义、类型，并了解注册会计师对于不同时段期后事项应负的责任和应执行的审计程序。

3. 掌握书面声明的定义、作用、类型。

4. 掌握审计意见类型的判断依据与流程，并熟悉不同审计意见类型审计报告的格式与内容差异。

5. 掌握关键审计事项、强调审计事项、其他审计事项的含义及要求。

【本章知识逻辑结构图】

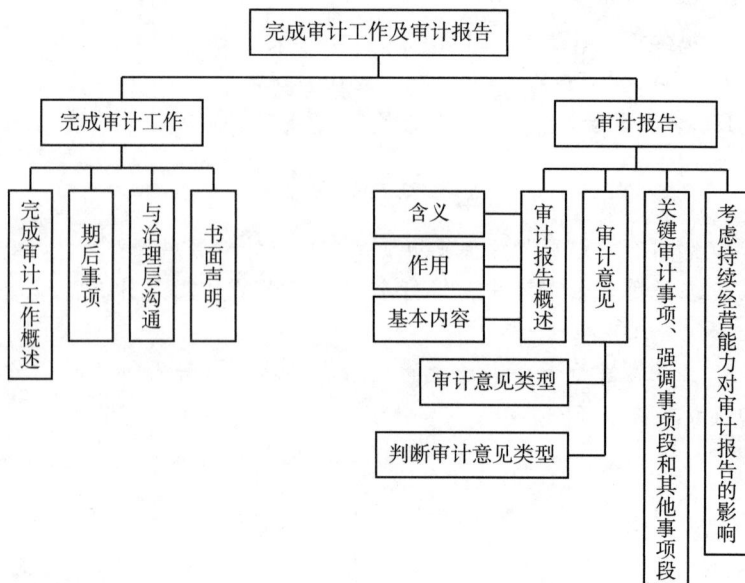

【引导案例】

堂堂所出具虚假审计报告

2020 年 2 月初，刘耀辉向吴育堂推荐*ST 新亿 2019 年年审业务，2 月 24 日刘耀辉通过微信将*ST 新亿年审业务《年报无法表示意见问题及处理思路》和《600145ST 新亿 2019 - 05 - 09 审计报告》等相关资料发给吴育堂，同时称"2019 年年报不能出具无法表示意见及否定意见报告，可以使（是）保留意见"，吴育堂回复"知道，我这边商量一下"。吴育堂初步了解后，有了承接*ST 新亿 2019 年年审业务的意愿。3 月 10 日吴育堂决定通过堂堂所承接*ST 新亿 2019 年年审业务，草拟了业务约定书草稿发送给刘耀辉，随后吴育堂和刘耀辉就业务约定书的条款进行了讨论、修改。同日，*ST 新亿时任董事长黄某和刘耀辉要求吴育堂出具"承诺函"（即《审计业务约定书补充协议》），承诺不对*ST 新亿 2019 年度财务报表出具否定或无法表示意见的审计报告，吴育堂也反过来提出要求若堂堂所受到处罚，*ST 新亿需对堂堂所进行补偿。3 月 17 日刘耀辉将业务约定书补充协议发给吴育堂，吴育堂在《审计业务约定书补充协议》补充了要求*ST 新亿继续聘请堂堂所为 2020 年年报审计机构以及*ST 新亿要对堂堂所可能面临的处罚进行赔偿相关内容，并将修改后的《审计业务约定书补充协议》发给了刘耀辉。3 月 26 日，吴育堂打印了*ST 新亿 2019 年《业务约定书》和《审计业务补充约定书》，加盖了堂堂所公章并交给黄某，黄某当天加盖了*ST 新亿公司印章，并将双方用印的版本返还给吴育堂。双方签署《审计业务补充约定书》主要内容如下："一、乙方（堂堂所）知晓甲方（*ST 新亿）2018 年会计师事务所审计意见中所述问题的原因，并与甲方一起协调讨论确定了后附的《2018 年报无法表示意见问题及处理思路》。二、甲方按照后附的《2018 年报无法表示意见问题及处理思路》提供审计所需要的资料和文件，全力配合乙方完成审计工作。三、在甲方满足上述第二条的情况下，乙方承诺不会出具否定或无法表示意见的审计报告。四、如果因为甲方原因，导致出具了否定或无法表示意见的审计报告，甲方应按审计业务约定书的条款正常支付相应的审计费。五、如果在甲方满足上述第二条的情况下，乙方还是出具了否定或无法表示意见的审计报告，甲方有权不支付相关的审计费，并可要求乙方进行赔偿等额的审计费。六、如果在甲方满足上述第二条的情况下，乙方出具了非否定或无法表示意见的审计报告，甲方承诺继续聘请乙方作为 2020 年度年报审计机构，乙方和甲方一起持续、健康、稳定、向上共同成长。七、如乙方因出具非否定或

15.1.1 中国注册会计师审计准则第 1501 号

15.1.2 中国注册会计师审计准则第 1502 号

15.1.3 中国注册会计师审计准则第 1503 号

15.1.4 中国注册会计师审计准则第 1504 号

无法表示意见的审计报告导致乙方及签字注册会计师受到监管部门处罚的，则甲方应赔偿乙方及签字注册会计师因处罚的损失，包括罚金及名誉损失费 50 万元，以及法律诉讼损失。"*ST 新亿与堂堂所于 2020 年 3 月 26 日签订《审计业务补充约定书》，堂堂所承诺对*ST 新亿 2019 年度财务报表不出具否定或无法表示意见的审计报告。

本案中，堂堂所在明知*ST 新亿年报审计业务已被其他会计师事务所"拒接"的情况下，与*ST 新亿签订协议，承诺不在审计报告中出具"无法表示意见"或"否定意见"，并要求如发生被监管部门处罚的情形，*ST 新亿应予补偿。其审计独立性严重缺失，审计程序存在多项缺陷，审计报告存在虚假记载和重大遗漏，缺乏应有的职业操守和底线。中国证监会拟对堂堂所采取"没一罚六"的行政处罚，相关主体涉嫌犯罪问题将移送公安机关。

会计师事务所是资本市场重要的"看门人"，其守法意识、执业能力及勤勉尽责程度事关广大投资者切身利益。新《证券法》虽取消了会计师事务所从事证券业务的行政许可准入规定，但同时大幅提升了违法违规的法律责任，"门槛降低"并不等于责任降低。这意味着，会计师事务所获得了参与资本市场的公平机会，但也须担负相应的责任，无论大所小所，在遵守法律上一律平等，在监管要求上一视同仁。

证监会将严格依法履职，坚决贯彻中办、国办《关于依法从严打击证券违法活动的意见》，切实落实"零容忍"方针，对任何违法违规行为严惩不贷，依法维护广大投资者合法权益和资本市场健康发展秩序。

问题：

1. 会计师事务所可否承诺被审计单位出具特定的审计报告？

2. 审计报告意见类型有哪些？不同情况下如何出具审计报告？

3. 该事务所的行为违反了哪些职业道德原则？

资料来源：中国证监会行政处罚决定书（堂堂所、吴育堂、刘润斌、刘耀辉）中国证券监督管理委员会，http://www.csrc.gov.cn/csrc/c101928/c2346843/content.shtm。

15.1.5 中国注册会计师审计准则第 1251 号

15.1.6 中国注册会计师审计准则第 1332 号

15.1.7 中国注册会计师审计准则第 1341 号

15.1.8 中国注册会计师审计准则第 1324 号

第一节　完成审计工作

完成审计工作阶段是审计的最后一个阶段。注册会计师按业务循环完成各财务报表项目的审计测试和一些特殊项目的审计工作后，在完成审计工作阶段汇总审计测试结果，进行更具综合性的审计工作，如评价审计中的重大发现，评价审计过程中发现的错报，关注期后事项对财务报表的影响，复核审计工作底稿和财务报表等。在此基础上，评价审计结果，在与被审计单位沟通后，获取管理层书面声明，确定应出具的审计报告的意见类型和措辞，进而编制并致送审计报告，终结审计工作。

15.2 视频：完成审计工作的主要任务

一、完成审计工作概述

（一）评价审计中的重大发现

在完成审计工作阶段，项目合伙人和审计项目组需要考虑的重大发现和事项，如：期中复核中的重大发现及其对审计方法的影响；涉及会计政策的选择、运用和一贯性的重大事项，包括相关披露；就识别出的特别风险，对总体审计策略和具体审计计划所作的重大修改；在与管理层和其他人员讨论重大发现和事项时得到的信息；与注册会计师的最终审计结论相矛盾或不一致的信息。

同时，项目合伙人和审计项目组需要对实施的审计程序的结果进行评价，可能全部或部分地揭示出：为了实现计划的审计目标，是否有必要对重要性进行修订；对总体审计策略和具体审计计划的重大修改，包括对重大错报风险评估结果作出的重要修改；对审计方法有重要影响的值得关注的内部控制缺陷和其他缺陷；财务报表中存在的重大错报；项目组内部，或项目组与项目质量复核人员或提供咨询的其他人员之间，就重大会计和审计事项达成最终结论所存在的意见分歧；审计工作中遇到的重大困难；向事务所内部有经验的专业人士或外部专业顾问咨询的事项；与管理层或其他人员就重大发现以及与注册会计师的最终审计结论相矛盾或不一致的信息进行的讨论。

（二）评价审计过程中识别出的错报

在评价审计过程中识别出的错报时，注册会计师的目标是：（1）评价识别出的错报对审计的影响；（2）评价未更正错报对财务报表的影响。未更正错报，是指注册会计师在审计过程中累积的且被审计单位未予更正的错报。

1. 累积识别出的错报

注册会计师应当累积审计过程中识别出的错报，除非错报明显微小。

2. 随着审计的推进，考虑识别出的错报

如果出现下列情形之一，注册会计师应当确定是否需要修改总体

307

审计策略和具体审计计划：

（1）识别出的错报的性质以及错报发生的环境表明可能存在其他错报，并且可能存在的其他错报与审计过程中累积的错报合计起来可能是重大的；

（2）审计过程中累积的错报合计数接近按照《中国注册会计师审计准则第 1221 号——计划和执行审计工作时的重要性》的规定确定的重要性。

如果管理层应注册会计师的要求，检查了某类交易、账户余额或披露并更正了已发现的错报，注册会计师应当实施追加的审计程序，以确定错报是否仍然存在。

3. 沟通和更正错报

除非法律法规禁止，注册会计师应当及时将审计过程中累积的所有错报（即超过明显微小错报临界值的所有错报）与适当层级的管理层进行沟通。注册会计师还应当要求管理层更正这些错报。

注册会计师及时与适当层级的管理层沟通错报事项是重要的，因为这能使管理层评价各类交易、账户余额和披露是否存在错报，如有异议则告知注册会计师，并采取必要行动。适当层级的管理层通常是指有责任和权限对错报进行评价并采取必要行动的人员。

管理层更正所有错报（包括注册会计师通报的错报），能够保持会计账簿和记录的准确性，降低由于与本期相关的、非重大的且尚未更正的错报的累积影响而导致未来期间财务报表出现重大错报的风险。

如果管理层拒绝更正沟通的部分或全部错报，注册会计师应当了解管理层不更正错报的理由，并在评价财务报表整体是否不存在重大错报时考虑该理由。注册会计师对管理层不更正错报的理由的理解，可能影响其对被审计单位会计实务质量的考虑。

4. 评价未更正错报的影响

（1）重新评估重要性。

在评价未更正错报的影响之前，注册会计师可能有必要依据实际的财务结果对重要性作出修改。如果注册会计师对重要性或重要性水平（如适用）进行的重新评估导致需要确定较低的金额，则应重新考虑实际执行的重要性和进一步审计程序的性质、时间安排和范围的适当性，以获取充分、适当的审计证据，作为发表审计意见的基础。

（2）确定未更正错报单独或汇总起来是否重大。

注册会计师应当确定未更正错报单独或汇总起来是否重大。在确定时，注册会计师应当考虑：

①相对特定的交易类别、账户余额或披露以及财务报表整体而

15.3 视频：汇总审计差异

言，错报的金额和性质以及错报发生的特定环境。

②与以前期间相关的未更正错报对有关的交易类别、账户余额或披露以及财务报表整体的影响。

（三）编制试算平衡表

调整分录汇总表（见延伸阅读）和重分类分录汇总表（见延伸阅读）编制完成，注册会计师再据以编制资产负债表试算平衡表工作底稿（见延伸阅读）和利润及利润分配表试算平衡表（见延伸阅读）工作底稿。会计报表最终反映的数额应以试算平衡表调整后数额为准。

（1）期末未审数（审计前金额）根据被审计单位提供的未审财务报表填列。

（2）账项调整根据注册会计师编制的账项调整分录汇总表中的调整分录（被审计单位同意调整的）填列。

（3）重分类调整根据注册会计师编制的重分类调整分录汇总表填列。

（4）审定金额根据审计前金额 ± 调整金额填列。

15.4　延伸阅读：调整分录汇总表、重分类分录汇总表、资产负债表试算平衡表、利润表试算平衡表

（四）实施分析程序

在临近审计结束时，注册会计师应当运用分析程序，帮助其对财务报表形成总体结论，以确定财务报表是否与其对被审计单位的了解一致。

实施分析程序的结果可能有助于注册会计师识别出以前未识别的重大错报风险，在这种情况下，注册会计师需要修改重大错报风险的评估结果，并相应修改原计划实施的进一步审计程序。

（五）复核审计工作

复核审计工作底稿和财务报表包括项目组内部复核、项目合伙人复核和项目质量复核。

1. 项目组内部复核

项目组内部复核人员应当包括由经验较为丰富的项目组成员对经验较为缺乏的项目组成员的工作进行指导、监督和复核。会计师事务所对较为复杂、审计风险较高的领域，需要指派经验丰富的项目组成员复核，必要时可以由项目合伙人执行复核。例如，舞弊风险的评估与应对、重大会计估计及其他复杂的会计问题、审核会议记录和重大合同、关联方关系和交易、持续经营存在的问题等。

执行复核时，复核人员需要考虑的事项如下：

（1）审计工作是否已按照执业准则和适用的法律法规的规定

执行。

（2）重大事项是否已提请进一步考虑。

（3）相关事项是否已进行适当咨询，由此形成的结论是否已得到记录和执行。

（4）是否需要修改已执行审计工作的性质、时间安排和范围。

（5）已执行的审计工作是否支持形成的结论，并已得到适当记录。

（6）已获取的审计证据是否充分、适当。

（7）审计程序的目标是否已实现。

审计项目组内部复核贯穿审计全过程。例如，在审计计划阶段复核记录审计策略和审计计划的工作底稿，在审计执行阶段复核记录控制测试和实质性程序的工作底稿，在审计完成阶段复核记录重大事项、审计调整及未更正错报的工作底稿等。

2. 项目合伙人复核

项目合伙人应对管理和实现审计项目的高质量承担总体责任。项目合伙人应当在签署审计报告前复核财务报表、审计报告以及相关审计工作底稿，包括对关键审计事项的描述（如适用）。项目合伙人应当在与管理层、治理层或相关监管机构签署正式书面沟通文件之前对其进行复核。在审计报告日或审计报告日之前，项目合伙人应当通过复核审计工作底稿与项目组讨论，确信已获取充分、适当的审计证据，支持得出的结论和拟出具的审计报告。

执行复核时，项目合伙人的复核内容如下：

（1）重大事项。

（2）重大判断，包括与在审计中遇到的困难或有争议事项相关的判断以及得出的结论。

（3）根据项目合伙人的职业判断，与项目合伙人的职责有关的其他事项。

3. 项目质量复核

根据《会计师事务所质量管理准则第 5101 号——业务质量管理》的规定，会计师事务所应当就项目质量复核制定政策和程序，并对上市实体财务报表审计业务、法律法规期后事项要求实施项目质量复核的审计业务或其他业务，以及会计师事务所认为，为应对一项或多项质量风险，有必要实施项目质量复核的审计业务或其他业务实施项目质量复核。

二、期后事项

期后事项是指财务报表日至审计报告日之间发生的事项，以及注册会计师在审计报告日后知悉的事实（见表15-1、图15-1、表15-2）。

表15-1　　　　　　　　　　　　　期后事项

	财务报表日后调整事项	财务报表日后非调整事项
含义	对财务报表日已经存在的情况提供证据的事项，即对财务报表日已经存在的情况提供了新的或进一步证据的事项，这类事项会影响财务报表金额，需提请被审计单位管理层调整财务报表及与之相关的披露信息	财务报表日后发生的情况提供证据的事项，即表明财务报表日后发生的情况的事项。这类事项虽不影响财务报表金额，但可能影响对财务报表的正确理解，需提请被审计单位管理层在财务报表附注中作适当披露
列举事项	1. 财务报表日后诉讼案件结案，法院判决证实了企业在财务报表日已经存在现时义务，需要调整原先确认的与该诉讼案件相关的预计负债，或确认一项新负债。 2. 财务报表日后取得确凿证据，表明某项资产在财务报表日发生了减值或者需要调整该项资产原先确认的减值金额。 3. 财务报表日后进一步确定了财务报表日前购入资产的成本或售出资产的收入。 4. 财务报表日后发现了财务报表舞弊或差错	1. 财务报表日后发生重大诉讼、仲裁、承诺； 2. 财务报表日后资产价格、税收政策、外汇汇率发生重大变化； 3. 财务报表日后因自然灾害导致资产发生重大损失； 4. 财务报表日后发行股票和债券以及其他巨额举债； 5. 财务报表日后资本公积转增资本； 6. 财务报表日后发生巨额亏损； 7. 财务报表日后发生企业合并或处置子公司； 8. 财务报表日后企业利润分配方案中拟分配的以及经审议批准宣告发放的股利或利润

15.5　视频：期后事项

期后事项事后分段如图15-1所示。

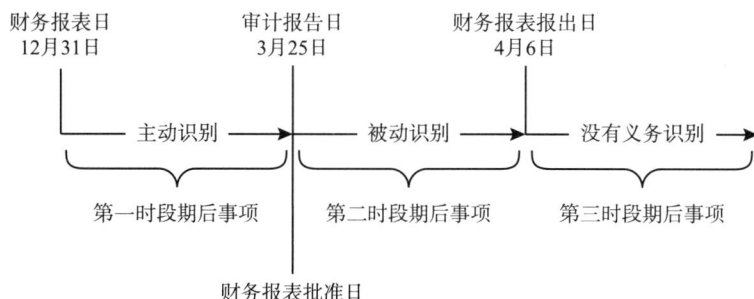

图15-1　期后事项分段示意图

期后事项、审计责任及程序与处理如表15-2所示。

表 15 - 2　　　　　　期后事项、审计责任及程序与处理

时间段	审计责任	程序与处理
第一时段期后事项（资产负债表日至审计报告日）	主动识别	注册会计师应当设计和实施审计程序，获取充分、适当的审计证据，以确定所有在财务报表日至审计报告日之间发生的、需要在财务报表中调整或披露的事项均已得到识别。但是，注册会计师并不需要对之前已实施审计程序并已得出满意结论的事项执行追加的审计程序。 处理：拒绝修改（保留意见或否定意见）
第二时段期后事项（审计报告日至财务报表报出日）	被动识别	被审计单位修改报表时，应获取充分、适当的审计证据，签署双重日期或出具新的审计报告；被审计单位不修改报表时，考虑出具保留意见或否定意见的审计报告；若审计报告已提交，通知治理层不得报出；若已经报出，应采取措施防止他人信赖报表。 处理：同意修改，注意修改审计报告日。不同意修改，若已提交，应阻止对外报出，防止信赖报告；若未提交，修改审计报告及报告日期
第三时段期后事项（财务报表报出日之后）	没有义务识别	被审计单位修改报表时，实施必要审计程序；复核管理层采取的措施是否确保所有收到原报表和报告人士了解情况；延伸实施审计程序；修改或出具新审计报告。管理层未采取任何行动时，采取措施防止他人信赖报告，并将采取的措施通知治理层。 处理：同意修改，重新出具报告，加强调事项段，调整报告日期；不同意修改，防止信赖报告；临近下期公布，按照法律法规的规定处理

15.6　延伸阅读：ST 天沃

三、与治理层沟通

根据《中国注册会计师审计准则第 1151 号——与治理层的沟通》的规定，在上市公司审计中，注册会计师应当就自身的独立性与治理层进行书面沟通。此外，注册会计师还应当及时向治理层通报审计中发现的与治理层监督财务报告过程的责任相关的重大事项。保持有效的双向沟通关系，有利于注册会计师与治理层履行各自的职责。

需要特别强调的是，除法律法规和审计准则另有规定的情形之外，沟通函文件仅供被审计单位董事会使用，会计师事务所对第三方使用不承担任何责任。未经会计师事务所的事先书面同意，沟通函文件不得被引用、提及或向其他人披露。注册会计师与治理层沟通的事项如下。

1. 注册会计师与财务报表审计相关的责任

注册会计师应当与治理层沟通注册会计师与财务报表审计相关的责任。

（1）注册会计师负责对管理层在治理层监督下编制的财务报表

15.7　视频：与管理层沟通

形成和发表意见。

（2）财务报表审计并不减轻管理层或治理层的责任。

注册会计师与财务报表审计相关的责任通常包含在审计业务约定书或记录审计业务约定条款的其他适当形式的书面协议中。

2. 计划的审计范围和时间安排

在与治理层就计划的审计范围和时间安排进行沟通时，尤其是在治理层部分或全部成员参与管理被审计单位的情况下，注册会计师需要保持职业谨慎，避免损害审计的有效性。

沟通的事项可能包括以下内容：

（1）注册会计师拟如何应对由于舞弊或错误导致的特别风险以及重大错报风险评估水平较高的领域。

（2）注册会计师对与审计相关的内部控制采取的方案。

（3）在审计中对重要性概念的运用。

（4）实施计划的审计程序或评价审计结果需要的专门技术或知识的性质和程度，包括利用专家的工作。

（5）适用时，注册会计师对哪些事项可能需要重点关注因而可能构成关键审计事项所做的初步判断。

（6）针对适用的财务报告编制基础或被审计单位所处的环境、财务状况或活动发生的重大变化对单一报表及披露产生的影响，注册会计师拟采取的应对措施。

不宜沟通的事项包括以下内容：

（1）在与治理层就计划的审计范围和时间安排进行沟通时，尤其是在治理层部分或全部成员参与管理被审计单位的情况下，需保持职业谨慎，避免损害审计的有效性。

（2）沟通具体审计程序的性质和时间安排、重要性水平及其金额等，可能因被预见而降低其有效性，均不宜与治理层沟通。

3. 审计中发现的重大问题

注册会计师应当与治理层沟通审计中发现的下列重大问题：

（1）注册会计师对被审计单位会计实务（包括会计政策、会计估计和财务报表披露）重大方面的质量的看法。

（2）审计工作中遇到的重大困难。

（3）已与管理层讨论或需要书面沟通的审计中出现的重大事项以及注册会计师要求提供的书面声明，除非治理层全部成员参与管理被审计单位。

（4）审计中出现的、根据职业判断认为对监督财务报告过程重大的其他事项，可能包括已更正的、含有已审计财务报表的文件中的其他信息存在的对事实的重大错报或重大不一致。

4. 值得关注的内部控制缺陷

值得关注的内部控制缺陷是指注册会计师根据职业判断认为足够重要从而值得治理层关注的内部控制的一个缺陷或多个缺陷的组合。注册会计师应当以书面形式及时向治理层通报审计过程中识别出的值得关注的内部控制缺陷。

5. 注册会计师的独立性

注册会计师需要遵守与财务报表审计相关的职业道德要求，包括对独立性的要求。其通常包括以下内容：

（1）对独立性的不利影响。

（2）法律法规和职业规范规定的防范措施、被审计单位采取的防范措施以及会计师事务所内部自身的防范措施。

6. 补充事项

补充事项不一定与监督财务报告流程有关，但对治理层监督被审计单位的战略方向或与被审计单位受托责任相关的义务很可能是重要的。审计准则并不要求注册会计师设计程序来识别与治理层沟通的补充事项。注册会计师识别和沟通这类事项对审计目的而言，只是附带的，没有专门针对这些事项实施其他程序，也没有实施程序来确定是否还存在其他的同类事项。

四、书面声明

书面声明，是指管理层向注册会计师提供的书面陈述，用以确认某些事项或支持其他审计证据。书面声明不包括财务报表及其认定，以及支持性账簿和相关记录。管理层负责按照适用的财务报告编制基础编制财务报表并使其实现公允反映。

书面声明是注册会计师在财务报表审计中需要获取的必要信息，是审计证据的重要来源。如果管理层修改书面声明的内容或不提供注册会计师要求的书面声明，可能使注册会计师警觉存在重大问题的可能性。而且，在很多情况下，要求管理层提供书面声明而非口头声明，可以促使管理层更加认真地考虑声明所涉及的事项，从而提高声明的质量。

尽管书面声明提供了必要的审计证据，但其本身并不为所涉及的任何事项提供充分、适当的审计证据。而且，管理层已提供可靠书面声明的事实，并不影响注册会计师就管理层责任履行情况或具体认定获取的其他审计证据的性质和范围。

书面声明的日期应当尽量接近对财务报表出具审计报告的日期，但不得在审计报告日后。书面声明应当涵盖审计报告针对的所有财务报表和期间。由于书面声明是必要的审计证据，在管理层签署书面声明前，注册会计师不能发表审计意见，也不能签署审计报告。

书面声明应当以声明书的形式致送注册会计师。

第二节 审计报告的概述

一、审计报告的含义及特征

审计报告是指注册会计师根据审计准则的规定，在执行审计工作的基础上，对财务报表发表审计意见的书面文件。

审计报告是注册会计师在完成审计工作后向委托人提交的最终产品，具有以下特征：

（1）注册会计师应当按照审计准则的规定执行审计工作；

（2）注册会计师在实施审计工作的基础上才能出具审计报告；

（3）注册会计师通过对财务报表发表意见履行业务约定书约定的责任；

（4）注册会计师应当以书面形式出具审计报告。

注册会计师应当根据由审计证据得出的结论，清楚表达对财务报表的意见。注册会计师一旦在审计报告上签名并盖章，就表明对其出具的审计报告负责。

审计报告是注册会计师对财务报表是否在所有重大方面按照财务报告编制基础编制并实现合法、公允反映发表审计意见的书面文件。因此，注册会计师应当将已审计的财务报表附于审计报告之后，以便于财务报表使用者正确理解和使用审计报告，并防止被审计单位替换、更改已审计的财务报表。

二、审计报告的作用

（一）鉴证作用

注册会计师以超然独立的第三方身份签发审计报告，对被审计单位财务报表的合法性和公允性发表审计意见，最后出具相应的鉴证报告。这种审计意见具有鉴证作用。

（二）保护作用

审计报告是注册会计师对财务报表发表审计意见的书面文件，能够在一定程度上对被审计单位的债权人和股东以及其他利害关系人的利益起到保护作用。

（三）证明作用

审计报告是对注册会计师审计任务完成情况及其结果所作的总结，它可以表明审计工作的质量并明确注册会计师的审计责任。因此，审计报告可以对审计工作质量和注册会计师的审计责任起证明作用。

三、审计报告的基本内容

15.8　延伸阅读：ST美乐伪造审计报告

审计报告应当包括下列要素：①标题；②收件人；③审计意见；④形成审计意见的基础；⑤管理层对财务报表的责任；⑥注册会计师对财务报表审计的责任；⑦按照相关法律法规的要求报告的事项（如适用）；⑧注册会计师的签名和盖章；⑨会计师事务所的名称、地址和盖章；⑩报告日期。

（一）标 题

审计报告应当具有标题，统一规范为"审计报告"。

（二）收 件 人

审计报告应当按照审计业务的约定载明收件人。在某些国家或地区，法律法规或业务约定条款可能指定审计报告致送的对象。注册会计师通常将审计报告致送给财务报表使用者，一般是被审计单位的股东或治理层。

（三）审 计 意 见

审计意见部分由两部分构成。

第一部分指出已审计财务报表，应当包括下列方面：指出被审计单位的名称；说明财务报表已经审计；指出构成整套财务报表的每一财务报表的名称；提及财务报表附注；指明构成整套财务报表的每一财务报表的日期或涵盖的期间。

第二部分应当说明注册会计师发表的审计意见。如果对财务报表发表无保留意见，除非法律法规另有规定，审计意见应当使用"我们认为，财务报表在所有重大方面按照［适用的财务报告编制基础（如企业会计准则等）］编制，公允反映了［……］"的措辞。审计意见涵盖由适用的财务报告编制基础所确定的整套财务报表。审计意见说明财务报表在所有重大方面按照适用的财务报告编制基础编制，公允反映了财务报表旨在反映的事项。

（四）形成审计意见的基础

审计报告应当包含标题为"形成审计意见的基础"的部分。该部分提供关于审计意见的重要背景，应当紧接在审计意见部分之后，并包括下列方面：

（1）说明注册会计师按照审计准则的规定执行了审计工作；

（2）提及审计报告中用于描述审计准则规定的注册会计师责任的部分；

（3）声明注册会计师按照与审计相关的职业道德要求对被审计单位保持了独立性，并履行了职业道德方面的其他责任。声明中应当指明适用的职业道德要求，如中国注册会计师职业道德守则；

（4）说明注册会计师是否相信获取的审计证据是充分、适当的，为发表审计意见提供了基础。

（五）管理层对财务报表的责任

（1）按照适用的财务报告编制基础编制财务报表，使其实现公允反映，并设计、执行和维护必要的内部控制，以使财务报表不存在由于舞弊或错误导致的重大错报。

（2）评估被审计单位的持续经营能力和使用持续经营假设是否适当，并披露与持续经营相关的事项（如适用）。对该评估责任的说明应当包括描述在何种情况下使用持续经营假设是适当的。

（六）注册会计师对财务报表审计的责任

第一部分：

（1）说明注册会计师的目标是对财务报表整体是否不存在由于舞弊或错误导致的重大错报获取合理保证，并出具包含审计意见的审计报告；

（2）说明合理保证是高水平的保证，但并不能保证按照审计准则执行审计在某一重大错报存在时总能发现；

（3）说明错报可能由于舞弊或错误导致。

第二部分：

（1）说明在按照审计准则执行审计工作的过程中，注册会计师运用职业判断，并保持职业怀疑；

（2）说明注册会计师的责任，对审计工作进行描述：

①识别和评估由于舞弊或错误导致的财务报表重大错报风险，对这些风险有针对性地设计和实施审计程序，获取充分、适当的审计证据，作为发表审计意见的基础。②了解与审计相关的内部控制，以设计恰当的审计程序，但目的并非对内部控制的有效性发表意见。③评

价管理层选用会计政策的恰当性和作出会计估计及相关披露的合理性。④对管理层使用持续经营假设的恰当性得出结论。⑤评价财务报表的总体列报、结构和内容（包括披露），并评价财务报表是否公允反映相关交易和事项。

第三部分：

（1）说明注册会计师与治理层就计划的审计范围、时间安排和重大审计发现等事项进行沟通，包括沟通注册会计师在审计中识别的值得关注的内部控制缺陷；

（2）对于上市实体财务报表审计，指出注册会计师就已遵守与独立性相关的职业道德要求向治理层提供声明，并与治理层沟通可能被合理认为影响注册会计师独立性的所有关系和其他事项，以及相关的防范措施；

（3）对于上市实体财务报表审计，以及决定按照《中国注册会计师审计准则第 1504 号——在审计报告中沟通关键审计事项》的规定沟通关键审计事项的其他情况，说明注册会计师从与治理层沟通过的事项中确定哪些事项对本期财务报表审计最为重要，因而构成关键审计事项。

（七）按照相关法律法规的要求报告的事项（如适用）

除审计准则规定的注册会计师对财务报表出具审计报告的责任外，相关法律法规可能对注册会计师设定了其他报告责任。例如，如果注册会计师在财务报表审计中注意到某些事项，可能被要求对这些事项予以报告。此外，注册会计师可能被要求实施额外的规定的程序并予以报告，或对特定事项（如会计账簿和记录的适当性）发表意见。

如果注册会计师在对财务报表出具的审计报告中履行其他报告责任，应当在审计报告中将其单独作为一部分，并以"按照相关法律法规的要求报告的事项"为标题，或使用适合于该部分内容的其他标题，除非其他报告责任涉及的事项与审计准则规定的报告责任涉及的事项相同。

（八）注册会计师的签名和盖章

审计报告应当由项目合伙人和另一名负责该项目的注册会计师签名和盖章。

（九）会计师事务所的名称、地址和盖章

审计报告应当载明会计师事务所的名称和地址，并加盖会计师事务所公章。

（十）报告日期

审计报告应当注明报告日期。审计报告日不应早于注册会计师获取充分、适当的审计证据，并在此基础上对财务报表形成审计意见的日期。在确定审计报告日时，注册会计师应当确信已获取下列两方面的审计证据：

（1）构成整套财务报表的所有报表（含披露）已编制完成；

（2）被审计单位的董事会、管理层或类似机构已经认可其对财务报表负责。

（十一）与财务报表一同列报的补充信息

在某些情况下，被审计单位根据法律法规的要求，或出于自愿选择，与财务报表一同列报适用的财务报告编制基础未作要求的补充信息。例如，被审计单位列报补充信息以增强财务报表使用者对适用的财务报告编制基础的理解，或者对财务报表的特定项目提供进一步解释。这种补充信息通常在补充报表中或作为额外的附注进行列示。

如果被审计单位将适用的财务报告编制基础未作要求的补充信息与已审计财务报表一同列报，注册会计师应当根据职业判断，评价补充信息是否由于其性质和列报方式而构成财务报表的必要组成部分。如果补充信息构成财务报表的必要组成部分，应当将其涵盖在审计意见中。

如果认为适用的财务报告编制基础未作要求的补充信息不构成已审计财务报表的必要组成部分，注册会计师应当评价这些补充信息的列报方式是否充分、清楚地使其与已审计财务报表相区分。如果未能充分、清楚地区分，注册会计师应当要求管理层改变未审计补充信息的列报方式。如果管理层拒绝改变，注册会计师应当指出未审计的补充信息，并在审计报告中说明补充信息未审计。

15.9 延伸阅读：无保留意见审计报告——格力电器2023年年度报告

第三节 审计意见

一、审计结论的得出

注册会计师应当就财务报表是否在所有重大方面按照适用的财务报告编制基础编制并实现公允反映形成审计意见。为了形成审计意见，针对财务报表整体是否不存在由于舞弊或错误导致的重大错报，

注册会计师应当得出结论，确定是否已就此获取合理保证。

在得出结论时，注册会计师应当考虑下列方面：

（1）按照《中国注册会计师审计准则第 1231 号——针对评估的重大错报风险采取的应对措施》的规定，是否已获取充分、适当的审计证据；

（2）按照《中国注册会计师审计准则第 1251 号——评价审计过程中识别出的错报》的规定，未更正错报单独或汇总起来是否构成重大错报；

（3）评价财务报表是否在所有重大方面按照适用的财务报告编制基础编制；

（4）评价财务报表是否实现公允反映；

（5）评价财务报表是否恰当，提及或说明适用的财务报告编制基础。

二、审计意见的类型

注册会计师的目标是在评价根据审计证据得出的结论的基础上，对财务报表形成审计意见，并通过书面报告的形式清楚地表达审计意见。财务报表审计的审计意见类型可分为无保留意见和非无保留意见，其中非无保留意见可进一步分为保留意见、否定意见和无法表示意见。审计意见类型如图 15 - 2 所示。

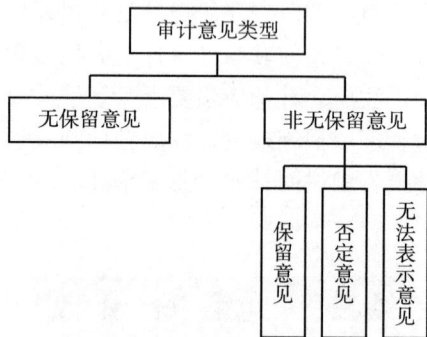

图 15 - 2　审计意见类型

无保留意见，是指当注册会计师认为财务报表在所有重大方面按照适用的财务报告编制基础编制并实现公允反映时发表的审计意见。

如果财务报表没有实现公允反映，注册会计师应当就该事项与管理层讨论，并根据适用的财务报告编制基础的规定和该事项得到解决的情况，决定是否有必要按照《中国注册会计师审计准则第 1502

号——在审计报告中发表非无保留意见》的规定在审计报告中发表非无保留意见。

三、确定审计报告的意见类型

（一）影响审计意见的因素

1. 是否已获取充分适当的审计证据

导致注册会计师无法获取充分、适当的审计证据（也称为"审计范围受到限制"）的情形包括：

（1）超出被审计单位控制的情形。如，被审计单位的会计记录已被毁坏、重要组成部分的会计记录已被政府有关机构无限期地查封。

（2）与注册会计师工作的性质或时间安排相关的情形。如，注册会计师接受审计委托的时间安排，使注册会计师无法实施存货监盘。

（3）管理层施加限制的情形。如，阻止注册会计师实施存货监盘、对特定账户余额实施函证。

如果注册会计师能够通过实施替代程序获取充分、适当的审计证据，则无法实施特定的程序并不构成对审计范围的限制。

2. 是否存在重大错报

为了形成审计意见，针对财务报表整体是否不存在舞弊或错误导致的重大错报，注册会计师应当得出结论，确定是否已就此获取合理保证。在得出结论时，注册会计师需要评价未更正错报对财务报表的影响。

错报是指某一财务报表项目所报告的金额、分类或列报，与按照适用的财务报告编制基础应当列示的金额、分类或列报之间存在的差异。财务报表的重大错报可能源于：

（1）选择的会计政策的恰当性。

（2）对所选择的会计政策的运用。

（3）财务报表披露的恰当性或充分性。

注册会计师应当从定量和定性两个方面考虑已发现未更正和因受限未发现的错报对财务报表产生的影响是否重大。

3. 影响是否具有广泛性

广泛性是描述错报影响的术语，用以说明错报对财务报表的影响，或者由于无法获取充分、适当的审计证据而未发现的错报（如存在）对财务报表可能产生的影响。根据注册会计师的判断，对财务报表的影响具有广泛性的情形包括以下三个方面：

（1）不限于对财务报表的特定要素、账户或项目产生影响。

（2）虽然仅对财务报表的特定要素、账户或项目产生影响，但这些要素、账户或项目是或可能是财务报表的主要组成部分。

（3）当与披露相关时，产生的影响对财务报表使用者理解财务报表至关重要。

（二）确定非无保留意见的类型

总体而言，导致注册会计师发表非无保留意见的事项单独或汇总起来对财务报表的影响或可能产生的影响一定是重大的。在这个前提下，注册会计师应当发表保留意见，还是否定意见或无法表示意见，取决于导致非无保留意见的事项（即财务报表存在重大错报，或注册会计师无法获取充分、适当的审计证据，财务报表可能存在重大错报）对财务报表整体产生的影响或可能产生的影响是否具有广泛性。非无保留意见如表 15－3 所示。

表 15－3　　　　　　　　　　　　　非无保留意见

导致发生非无保留意见的事项的性质	这些事项对财务报表产生或可能产生影响的广泛性	
	重大但不具有广泛性	重大且具有广泛性
财务报表存在重大错报	保留意见	否定意见
无法获取充分、适当的审计证据	保留意见	无法表示意见

1. 发表保留意见

当存在下列情形之一时，注册会计师应当发表保留意见：

（1）在获取充分、适当的审计证据后，注册会计师认为错报单独或汇总起来对财务报表影响重大，但不具有广泛性。

（2）注册会计师无法获取充分、适当的审计证据以作为形成审计意见的基础，但认为未发现的错报（如存在）对财务报表可能产生的影响重大，但不具有广泛性。

保留意见审计报告的格式：

将"审计意见"这一标题修改为"保留意见"。当由于财务报表存在重大错报而发表保留意见时，注册会计师应当在审计意见内容部分说明：注册会计师认为，除形成保留意见的基础部分所述事项产生的影响外，后附的财务报表在所有重大方面按照适用的财务报告编制基础的规定编制，公允反映了……。当由于无法获取充分、适当的审计证据导致发表保留意见时，注册会计师应当在审计意见内容部分使用"除……可能产生的影响外"等措辞。

将"形成审计意见的基础"这一标题修改为"形成保留意见的

基础"，并对导致发表保留意见的事项进行描述。此外，将"说明注册会计师是否已获取充分、适当的审计证据以作为形成审计意见的基础"的相关表述修改为"说明注册会计师是否已获取充分、适当的审计证据以作为形成保留意见的基础"。

2. 发表否定意见

在获取充分、适当的审计证据后，如果认为错报单独或汇总起来对财务报表的影响重大且具有广泛性，注册会计师应当发表否定意见。

否定意见审计报告的格式：

将"审计意见"这一标题修改为"否定意见"，并在审计意见内容部分说明：注册会计师认为，由于形成否定意见的基础部分所述事项的重要性，后附的财务报表没有在所有重大方面按照适用的财务报告编制基础的规定编制，未能公允反映……

将"形成审计意见的基础"这一标题修改为"形成否定意见的基础"，并对导致发表非无保留意见的事项进行描述，同时也应说明注意到的、将导致发表否定意见的所有其他事项及其影响。此外，将"说明注册会计师是否已获取充分、适当的审计证据以作为形成审计意见的基础"的相关表述修改为"说明注册会计师是否已获取充分、适当的审计证据以作为形成否定审计意见的基础"。

3. 发表无法表示意见

如果无法获取充分、适当的审计证据以作为形成审计意见的基础，但认为未发现的错报（如存在）对财务报表可能产生的影响重大且具有广泛性，注册会计师应当发表无法表示意见。

无法表示意见的审计报告格式：

将"审计意见"修改为"无法表示意见"，并在审计意见内容部分将财务报表"已经审计"的说明改为"注册会计师接受委托审计财务报表"，并说明注册会计师不对后附的财务报表发表审计意见；由于形成无法表示意见的基础部分所述事项的重要性，注册会计师无法获取充分、适当的审计证据以作为对财务报表发表审计意见的基础。

将"形成审计意见的基础"修改为"形成无法表示意见的基础"，并对导致发表非无保留意见的事项进行描述，同时也应说明注意到的、将导致发表无法表示意见的所有其他事项及其影响。

对"注册会计师对财务报表审计的责任"的表述进行修改。

除非法律法规另有规定，当对财务报表发表无法表示意见时，注册会计师不得在审计报告中包含"关键审计事项"部分，也不得在审计报告中包含"其他信息"部分。

在少数情况下，可能存在多个不确定事项。尽管注册会计师对每

15.11　延伸阅读：保留意见审计报告——贵州百灵 2023 年年度报告

15.12　延伸阅读：否定意见审计报告——ST 富控 2019 年年度报告

15.13　延伸阅读：无法表示意见审计报告——超华科技 2023 年年度报告

个单独的不确定事项获取了充分、适当的审计证据，但由于不确定事项之间可能存在相互影响，以及可能对财务报表产生累积影响，注册会计师不可能对财务报表形成审计意见。在这种情况下，注册会计师应当发表无法表示意见。

（三）判断意见类型和流程

判断意见类型和流程如图 15 – 3 所示。

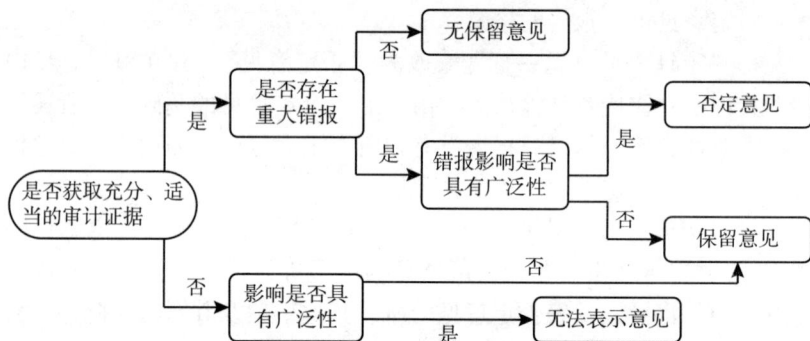

图 15 – 3　判断意见类型和流程

第四节　关键审计事项、强调事项段和其他事项段

一、关键审计事项

关键审计事项，是指注册会计师根据职业判断认为对当期财务报表审计最为重要的事项。关键审计事项从注册会计师与治理层沟通过的事项中选取。

在审计报告中沟通关键审计事项，旨在通过提高已执行审计工作的透明度增加审计报告的沟通价值。沟通关键审计事项能为财务报表预期使用者提供额外的信息，帮助其了解注册会计师根据职业判断认为对本期财务报表审计最为重要的事项，并帮助其了解被审计单位，以及已审计财务报表中涉及重大管理层判断的领域。

进一步说，在关键审计事项部分，披露的关键审计事项是已经得到满意解决的事项，既不存在审计范围受到限制，也不存在注册会计师与被审计单位管理层意见分歧的情况。

在审计报告中沟通关键审计事项，不是注册会计师就单一事项单独发表意见。

（一）确定关键审计事项

关键审计事项的确定如图 15 - 4 所示。

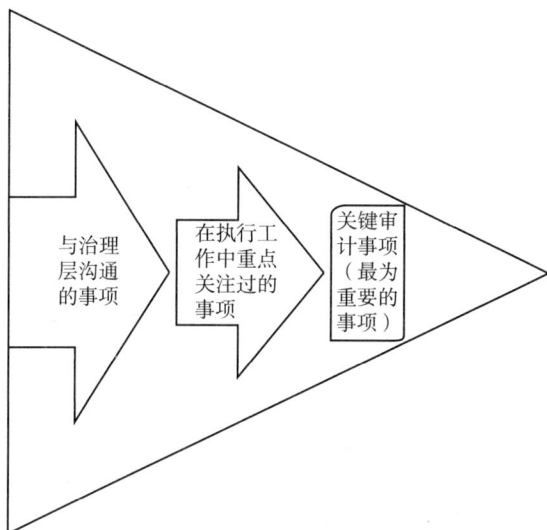

图 15 - 4　关键审计事项的确定

1. 以"与治理层沟通过的事项"为起点选择关键审计事项

《中国注册会计师审计准则第 1151 号——与治理层的沟通》要求注册会计师与被审计单位治理层沟通审计过程中的重大发现，包括注册会计师对被审计单位的重要会计政策、会计估计和财务报表披露等会计实务重大方面的质量的看法，审计过程中遇到的重大困难，已与管理层讨论或需要书面沟通的重大事项等，以便治理层履行其监督财务报告过程的职责。对财务报表和审计报告使用者信息需求的调查结果表明，他们对这些事项感兴趣，并且呼吁增加这些沟通的透明度。因此，注册会计师应当从与治理层沟通过的事项中选取关键审计事项。

2. 从"与治理层沟通过的事项"中确定"在执行审计工作时重点关注过的事项"

注册会计师在确定哪些事项属于在执行审计工作时重点关注过的事项时，应当考虑下列方面：

（1）按照《中国注册会计师审计准则第 1211 号——重大错报风险的识别和评估》的规定，评估的重大错报风险较高的领域或识别出的特别风险。对于评估的重大错报风险较高的领域或识别出的特别风险，注册会计师通常需要在审计中投放更多的审计资源予以应对。因此，注册会计师在确定的重点关注过的事项时需要特别考虑这一方面。

（2）与财务报表中涉及重大管理层判断（包括涉及高度估计不确定性的会计估计）的领域相关的重大审计判断。财务报表中涉及复杂、重大的管理层判断领域，通常涉及困难、复杂的审计判断，并且可能同时需要管理层的专家和注册会计师的专家的参与。因此，注册会计师在确定的重点关注过的事项时需要特别考虑这一方面。

（3）本期重大交易或事项对审计的影响。对财务报表或审计工作具有重大影响的事项或交易可能属于重点关注领域，并可能被识别为特别风险。管理层可能已就这些交易的确认、计量、列报或披露作出困难或复杂的判断，这可能已对注册会计师的总体审计策略产生重大影响。影响管理层假设或判断的经济、会计、法规、行业或其他方面的重大变化也可能影响注册会计师的总体审计方法，由此成为需要注册会计师重点关注的事项。

3. 从"在执行审计工作时重点关注过的事项"中确定哪些事项对本期财务报表审计"最为重要"，从而构成关键审计事项

注册会计师可能已就需要重点关注的事项与治理层进行了较多的沟通。就这些事项与治理层进行沟通的性质和范围，通常能够表明哪些事项对审计而言最为重要。

从需要重点关注的事项中，确定哪些事项以及多少事项对本期财务报表审计最为重要属于职业判断问题。"最为重要的事项"并不意味着只有一项。需要在审计报告中包含的关键审计事项的数量可能受被审计单位规模和复杂程度、业务和经营环境的性质，以及审计业务具体事实和情况的影响。一般而言，最初确定为关键审计事项的事项越多，注册会计师越需要重新考虑每一事项是否符合关键审计事项的定义。罗列大量关键审计事项可能与这些事项是审计中最为重要的事项这一概念相抵触。

（二）沟通关键审计事项的注意事项

1. 在审计报告中沟通关键审计事项不能代替下列事项

（1）管理层按照适用的财务报告编制基础在财务报表中作出的披露，或为使财务报表实现公允反映而作出的披露（如适用）；

（2）注册会计师按照《中国注册会计师审计准则第 1502 号——在审计报告中发表非无保留意见》的规定，按照审计业务的具体情况发表非无保留意见；

（3）当可能导致对被审计单位持续经营能力产生重大疑虑的事项或情况存在重大不确定性时，注册会计师按照《中国注册会计师

审计准则第 1324 号——持续经营》的规定进行报告。

2. 发表无法表示意见时，不得沟通关键审计事项

如果根据《中国注册会计师审计准则第 1502 号——在审计报告中发表非无保留意见》的规定，确定对财务报表发表无法表示意见，注册会计师不得在审计报告中沟通关键审计事项，除非法律法规要求沟通。

3. 关键审计事项优先于强调事项和其他事项

如果注册会计师认为有必要在审计报告中增加强调事项段或其他事项段，审计报告中的强调事项段或其他事项段需要与关键审计事项部分分开列示。如果某事项被确定为关键审计事项，则不能以强调事项或其他事项代替对关键审计事项的描述。

4. 不在审计报告中沟通关键审计事项的情形

在极少数情况下，关键审计事项可能涉及某些"敏感信息"，沟通这些信息可能会给被审计单位带来较为严重的负面影响。在某些情况下，法律法规也可能禁止公开披露某事项。

因此，除非存在下列情形之一，注册会计师应当在审计报告中逐项描述关键审计事项：

（1）法律法规禁止公开披露某事项；

（2）在极少数的情况下，如果合理预期在审计报告中沟通某事项造成的负面后果超过产生的公众利益方面的益处，注册会计师确定不应在审计报告中沟通该事项。

如果被审计单位存在上述情形，注册会计师确定不在审计报告中沟通某一关键审计事项，并且不存在其他关键审计事项，注册会计师可以在审计报告单设的关键审计事项部分表述为"我们确定不存在需要在审计报告中沟通的关键审计事项"。

（三）在审计报告中沟通关键审计事项

1. 在审计报告中单设关键审计事项部分

为能够突出关键审计事项，同时向财务报表预期使用者展示项目特定信息在其眼中的价值，注册会计师应当在审计报告中单设一部分，以"关键审计事项"为标题，并在该部分使用恰当的子标题逐项描述关键审计事项。关键审计事项部分的引言应当同时说明下列事项：

（1）关键审计事项是注册会计师根据职业判断，认为对本期财务报表审计最为重要的事项；

（2）关键审计事项的应对以对财务报表整体进行审计并形成审计意见为背景，注册会计师对财务报表整体形成审计意见，而不对关键审计事项单独发表意见。

2. 描述单一关键审计事项

为帮助财务报表预期使用者了解注册会计师确定的关键审计事项，注册会计师应当在审计报告中逐项描述每一关键审计事项，并分别索引至财务报表的相关披露（如有），以使预期使用者能够进一步了解管理层在编制财务报表时如何应对这些事项。

为使预期使用者能够理解在对财务报表整体进行审计的背景下的关键审计事项重要程度，以及关键审计事项与审计报告其他要素（包括审计意见）之间的关系，注册会计师可能需要注意用于描述关键审计事项的语言，使之符合以下条件：

（1）不暗示注册会计师在对财务报表形成审计意见时尚未恰当解决该事项；

（2）将该事项直接联系到被审计单位的具体情况，避免使用一般化或标准化的语言；

（3）能够体现出对该事项在相关财务报表披露（如有）中如何应对的考虑；

（4）不对财务报表单一要素发表意见，也不暗示是对财务报表单一要素单独发表意见。

3. 避免不恰当地提供被审计单位的原始信息

原始信息是指与被审计单位相关、尚未由被审计单位公布（例如，未包含在财务报表中、未包含在审计报告日可获取的其他信息或者管理层或治理层的其他口头或书面沟通中，如财务信息的初步公告或投资者简报）的信息。这些信息是被审计单位管理层和治理层的责任。

在描述关键审计事项时，注册会计师需要避免不恰当地提供与被审计单位相关的原始信息。如果确定披露原始信息是必要的，注册会计师可以鼓励管理层或治理层进一步披露信息，而不是在审计报告中提供原始信息。

二、强调事项段

强调事项段是指审计报告中含有的一个段落，该段落提及已在财务报表中恰当列报或披露的事项，且根据注册会计师的职业判断，该事项对财务报表使用者理解财务报表至关重要。

（一）在审计报告中增加强调事项段的条件

（1）在对财务报表形成审计意见后，如果认为有必要提醒财务报表使用者关注已在财务报表中列报，且根据职业判断认为对财务报表使用者理解财务报表至关重要的事项；

（2）该事项不会导致注册会计师发表非无保留意见；

（3）该事项未被确定为在审计报告中沟通的关键审计事项。

（二）适用的可能增加强调事项段的情形

1. 需要增加的情形

（1）法律法规规定的财务报告编制基础是不可接受的，但其是基于法律法规作出的规定；

（2）提醒财务报表使用者关注财务报表是否按照特殊目的进行基础编制；

（3）注册会计师在审计报告日后知悉了某些事实（即期后事项），并且出具了新的或经修改的审计报告。

2. 可能需要增加的情形

（1）异常诉讼或监管行动的未来结果存在不确定性；

（2）存在已经或持续对被审计单位财务状况产生重大影响的特大灾难；

（3）在财务报表日至审计报告日之间发生的重大期后事项；

（4）在允许的情况下，提前应用对财务报表有广泛影响的新会计准则。

（三）如果在审计报告中包含强调事项段，注册会计师应当采取的措施

（1）将强调事项段作为单独的一部分置于审计报告中，并使用包含"强调事项"这一术语的适当标题。

（2）明确提及被强调事项以及相关披露的位置，以便能够在财务报表中找到对该事项的详细描述。强调事项段应当仅提及已在财务报表中列报的信息。

（3）指出审计意见没有因该强调事项而改变。当审计报告中包含关键审计事项部分时，基于注册会计师对强调事项段中信息的相对重要程度的判断，强调事项段可以紧接在"关键审计事项"部分之前或之后。注册会计师可以在"强调事项"标题中增加进一步的背景信息，例如"强调事项——期后事项"，以将强调事项段和"关键审计事项"部分描述的每个事项予以区分。

三、其他事项段

其他事项段是指审计报告中含有的一个段落，该段落提及未在财务报表中列报的事项，且根据注册会计师的职业判断，该事项与财务报表使用者理解审计工作、注册会计师的责任或审计报告相关。

（一）在审计报告中增加强调事项段的条件

（1）如果认为有必要沟通虽然未在财务报表中列报或披露，但根据职业判断认为与财务报表使用者理解审计工作、注册会计师的责任或审计报告相关的事项；

（2）该事项未被法律禁止；

（3）该事项未被确定为在审计报告中沟通的关键审计事项。

（二）注册会计师可能认为需要增加其他事项段包括但不限于的情形

（1）与使用者理解审计工作相关的情形；

（2）与使用者理解注册会计师的责任或审计报告相关的情形；

（3）对两套或两套以上财务报表出具审计报告的情形；

（4）限制审计报告分发和使用的情形。

（三）如果在审计报告中包含其他事项段，注册会计师应当采取的措施

（1）将该段落作为单独的一部分，并使用"其他事项"或其他适当标题；

（2）当审计报告中包含关键审计事项部分，且其他事项段也被认为必要时，注册会计师可以在"其他事项"标题中增加进一步的背景信息；

（3）当增加其他事项段旨在提醒使用者关注与审计报告中提及的其他报告责任相关的事项时，该段落可以置于"按照相关法律法规的要求报告的事项"部分内；

（4）当其他事项段与注册会计师的责任或使用者理解审计报告相关时，可以单独作为一部分，置于"对财务报表出具的审计报告"和"按照相关法律法规的要求报告的事项"之后。

第五节　考虑持续经营能力对审计报告的影响

持续经营假设是会计确认和计量的基本假设之一，通用目的的财务报表就是在此假设基础上编制的。

持续经营假设是指，被审计单位在编制财务报表时，假定其经营活动在可预见的将来会继续下去，不拟也不必终止经营或破产清算，可以在正常的经营过程中变现资产、清偿债务。可预见的将来，通常

是指资产负债表日后 12 个月。

持续经营假设是编制财务报表的基本原则，在持续经营假设下，企业通常被认为在可预见的将来能继续经营，既没有企图也没有必要进行清算、停止交易或者依照法律或法规需要寻求债权人保护。

一、可能导致对其持续经营能力产生疑虑的事项或情况

（一）财务方面的事项或情况（包括但不限于）

（1）资不抵债，无法偿还到期债务，无法继续履行重大借款合同中的有关条款，存在大额的逾期未缴税金，无法获得供应商的正常商业信用；

（2）累计经营性亏损数额巨大，营运资金出现负数，经营活动现金流量净额为负数；

（3）重要子公司无法持续经营且未进行处理，存在大量长期未作处理的不良资产；

（4）股东长期占用巨额资金，存在因对外巨额担保等或有事项引发的或有负债；

（5）难以获得开发必要新产品或进行必要投资所需资金。

（二）经营方面的事项或情况（包括但不限于）

（1）主导产品不符合国家产业政策；

（2）失去主要市场、特许权或主要供应商；

（3）人力资源或重要原材料短缺；

（4）关键管理人员离职且无人替代。

（三）其他方面的事项或情况（包括但不限于）

（1）严重违反有关法律法规或政策；

（2）异常原因导致停工停产；

（3）有关法律法规或政策的变化可能造成重大不利影响；

（4）经营期限即将到期且无意继续经营；

（5）投资者未履行协议、合同、章程规定的义务，并有可能造成重大不利影响；

（6）因自然灾害、战争等不可抗力因素遭受严重损失。

二、持续经营能力对审计报告的影响

（一）出具无保留意见审计报告的情形

如果运用持续经营假设是适当的，但存在重大不确定性，且财务报表对重大不确定性已作出充分披露，注册会计师应当发表无保留意见，并在审计报告中增加以"与持续经营相关的重大不确定性"为标题的单独部分，以提醒财务报表使用者关注财务报表附注中对所述事项的披露；说明这些事项或情况表明存在可能导致对被审计单位持续经营能力产生重大疑虑的重大不确定性，并说明该事项并不影响发表的审计意见。

（二）出具无法表示意见审计报告的情形

在极少数情况下，当存在多项对财务报表整体具有重要影响的重大不确定性时，注册会计师可能认为发表无法表示意见而非增加以"与持续经营相关的重大不确定性"为标题的单独部分是适当的。

《中国注册会计师审计准则第 1502 号——在审计报告中发表非无保留意见》规定，在极其特殊的情况下，可能存在多个不确定事项。尽管注册会计师对每个单独的不确定事项获取了充分、适当的审计证据，但由于不确定事项之间可能存在相互影响以及可能对财务报表产生累积影响，注册会计师不可能对财务报表形成审计意见。在这种情况下，注册会计师应当发表无法表示意见。

（三）出具保留意见或否定意见审计报告的情形

如果财务报表未作出充分披露，注册会计师应当发表保留意见或否定意见。注册会计师应当在审计报告中说明，存在可能导致对被审计单位持续经营能力产生重大疑虑的重大不确定性。

（四）持续经营假设不适当

1. 出具否定意见审计报告的情形

如果财务报表按照持续经营基础编制，而注册会计师运用职业判断认为管理层在编制财务报表时运用持续经营假设是不适当的，则无论财务报表中对管理层运用持续经营假设的不适当性是否作出披露，注册会计师都应发表否定意见。

2. 采用替代基础编制财务报表发表无保留意见

（1）如果在具体情况下运用持续经营假设是不适当的，但管理层被要求或自愿选择编制财务报表，则可以采用替代基础（如清算基础）编制财务报表。

（2）注册会计师可以对财务报表进行审计，前提是注册会计师确定替代基础在具体情况下是可接受的编制基础。

（3）如果财务报表对此作出了充分披露，注册会计师可以发表无保留意见，但也可能认为在审计报告中增加强调事项段是适当的或必要的，以提醒财务报表使用者注意替代基础及其使用理由。

（五）严重拖延对财务报表的批准

（1）如果管理层或治理层在财务报表日后严重拖延对财务报表的批准，注册会计师应当询问拖延的原因。

（2）如果认为拖延可能涉及与持续经营评估相关的事项或情况，注册会计师有必要实施前述识别出可能导致对持续经营能力产生重大疑虑的事项或情况时追加的审计程序，并就存在的重大不确定性考虑对审计结论的影响。

【本 章 小 结】

本章主要讨论了完成审计工作和审计报告的相关知识。在完成审计工作阶段，需评价审计中的重大发现，考量新情况对审计计划和结论的影响。对发现的错报进行分类汇总，判断其是否超过重要性水平，若超过且管理层不调整，要评估对审计意见的影响。同时，严谨的审计工作底稿复核必不可少，包括项目组内复核和项目质量控制复核，保障审计质量。审计报告是审计工作的最终成果，有着重要意义。从内容构成来看，它包括标题、收件人、引言段、管理层责任段、注册会计师责任段、审计意见段等关键部分。其中，审计意见段最为核心，分为无保留意见、保留意见、否定意见和无法表示意见。本章还涉及了沟通关键审计事项的理解，强调事项段、其他事项段的区分等都是学生应掌握的知识点。通过审计报告，注册会计师向使用者传达对被审计单位财务报表的评价，为投资者、债权人等相关方决策提供重要依据。

【本 章 重 要 术 语】

1. 期后事项
2. 书面声明
3. 审计报告
4. 审计报告要素
5. 财务报表审计的意见类型
6. 保留意见
7. 否定意见
8. 无法表示意见
9. 关键审计事项
10. 强调事项段
11. 其他事项段
12. 持续经营假设

15.14　专业术语解释

【复习与思考】

15.15　复习思考答案

1. 在完成审计工作阶段，应开展哪些工作？如何应对已发现和未更正的错报？

2. 期后事项有哪些类型？针对各时段的期后事项，注册会计师应执行哪些审计程序？

3. 什么是书面声明？有何作用？管理层书面声明可直接作为审计证据使用吗？

4. 影响审计意见类型判断的三个主要决策点依次是什么？审计意见的基本类型有哪些？

5. 审计报告中可能需要带强调事项段或其他事项段的情形有哪些？这两类事项的相同点和不同点各是什么？

6. 有关持续经营的审计结果如何影响审计意见和审计报告？

参 考 文 献

[1] 财政部（财会〔2022〕28 号）2022 年 9 月 30 日，关于加大审计重点领域关注力度、控制审计风险、进一步有效识别财务舞弊的通知，https：//www.gov.cn/zhengce/zhengceku/2022 - 10/15/content_5718436.htm.

[2] 中国证监会，《会计师事务所从事证券服务业务合规手册（2023 年）》2023 年 8 月，http：//www.csrc.gov.cn/csrc/c105942/c1716197/content.shtml？channelid = 8241ace78d6d4b9794991b262ea3bdf3.

[3] 黄世忠，叶钦华，徐珊，等.2010～2019 年中国上市公司财务舞弊分析 [J].财会月刊，2020（14）：153 - 160.

[4] 伍诗雨，陈菡，陈少华.公司治理重构、商业模式迭代与价值共创——基于瑞幸咖啡退市后自救的案例启示 [J].财务与会计，2023（7）：35 - 39.

[5] 熊方军，张龙平，韩粤.上市公司财务舞弊风险识别与治理对策研究——以瑞幸咖啡为例 [J].会计之友，2022（3）：55 - 61.

[6] 苏斌，钟莉.瑞幸财务舞弊事件给审计带来的启示 [J].会计之友，2021（4）：135 - 140.

[7] 曹明.我国证券域外管辖规则构建研究——以瑞幸咖啡财务造假事件为切入点 [J].南方金融，2021（2）：79 - 87.

[8] 徐玉德，智广洁.从瑞幸咖啡事件看我国跨境会计监管的改进 [J].中国注册会计师，2020（10）：93 - 96.

[9] 王波.瑞幸咖啡财务造假事件对我国资本市场监管改革的路径启示 [J].金融发展研究，2020（9）：89 - 92.

[10] 刘建秋，鲍晓敏.会计师事务所如何开展商业尽职调查业务——从浑水公司做空瑞幸咖啡事件说起 [J].中国注册会计师，2020（6）：97 - 100.

[11] 郑丽萍，赵杨.上市公司财务舞弊的成因与治理研究——以瑞幸咖啡公司为例 [J].管理现代化，2020，40（4）：4 - 6.

[12] 张新民，陈德球.移动互联网时代企业商业模式、价值共创与治理风险——基于瑞幸咖啡财务造假的案例分析 [J].管理世

界，2020，36（05）：74-86，11. DOI：10.19744/j. cnki. 11-1235/f. 2020.0071.（附视频）

[13] 谈多娇，冯鑫. 从瑞幸咖啡事件看互联网企业盈利逻辑 [J]. 财会月刊，2020（9）：8-12.

[14] 韩洪灵，刘思义，鲁威朝，等. 基于瑞幸事件的做空产业链分析——以信息披露为视角 [J]. 财会月刊，2020（8）：3-8.

[15] 胡明霞，马茜群，乔茜. 基于舞弊三角理论的康得新舞弊案探析 [J]. 财务与会计，2020（6）：58-61.

[16] 陆喜阳. 货币资金审计失败成因及防范对策——基于证监会行政处罚决定 [J]. 中国注册会计师，2023（6）：66-69.

[17] 卢爽. 企业集团资金管理模式对注册会计师审计的影响——基于债券违约的案例研究 [J]. 中国注册会计师，2022（7）：78-82.

[18] 吴育丞. 从康得新案看如何防范大股东违规占用资金 [J]. 财务与会计，2021（20）：74-75.

[19] 程平，罗梦晴. 基于 RPA 的货币资金实质性程序审计机器人研究 [J]. 财会月刊，2021（15）：94-100.

[20] 黄芳，张莉芳. 货币资金审计失败分析——基于证监会 2007—2019 年处罚公告 [J]. 中国注册会计师，2021（2）：81-83.

[21] 冯莉. 双康事件溢出效应对社会信任的影响及内因探究 [J]. 技术经济，2021，40（1）：138-144.

[22] 李克亮. "瑞华之殇"带给独立审计的警示与思考 [J]. 财会月刊，2020（20）：90-95.

[23] 袁敏. 康美药业货币资金审计问题反思 [J]. 中国注册会计师，2020（8）：63-68.

[24] 胡明霞，马茜群，乔茜. 基于舞弊三角理论的康得新舞弊案探析 [J]. 财务与会计，2020（6）：58-61.

[25] 王金龙. 货币资金审计风险关键控制点分析 [J]. 财会通讯，2013（7）：79-81.

[26] 中国注册会计师协会. 审计 [M]. 北京：中国财政经济出版社，2024.

[27] 中国注册会计师协会. 中国注册会计师执业准则应用指南 2023 [M]. 北京：中国财政经济出版社，2023.

[28] 中国注册会计师协会. 中国注册会计师审计准则（第六版）[M]. 北京：中国财政经济出版社，2017.

[29] 李爽，张龙平. 审计学 [M]. 北京：中国人民大学出版社，2023.

[30] 刘明辉. 现代审计学 [M]. 大连：东北财经大学出版社，

2023.

　　[31] 陈汉文. 审计理论与实务 [M]. 北京：中国财政经济出版社, 2023.

　　[32] 阿尔文·A. 阿伦斯, 兰德尔·J. 埃雷特, 马克·S. 米歇尔. 审计学：一种整合方法 [M]. 北京：中国人民大学出版社, 2023.

　　[33] 赵建华, 李青松. 审计证据的收集与评估 [M]. 北京：中国财政经济出版社, 2020.